ARKANA

W0004558

Buch

Wann immer man Zuspruch braucht oder jemandem eine Freude machen will oder in geselliger Runde etwas zum Besten geben möchte – nichts ist besser geeignet als diese klugen und liebenswerten Geschichten. Ein Buch, das aufmuntert, Mut macht, die Seele streichelt und das Innere wärmt – fast so wie Omas gute Hühnersuppe. Dies ist die neue Sammlung von tröstlichen Geschichten, die das Herz erwärmen.

Autoren

Jack Canfield ist Präsident der bekannten Foundation for Self Esteem im kalifornischen Culver City und veranstaltet Seminare zu persönlichem Wachstum.
Mark Viktor Hansen ist Karriereberater. Seine Seminare und Vorträge befähigen die Zuhörer, ihre angeborenen Fähigkeiten im Berufs- und Privatleben optimal einzusetzen.

Bei Goldmann sind von Jack Canfield und Mark Viktor Hansen bereits erschienen:

Hühnersuppe für die Seele (13209)
Noch mehr Hühnersuppe für die Seele (13239)
Hühnersuppe für die Seele – Weitere Geschichten,
die zu Herzen gehen (21638)
Hühnersuppe für die Seele – Für Mütter (21564)
Hühnersuppe für die Seele – Für Tierfreunde (21563)
Hühnersuppe für die Seele – Für Frauen (21546)
Hühnersuppe für die Seele – Für Partner (21565)
Hühnersuppe für die Seele – Für Kinder (21589)
Hühnersuppe für die Seele – Für Jugendliche (21590)
Hühnersuppe für die Seele – Für Christen (21649)
Hühnersuppe für die Seele – In Arbeit und Beruf (21639)
Das große Hühnersuppen-Lesebuch (21707)
Hühnersuppe für Körper & Seele (21715)
Hühnersuppe für die Seele – Gute Besserung! (21757)
Hühnersuppe für die Seele (Hörbuch auf 6 CDs; 33922)

JACK CANFIELD
MARK VICTOR HANSEN

Mehr Hühnersuppe
für die Seele

Aus dem Amerikanischen
von Ulla Rahn-Huber

ARKANA
GOLDMANN

Die amerikanische Originalausgabe erschien 1996 unter dem
Titel »A 3rd Serving of Chicken Soup for the Soul«
bei Health Communications Inc., Deerfield Beach, Florida, USA

FSC
Mix
Produktgruppe aus vorbildlich
bewirtschafteten Wäldern und
anderen kontrollierten Herkünften

Zert.-Nr. SGS-COC-1940
www.fsc.org
© 1996 Forest Stewardship Council

Verlagsgruppe Random House FSC-DEU-0100
Das für dieses Buch verwendete FSC-zertifizierte Papier
München Super liefert Mochenwangen.

6. Auflage
Vollständige Taschenbuchausgabe August 2001
© 2001 der deutschsprachigen Ausgabe
Wilhelm Goldmann Verlag, München,
in der Verlagsgruppe Random House GmbH
© 1996 der Originalausgabe Jack Canfield, Mark Victor Hansen
Umschlaggestaltung: Design Team München
Umschlagabbildung: Zefa/Margaret Carsello
Redaktion: Birgit Förster
Satz: Uhl + Massopust, Aalen
Druck: GGP Media GmbH, Pößneck
WL · Herstellung: WM
Printed in Germany
ISBN 978-3-442-21588-1

www.arkana-verlag.de

Geschichten sind Anfänge. Wir laden sie ein, mit uns zu leben. Als Dank für unsere Gastfreundschaft verraten sie uns, was sie wissen. Wenn sie weiterziehen möchten, werden sie es uns zu verstehen geben. Dann übergeben wir sie an einen anderen Menschen.

VON EINEM GESCHICHTENERZÄHLER
VOM STAMME DER CREE

Wir widmen dieses Buch den über fünf Millionen Menschen, die die Bücher der Serie Hühnersuppe für die Seele *allein oder im Kreise ihrer Familie, Freunde, Geschäftspartner, Mitarbeiter, Studenten oder Gemeinde gelesen haben; und den über 5000 Lesern, die uns Geschichten, Gedichte und Zitate für* Mehr Hühnersuppe für die Seele *zugeschickt haben. Obwohl wir nicht jede Einsendung berücksichtigen konnten, waren wir gerührt von Ihrer Anteilnahme und Ihrer Bereitschaft, Ihre Geschichten mit uns und unseren Lesern zu teilen.*

Vielen Dank!

IM STADION

By Steve Moore

»Ich mach mir langsam Sorgen um Karl.«

Inhalt

Einleitung 13

1. ÜBER DIE LIEBE

Ein heimliches Versprechen   *Brian Keefe* 22
Zwei Nickel und fünf Pennys
   The Best of Bits & Pieces 30
Das Mädchen mit dem Eis   *Marion Schoeberlein* 30
Wie ein blindes Mädchen mit ein wenig Zauberei
   sehen konnte   *Michael Jeffreys* 33
Manuel Garcia   *David Roth* 36
Der Geschmack von Freiheit   *Barbara Rogoff* 39
Mitgefühl ist an den Augen ablesbar
   The Sower's Seeds 44
Herzenswärme   *Scott Gross* 46
Ein Akt der Nächstenliebe   *The Best of Bits & Pieces* . . . 51
Nächtliche Besucher   *Robert Gass* 52
Rendezvous mit der Liebe   *Sulamith Ish-Kishor* 61
Ein Nachmittag im Park   *Julie A. Manhan* 65
Nicht ein Einziges!   *Dale Galloway* 67

2. ÜBER DIE ELTERNSCHAFT

Komm nach Hause, Paco   *Alan Cohen* 70
Tommys Aufsatz   *Jane Lindstrom* 70
Almie Rose   *Michelle Lawrence* 72

Warum ich einen Plastik-Dinosaurier trage
  Dan Schaeffer 74
Der coolste Vater der Welt   *Angie K. Ward-Kucer* 82
Ein einfacher Arbeiter   *Ed Peterman* 86
Es kommt darauf an, wie das Spiel gespielt wird
  Danny Warrick 87
Kostenlos   *M. Adams* 92
Ein mutiges Herz   *Patty Hansen* 93
Was es heißt, ein Adoptivkind zu sein   *George Dolan* . 95
Klassentreffen   *Lynne C. Gaul* 96
Das Geschenk   *Renee R. Vroman* 98

3. ÜBER DAS LEHREN UND LERNEN

An Beths Lehrerin aus der ersten Klasse
  Dick Abrahamson 102
Mr. Washington   *Les Brown* 106
Glaube, Hoffnung und Liebe   *Peter Spelke* 110
Die Schuhe   *Paul E. Mawhinney* 114
Kahlkopf   *Larry Terherst* 119
Fußspuren in meinem Herzen   *Laura D. Norton* 122

4. ÜBER TOD UND STERBEN

Der goldene Kranich   *Patricia Lorenz* 130
Abschiedsbrief eines Truckers   *Rud Kendall* 132
Einem Kind zuliebe   *Thea Alexander* 137
Der letzte Tanz   *Rick Nelles* 141
Mein Papa   *Kelly J. Watkins* 146
Wo gehen die Spatzen hin, wenn sie sterben?
  Casey Kokoska 150
Bitte zieh mir etwas Rotes an   *Cindy Dee Holms* 153

Mach dir keine Sorgen, alles wird gut   *Janice Hunt* ... 154
Der unverbesserliche Optimist   *Beth Dalton* 159
Damit ihr euch an mich erinnert   *Robert N. Test* 160
Gib die Gabel nicht ab   *Roger William Thomas* 162
Im Himmel gibt es keine Rollstühle   *D. Trinidad Hunt*   164

5. EINE FRAGE DER BETRACHTUNGSWEISE

Der Plätzchendieb   *Valerie Cox* 172
Die wahre Geschichte von Arbutus und Seemöwe
   Louise Dickinson Rich 173
Sind Sie reich?   *Marion Doolan* 178
Die Blüte in ihrem Haar   *Bettie B. Youngs* 179
Lawine   *Robert G. Allen* 184
Du sehr gut... du sehr schnell   *Kathi M. Curry* 188
Wünsch dir was   *LeAnne Reaves* 191
Der Unfall   *Robert J. McMullen Jr.* 194
Aus dem Munde eines kleinen Jungen
   Elaine McDonald 197
Der Rand   *Kathleen Louise Smiley* 199

6. EINE FRAGE DER EINSTELLUNG

Was uns am meisten Angst macht
   Marianne Williamson 206
So ein Unglück ist schon etwas Großartiges!
   The Sower's Seeds 207
Gute Nachrichten   *The Best of Bits & Pieces* 208
Rollen – und wie wir sie spielen   *Marie Curling* 210
Johnny   *Barbara A. Glanz* 211

7. HINDERNISSE ÜBERWINDEN

Die leidenschaftliche Verfolgung des Möglichen
James E. Conner 216
Wir sagten ihm nie, dass er es nicht schaffen würde
Kathy Lamancusa 218
Kampfgeist *Stan Frager* 220
Vierzehn Stufen *Hal Manwaring* 221
Die Schönheit bleibt, der Schmerz vergeht
The Best of Bits & Pieces 227
Die technische Meisterleistung *A Fresh Packet*
of Sower's Seeds 228
Der Traum vom Fliegen *David Naster* 229
Kaum zu glauben! *Jack Canfield und*
Mark Victor Hansen 235
Gelegenheiten *Omar Periu* 240
Die Streiterin konnte ihre Augen nicht länger vor den
Missständen verschließen *Toni Whitt* 245
Die Kraft der Affirmation *Claudette Hunter* 248
Eine lebensverändernde Erfahrung *Michael Jeffreys* .. 252
Das Unmögliche dauert bloß ein wenig länger
Art E. Berg 257
Der Tag, an dem ich Daniel traf *Richard Ryan* 261

8. ALLGEMEINE WEISHEITEN

Was Gott so alles macht *Dan Sutton* 270
Die Weisheit des Wortes *D. John F. Demartini* 271
Das Geheimnis von Himmel und Hölle
Fr. John W. Groff Jr. 273
Was es heißt, Mut zu haben *Casey Hawley* 275
Ein Engel mit rotem Hut *Tami Fox* 279

Es ist nie zu spät *Marilyn Manning* 280
Die Endstation *Robert J. Hastings* 282

Danksagung 284
Schreiben Sie uns 288
Suppenküchen für die Seele 289
Wer ist Jack Canfield? 291
Wer ist Mark Victor Hansen? 293
Über die Autorinnen und Autoren 295
Abdruckgenehmigungen 311

EINLEITUNG

Gott hat den Menschen erschaffen, weil er Geschichten mag.
ELIE WIESEL

Wir freuen uns von ganzem Herzen, Ihnen hiermit eine weitere Portion *Hühnersuppe für die Seele* vorlegen zu können. Das Buch enthält über hundert Geschichten, die Sie inspirieren und dazu anregen werden, bedingungsloser zu lieben, leidenschaftlicher zu leben und überzeugter an der Verwirklichung Ihrer innigsten Träume zu arbeiten. Dieses Buch wird Ihnen in Zeiten der Herausforderung, Enttäuschung und Niederlage Zuspruch geben und in Zeiten der Verunsicherung, des Schmerzes und Verlustes Trost spenden. Es wird Sie zeitlebens begleiten und Ihnen wertvolle Einsichten und Weisheit für viele Lebenslagen schenken.

Wir sind überzeugt, dass Sie ein wirklich bemerkenswertes Buch in Händen halten. Unsere ersten drei Bücher *Hühnersuppe für die Seele*, *Noch mehr Hühnersuppe für die Seele* und *Hühnersuppe für die Seele – Kochbuch* haben weltweit über sechs Millionen Leser erreicht. In den Hunderten von Briefen, die Woche für Woche bei uns eingehen, wird von wundersamen Veränderungen berichtet, die sich nach der Lektüre und Arbeit mit diesen Büchern im Leben einzelner Menschen und im Alltag der verschiedensten Institutionen eingestellt haben. Nach Bekunden der Briefeschreiber hat die Liebe, Hoffnung, Ermunterung und Inspiration, die aus den Geschichten spricht, ihr Leben von Grund auf verwandelt.

Eine Geschichte kann unsere Beziehung zu anderen erhellen, unser Mitgefühl we-
cken, uns in Staunen versetzen oder uns das Gefühl geben »mit den anderen in
einem Boot zu sitzen«. Eine Geschichte kann uns vor die Frage stellen, warum wir
eigentlich hier sind … Eine Geschichte kann unsere Augen für verblüffende Wahr-
heiten öffnen; sie kann uns einen Perspektivenwechsel ermöglichen und das Uni-
versum in einem völlig neuen Licht erscheinen lassen.

RUTH STOTTER

Angesichts der Resonanz, die unser erstes Buch gefunden hat, sind wir überzeugter denn je, dass Geschichten zu den wirkungsvollsten Mitteln gehören, um unser Leben zu verändern. Sie wenden sich direkt an das Unterbewusstsein. Sie geben dem Leben eine Richtung. Sie bieten Lösungen für unsere alltäglichen Probleme und zeigen uns anhand von Beispielen, welche Verhaltensweisen Erfolg haben werden. Sie führen uns unsere eigene Großartigkeit und die Unerschöpflichkeit unserer Möglichkeiten vor Augen. Sie rütteln uns wach aus unserem Alltagstrott, laden uns zum Träumen ein und regen uns an, mehr zu tun und mehr zu sein, als wir es je für möglich gehalten haben. Sie erinnern uns daran, worauf es wirklich ankommt, und zeigen uns, wie sich unsere höchsten Ideale verwirklichen lassen.

Über den Umgang mit diesem Buch

Sie können dieses Buch »in einem Rutsch« von Anfang bis Ende lesen – das haben viele Menschen mit gutem Erfolg getan. Wir empfehlen Ihnen jedoch, es langsamer angehen zu lassen, sich Zeit zu nehmen und jede Geschichte wie ein Glas guten Weines zu genießen – in kleinen Schlucken, damit Sie die Muße finden, über die Bedeutung und Wirkung jeder einzelnen Geschichte auf Ihr persönliches Leben nachzudenken. Wenn Sie sich die Zeit dazu nehmen, werden Sie feststellen, wie jede der Geschichten Ihr Herz, Ihren Geist und Ihre Seele auf jeweils unterschiedliche Art und Weise berührt.

Ein Zuni fragte einmal einen Anthropologen, der mit großer Sorgfalt eine Geschichte niederschrieb: »Wenn ich dir diese Geschichte erzähle – fühlst du sie dann oder schreibst du sie bloß auf?«

DENNIS TEDLOCK

Das englische Wort für Geschichte – »story« – leitet sich von »Storehouse« ab, was so viel wie Lager bedeutet. In einer Geschichte ist also etwas gelagert; und was da gelagert ist, ist ihre Bedeutung.

MICHAEL MEADE

Jede einzelne Geschichte in diesem Buch beinhaltet etwas, das für Ihr Leben von Bedeutung ist. Nehmen Sie sich die Zeit, darüber nachzudenken und herauszufinden, worin ihr tieferer Sinn liegt.

Eigentlich lernen wir nicht aus unseren Erfahrungen. Wodurch wir lernen, ist das Nachdenken über unsere Erfahrungen.

ROBERT SINCLAIR

Viele der Geschichten waren in ihrer ursprünglichen Fassung mit einer vorgefassten Moral oder auch mit Ratschlägen für ein besseres Leben versehen. In den meisten Fällen haben wir solche Bewertungen und Kommentare weggelassen, damit die Texte für sich allein wirken können und Sie die Möglichkeit haben, Ihre eigenen Schlussfolgerungen daraus zu ziehen.

Ein Schüler beklagte sich einmal: »Sie erzählen uns Geschichten, ohne uns je zu erklären, was sie bedeuten.«
Der Meister antwortete: »Wie würde es dir gefallen, wenn dir jemand eine Frucht anböte, die bereits vorgekaut wurde?«

VERFASSER UNBEKANNT

Lassen Sie andere
an diesen Geschichten teilhaben

Geschichten können lehren, Fehler korrigieren, das Herz beflügeln, Licht ins Dunkel bringen, der Seele Zuflucht gewähren, Veränderungen hervorbringen und Wunden heilen.

CLARISSA PINKOLA ESTES

Welch ein Geschenk eine Geschichte doch ist!
DIANE MACINNES

Einige der Geschichten in diesem Buch werden in Ihnen den Wunsch hervorrufen, sie mit einem Ihnen nahe stehenden Menschen zu teilen. Wenn eine der Geschichten Sie zutiefst berührt, so schließen Sie für einen Moment die Augen und fragen Sie sich: »Wer sollte diese Geschichte jetzt gleich hören?« Vielleicht fällt Ihnen jemand ein, der Ihnen wichtig erscheint. Nehmen Sie sich die Zeit, ihn zu besuchen oder anzurufen und ihn an der Geschichte teilhaben zu lassen. Sie wird für Sie noch mehr an Bedeutung gewinnen, wenn Sie sie einem Menschen vorlesen, der Ihnen nahe steht.

Sie können die Geschichten in diesem Buch zum Beispiel im Kollegenkreis, in der Kirche, Synagoge oder dem Tempel, aber auch zu Hause in der Familie vorlesen.

Geschichten sind Stufen auf dem Weg zur spirituellen Erleuchtung.
RUTH STOTTER

17

Wenn Sie einem anderen Menschen eine der Geschichten vorgelesen haben, dann erzählen Sie ihm, was Sie daran so berührt hat und warum Sie ihn unbedingt daran teilhaben lassen wollten. Und was noch wichtiger ist: Lassen Sie sich von diesen Geschichten dazu inspirieren, andere an Ihren eigenen Geschichten teilhaben zu lassen.

Sich gegenseitig die eigenen Geschichten vorzulesen oder zu erzählen und einander zuzuhören kann tief greifende Veränderungsprozesse hervorbringen. Wie kaum ein anderes Mittel setzen Geschichten unbewusste Energien frei, die uns heil und ganz werden lassen, uns Ausdruckskraft schenken und uns in unserem persönlichen Wachstum fördern. Hunderte von Lesern haben uns berichtet, welche tiefen Gefühle die ersten beiden Bücher mit *Hühnersuppen*-Geschichten in ihnen ausgelöst haben und welche Nähe beim gemeinsamen Lesen in der Familie oder Gruppe entstand. Einzelne Familienmitglieder erinnerten sich auf einmal an wichtige Ereignisse, die dann beim Abendessen, auf dem nächsten Familientreffen, im Klassenzimmer, in der Selbsthilfegruppe, beim Gemeindetreffen oder sogar am Arbeitsplatz erzählt wurden.

Bei den Navajo-Indianern richtet sich die Wertschätzung eines Menschen danach, wie viele Geschichten und Lieder er kennt, denn dieses Wissen ist es, was den Einzelnen mit der Geschichte des gesamten Stammes verbindet.

LUCI TAPAHONSO

Priester, Rabbis, Psychologen, Berater, Trainer und Leiter von Selbsthilfegruppen lesen Geschichten aus diesem Buch zur Einleitung oder zum Abschluss ihrer Predigten, Zusammenkünfte oder Sitzungen. Wir möchten Sie ermuntern, es ihnen gleichzutun. Die Menschen dürsten nach Seelennahrung. Es erfordert so wenig Zeit und kann doch eine so lang anhaltende Wirkung haben.

Wir raten Ihnen auch, damit zu beginnen, anderen *Ihre eigenen* Geschichten zu erzählen. Vielleicht ist es für die Menschen wichtig, ausgerechnet Ihre Geschichte zu hören. Wie verschiedene Geschichten in diesem Buch zeigen, könnte Ihre Geschichte vielleicht sogar ein Leben retten.

> *Geschichten sind Liebesgaben.*
> LEWIS CARROLL

Im Laufe der Jahre haben uns viele Menschen mit ihren Geschichten inspiriert und wir sind ihnen sehr dankbar dafür. Wir hoffen, dass wir auf diese kleine, bescheidene Weise dazu beitragen können, dass Sie Ihr Herz öffnen und das Leben in noch volleren Zügen genießen. Wenn uns das gelingt, so haben wir unser Ziel erreicht.

Wir würden uns freuen, etwas über Ihre Reaktion auf dieses Buch zu erfahren. Bitte schreiben Sie uns, was diese Geschichten in Ihnen ausgelöst haben. Gleichzeitig möchten wir Sie einladen, Teil unseres »Netzwerks der Erbauung« zu werden und uns Ihre Geschichte zu schicken.

> *Geschichten sind wie Feengold. Je mehr man davon ausgibt,*
> *desto mehr erhält man zurück.*
> POLLY MCGUIRE

Bitte schicken Sie uns alle Geschichten, Gedichte und Cartoons, die in künftige Ausgaben von *Hühnersuppe für die Seele* hineinpassen könnten. Unsere Adresse finden Sie auf Seite 288. Wir freuen uns darauf, von Ihnen zu hören. Bis dahin wünschen wir Ihnen ebenso viel Freude beim Lesen von *Mehr Hühnersuppe für die Seele*, wie wir selbst beim Zusammenstellen, Redigieren und Schreiben des Buches hatten.

Jack Canfield und Mark Victor Hansen

1

Über die Liebe

Die Liebe bezwingt alles.
VERGIL

Ein heimliches Versprechen

Die Besprechung, zu der ich wollte, war äußerst wichtig. Ich war viel zu spät dran und hatte mich hoffnungslos verfahren. Mein männliches Ego ignorierend begann ich mich umzusehen, wo ich mich nach dem Weg erkundigen könnte. Am besten an einer Tankstelle. Ich war kreuz und quer durch die Stadt gefahren, der Zeiger der Tankuhr befand sich gefährlich tief im roten Bereich und Zeit war mehr als kostbar.

In diesem Augenblick entdeckte ich das bernsteinfarbene Licht vor der örtlichen Feuerwache. Was für einen besseren Ort könnte es geben, um nach dem Weg zu fragen?

Ich sprang aus dem Wagen und ging über die Straße zu der Station hinüber. Alle drei Tore standen offen und ich konnte die roten Feuerwehrautos sehen, die chromblitzend mit offenen Türen dastanden und auf das Schrillen der Alarmglocken warteten.

Als ich eintrat, drang mir ein ganz besonderer Geruch in die Nase. Es roch nach den Schläuchen, die im Turm vor sich hin trockneten, nach übergroßen Gummistiefeln, Jacken und Helmen, nach frisch geputzten Böden und polierten Lastern – jenem Duft-Potpourri, wie es für Feuerwehrstationen so typisch ist. Ich ging langsamer, holte tief Luft, schloss die Augen und fühlte mich in meine Jugend zurückversetzt – in die Feuerwache, in der mein Vater fünfunddreißig Jahre lang als Wartungschef gearbeitet hatte.

Mein Blick schweifte zum anderen Ende der Halle hinüber und da stand sie, glänzendes Gold vor blauem Himmel, die Feuerrutsche. Als wir einmal mit auf der Wache waren, hatte mein Vater meinem Bruder und mir erlaubt, zweimal hinunterzurutschen. In einer Ecke der Halle stand das »Rollbrett«, mit dem man sich zur Reparatur unter die Laster gleiten lassen konnte. Mein Vater hatte damals gesagt: »Halt dich gut fest!«, und mich dann so lange im Kreis herumgedreht, bis mir so schwindlig war wie einem betrunkenen Seemann. Es machte mir viel mehr Spaß als alle Achterbahnfahrten, die ich je erlebt hatte.

Neben dem Rollbrett stand ein alter Getränkeautomat mit dem klassischen Coca-Cola-Aufdruck. Es kamen immer noch die uralten grünen 10-Unzen-Flaschen heraus, aber sie kosteten jetzt 35 Cents. Damals brauchte man nur 10 Cents einzuwerfen. Wenn ich meinen Vater auf der Wache besuchte, war der Gang zum Getränkeautomaten für mich jedes Mal das Allergrößte. Eine eigene Colaflasche!

Als ich zehn war, nahm ich zwei meiner Freunde mit, denn ich wollte mit meinem Vater angeben und versuchen, ihm ein paar Colas abzuschwatzen. Nachdem sie sich auf der Wache umgesehen hatten, fragte ich meinen Vater, ob er nicht jedem von uns eine Cola spendieren könnte, bevor wir zum Essen nach Hause gingen.

Ich hörte damals ein winziges Zögern aus seiner Stimme heraus, doch er sagte: »Na klar!« und drückte jedem von uns ein 20-Cent-Stück in die Hand. Wir rasten wie ein geölter Blitz zum Automaten, denn jeder wollte sehen, ob seine Flasche eines der begehrten Sternchen auf der Deckelinnenseite hatte.

Es war mein Glückstag! Ich hatte einen Stern! Jetzt fehlten mir nur noch zwei Kronkorken, um mir eine Davy-Crocket-Mütze zu bestellen.

Wir bedankten uns bei meinem Vater, gingen zum Essen nach Hause und dann zum Schwimmen.

An jenem Tag kam ich früher als sonst vom See nach Hause, und als ich über den Flur ging, hörte ich, wie meine Eltern miteinander sprachen. Meine Mutter schien irgendwie sauer auf meinen Vater zu sein und dann hörte ich, wie sie meinen Namen nannte: »Du hättest ihnen sagen sollen, dass du kein Geld für Cola hast. Brian hätte es sicher verstanden. Das Geld war für dein Mittagessen bestimmt. Die Kinder müssen verstehen, dass wir kein Geld übrig haben und dass du was zum Essen brauchst.«

Mein Vater sagte wie üblich nichts dazu.

Noch bevor meine Mutter bemerken konnte, dass ich ihr Gespräch mit angehört hatte, machte ich mich schleunigst über die Treppe nach oben in das Zimmer, das ich mir mit meinen vier Brüdern teilte.

Beim Ausleeren meiner Taschen kullerte der Kronkorken, der so viele Probleme ausgelöst hatte, auf den Boden. Ich hob ihn auf und wollte ihn schon zu den anderen sieben legen, als mir plötzlich bewusst wurde, was für ein großes Opfer mein Vater für diesen kleinen Deckel gebracht hatte.

An jenem Abend schwor ich mir, es ihm wieder gutzumachen. Eines Tages würde ich meinem Vater sagen können, dass ich wusste, was er für mich an jenem Nachmittag und an so vielen anderen Tagen zuvor getan hatte, und dass ich es ihm nie vergessen würde.

Mit nur siebenundvierzig Jahren hatte mein Vater seinen ersten Herzinfarkt. Der Kraftakt, drei Jobs gleichzeitig zu machen, um unsere neunköpfige Familie durchzubringen, hatte wohl seinen Tribut gefordert. Es war der Abend, an dem meine Eltern ihre Silberhochzeit feierten, als sich bei ihm – dem größten, lautesten und stärksten von uns allen –

der erste Riss in jenem Panzer zeigte, den wir als Kinder immer für undurchdringbar gehalten hatten.

In den folgenden acht Jahren rang mein Vater mit seiner Gesundheit. Er hatte noch drei weitere Herzinfarkte, bis man ihm schließlich einen Herzschrittmacher einsetzte.

Eines Nachmittags hatte er eine Panne mit seinem alten blauen Plymouth-Kombi, und er rief mich an und fragte, ob ich ihn nicht zum Arzt fahren könnte, weil er einen Termin für seine jährliche Kontrolluntersuchung hatte. Als ich vor der Feuerwache vorfuhr, standen mein Vater und all seine Kollegen draußen im Hof um einen nagelneuen Pick-up herum. Es war ein dunkelblauer Ford. Er sah einfach klasse aus. Als ich mit meinem Vater darüber sprach, wie toll ich ihn fand, sagte er, dass er eines Tages auch so einen Wagen haben würde.

Wir lachten beide. Das war schon immer sein Traum gewesen, allerdings einer, der von Anfang an immer unerreichbar erschienen war.

Zu jener Zeit ging es mir sowie meinen Brüdern finanziell relativ gut. Wir boten ihm an, ihm einen Pick-up zu kaufen, doch er brachte es genau auf den Punkt: »Wenn ich ihn nicht selbst kaufe, habe ich nicht das Gefühl, dass es wirklich meiner ist.«

Als mein Vater aus dem Sprechzimmer des Arztes kam, sah er grau und wächsern aus. Ich dachte zuerst, das läge an all dem Tasten, Drücken und Pieksen.

»Komm, wir gehen«, sagte er nur.

Als wir wieder im Auto saßen, wusste ich, dass etwas nicht stimmte. Wir schwiegen beide und ich wusste, dass mir mein Vater auf seine Weise mitteilen würde, was los war.

Ich nahm den längeren Weg zurück zur Feuerwache. Als wir an unserem alten Haus, dem Ballsportplatz, dem See und dem Laden an der Ecke vorbeifuhren, begann mein Vater auf einmal, von den alten Zeiten zu reden und zu erzählen, welche Erinnerungen er mit diesen Orten verband.

In diesem Augenblick wurde mir plötzlich klar, dass er bald sterben würde.

Er sah mich an und nickte.

Ich verstand.

Wir hielten vor Cabot's Eisdiele und kauften uns zum ersten Mal seit fünfzehn Jahren gemeinsam ein Eis. An jenem Tag sprachen wir miteinander. Ich meine, wir sprachen wirklich miteinander. Er sagte mir, wie stolz er auf uns alle war und dass er sich nicht vor dem Sterben fürchtete. Er hatte nur Angst davor, meine Mutter allein zu lassen.

Ich musste unwillkürlich lachen. Nie hatte ein Mann eine Frau so sehr geliebt wie mein Vater.

An jenem Tag nahm er mir das Versprechen ab, mit niemandem darüber zu reden, dass er bald sterben würde. Ich gab ihm mein Wort, wohl wissend, dass dies eines der am schwersten zu bewahrenden Geheimnisse überhaupt war.

Zu jener Zeit waren meine Frau und ich gerade auf der Suche nach einem neuen Wagen. Mein Vater kannte den Verkäufer bei Cochituate Motors in Wayland, und so fragte ich ihn, ob er mit mir hinfahren würde, um zu klären, für wie viel sie mein altes Auto in Zahlung nehmen würden.

Als wir schließlich im Verkaufsraum angelangt waren und ich mit dem Verkäufer redete, sah ich auf einmal, wie mein Vater vor dem absolut tollsten chromstrotzenden, schokobraun-metallicfarbenen Pick-up stand, den wir beide je gesehen hatten. Mein Vater ließ seine Hand über den Lack gleiten wie ein Bildhauer über sein Werk.

»Dad, ich glaube, ich sollte doch lieber einen Pick-up kaufen. Ich stelle mir da was Kleineres vor, das nicht so viel Sprit braucht.«

Während der Verkäufer unterwegs war, um ein Werkskennzeichen zu holen, machte ich ihm den Vorschlag, eine Probefahrt mit dem Braunen zu machen.

»Den kannst du dir nicht leisten«, entgegnete er.

»Das wissen wir beide. Aber der Verkäufer hat keine Ahnung davon«, erwiderte ich.

Mein Vater saß am Steuer, als wir in die Auffahrt zur Route 27 einbogen, und wir lachten wie die Kinder über die Show, die wir da abgezogen hatten. Er fuhr zehn Minuten lang und redete die ganze Zeit darüber, wie gut sich der Wagen fuhr, während ich alle Schalter und Hebel ausprobierte.

Nachdem wir wieder zu der Autovertretung zurückgefahren waren, machten wir noch eine Probefahrt. Diesmal nahmen wir einen kleinen, blauen Sundowner. Mein Vater meinte, der wäre wohl besser für den Alltag geeignet, allein wegen des Benzinverbrauchs und der vielen Meilen, die ich fahren musste. Ich war der gleichen Meinung. Wir kehrten also zum Händler zurück, und ich unterschrieb den Kaufvertrag.

Ein paar Tage später rief ich meinen Vater an und fragte ihn, ob er mitkommen wolle, um den Pick-up abzuholen. Ich glaube, dass er nur deshalb so schnell Ja sagte, weil er noch einmal einen Blick auf »seinen braunen Wagen« werfen wollte, wie er ihn nannte.

Als wir auf den Parkplatz vor dem Autohaus fuhren, stand mein kleiner blauer Sundowner schon bereit. Er trug einen Aufkleber mit der Aufschrift »verkauft«. Daneben stand der braune Pick-up, frisch gewaschen und hochglanzpoliert, und auch auf seiner Windschutzscheibe prangte ein großes VERKAUFT.

Ich warf meinem Vater einen Blick zu. Die Enttäuschung stand ihm ins Gesicht geschrieben, als er sagte: »Da hat sich aber jemand einen traumhaften Wagen zugelegt.«

Ich nickte nur und meinte: »Könntest du schon mal reingehen und dem Verkäufer sagen, dass ich gleich komme? Ich will nur noch das Auto abstellen.« Als mein Vater an dem braunen Pick-up vorbeikam, ließ er seine Hand darüber gleiten, und wieder war da dieser enttäuschte Ausdruck in seinem Gesicht.

Ich fuhr zur anderen Gebäudeseite hinüber und durch das Schaufenster sah ich diesen Mann, der alles für seine Familie gegeben hatte. Ich sah zu, wie der Verkäufer ihm einen Platz anbot, ihm einen Schlüssel überreichte – sie gehörten zu dem braunen Pick-up – und ihm erklärte, dass ich den Wagen für ihn gekauft hätte und dass das Ganze unser Geheimnis bleiben solle.

Mein Vater sah zum Fenster hinaus und unsere Blicke trafen sich. Da nickten wir beide und lachten.

Ich wartete vor dem Haus, als mein Vater abends bei mir vorbeifuhr. Als er aus seinem Pick-up ausstieg, küsste und umarmte ich ihn und sagte ihm, wie sehr ich ihn liebte. Und ich nahm ihm noch einmal das Versprechen ab, dass das Ganze unser Geheimnis bleiben sollte.

Noch am selben Abend machten wir eine kleine Spritztour. Wie mein Vater so neben mir saß, meinte er, das mit dem Wagen würde er ja verstehen. Aber was hatte bloß der Coca-Cola-Kronkorken mit dem Sternchen in der Mitte zu bedeuten, der mit Tesafilm auf die Lenkradnabe geklebt war?

Brian Keefe

Zwei Nickel und fünf Pennys

In jenen Tagen, als ein Milkshake noch längst nicht so teuer war wie heute, betrat ein zehnjähriger Junge ein Hotel-Café und setzte sich an einen Tisch. Die Bedienung brachte ihm ein Glas Wasser. »Wie viel kostet ein Milkshake?«

»Fünfzig Cents«, erwiderte die Kellnerin.

Der kleine Junge zog ein paar Münzen aus der Hosentasche und studierte die Zahlen, die darauf zu sehen waren. »Und wie viel kostet eine Portion Eis?«, wollte er wissen.

Es waren gerade neue Gäste eingetroffen und die Bedienung war etwas ungeduldig. »Fünfunddreißig Cents«, meinte sie mürrisch.

Der Junge zählte noch einmal sein Geld. »Dann nehme ich das Eis«, sagte er.

Die Bedienung brachte es ihm, legte den Bon dazu und ging wieder. Der Junge aß sein Eis, bezahlte an der Kasse beim Ausgang und verschwand. Als die Kellnerin zurückkam, um den Tisch abzuräumen, musste sie schlucken: Da lagen neben dem leeren Eisbecher sorgfältig aufgereiht zwei Nickel und fünf Pennys – ihr Trinkgeld.

Aus »The Best of Bits & Pieces«

Das Mädchen mit dem Eis

Eleanor hatte keine Ahnung, was mit Großmutter los war. Andauernd vergaß sie etwas – wo sie den Zucker hingestellt hatte, wann die Rechnungen bezahlt werden mussten oder um wie viel Uhr sie fertig sein sollte, wenn man sie zum Einkaufen abholen wollte.

»Was ist mit Oma los?«, fragte Eleanor. »Sie war doch immer so ordentlich und zuverlässig. Jetzt sieht sie so traurig aus und wirkt irgendwie verloren. Und dauernd vergisst sie etwas.«

»Oma wird einfach alt«, antwortete ihre Mutter. »Sie braucht jetzt viel Liebe.«

»Wie ist es, wenn man alt wird?«, wollte Eleanor wissen. »Werden alle Menschen dann vergesslich? Ich auch?«

»Nicht jeder wird im Alter vergesslich, Eleanor. Oma hat wahrscheinlich die Alzheimer-Krankheit, und darum kann sie sich nichts merken. Womöglich müssen wir sie in ein Pflegeheim geben, damit sie dort richtig versorgt wird.«

»Aber Mama! Das ist ja schrecklich! Dann wird sie doch ihr kleines Haus furchtbar vermissen, oder nicht?«

»Mag sein, aber wir haben keine andere Wahl. Sie wird dort gut versorgt und kann neue Freunde finden.«

Eleanor guckte misstrauisch. Ihr gefiel der Gedanke ganz und gar nicht.

»Können wir sie dort oft besuchen?«, erkundigte sie sich. »Ich rede gern mit Oma, selbst wenn sie dauernd alles vergisst. Das werde ich vermissen.«

»An den Wochenenden können wir zu ihr fahren«, beruhigte ihre Mutter sie. »Wir können ihr dann ein Geschenk mitbringen.«

»Zum Beispiel ein Eis? Oma isst doch so gern Erdbeereis!«

»Also gut, Erdbeereis!«, versicherte ihre Mutter.

Das erste Mal, als sie Großmutter im Pflegeheim besuchten, war Eleanor den Tränen nahe.

»Hier sitzen ja fast alle Leute im Rollstuhl«, klagte sie.

»Das geht nicht anders. Sonst würden sie hinfallen«, erklärte ihre Mutter. »Und wenn du jetzt gleich zu Oma kommst, dann lächle und sag ihr, wie gut sie aussieht.«

Großmutter saß ganz allein in einer Ecke des Raumes, den sie »Sonnenzimmer« nannten. Sie saß da und schaute auf die Bäume hinaus.

Eleanor drückte ihre Großmutter. »Schau mal«, sagte sie. »Wir haben dir etwas mitgebracht. Etwas, was du besonders gern magst. Erdbeereis!«

Großmutter nahm den Pappbecher und den Löffel und fing wortlos an zu essen.

»Ich bin sicher, dass es ihr schmeckt«, versicherte Eleanors Mutter.

»Aber sie scheint uns nicht mal zu erkennen.« Eleanors Enttäuschung war unübersehbar.

»Du musst ihr Zeit lassen«, erwiderte ihre Mutter. »Das ist hier alles fremd für sie. Sie muss sich erst an ihre neue Umgebung gewöhnen.«

Doch als sie Großmutter das nächste Mal besuchten, war es genauso. Sie aß das Eis und lächelte sie an, aber sie sagte kein Wort.

»Weißt du, wer ich bin, Oma?«, wollte Eleanor wissen.

»Du bist das Mädchen, das mir immer das Eis bringt«, antwortete Großmutter.

»Ja, das schon. Aber ich bin auch Eleanor, dein Enkelkind. Erinnerst du dich nicht mehr an mich?« Und dabei schlang sie ihre Arme um die alte Frau.

Großmutter lächelte ein wenig.

»Ob ich mich erinnere? Natürlich erinnere ich mich. Du bist das Mädchen, das mir immer das Eis bringt.«

Da auf einmal begriff Eleanor, dass sich ihre Großmutter nie wieder an sie erinnern würde. Ihre Oma lebte in einer eigenen Welt – in einer einsamen Welt schemenhafter Erinnerungen.

»Ich hab dich ja so lieb, Oma!«, beteuerte sie. Und in die-

sem Augenblick sah sie, wie ihrer Großmutter eine Träne
über die Wange lief.

»Liebe«, sagte die alte Frau. »Ich erinnere mich an Liebe.«

»Siehst du, mein Schatz. Das ist alles, was sie braucht«,
meinte Mutter. »Liebe.«

»Ich bringe ihr jedes Wochenende ein Eis und drücke sie,
auch wenn sie sich nicht an mich erinnert«, beschloss Eleanor.

Schließlich war das wichtiger: sich an Liebe zu erinnern
als an irgendeinen Namen.

Marion Schoeberlein

Wie ein blindes Mädchen mit ein
wenig Zauberei sehen konnte

Mein Freund Whit ist ein professioneller Zauberer, und er
war einmal von einem Restaurant in Los Angeles engagiert
worden, um jeden Abend von Tisch zu Tisch zu gehen und
den Gästen aus unmittelbarer Nähe seine Tricks vorzufüh-
ren. Eines Abends kam er an einen Tisch, an dem eine Familie saß. Nachdem er sich vorgestellt hatte, zog er einen Stapel Karten hervor und fing mit seinen Zauberkünsten an. Er
wandte sich an ein Mädchen, das mit am Tisch saß, und bat
sie, eine Karte zu ziehen. Da sagte ihm der Vater des Mädchens, dass seine Tochter Wendy blind sei.

Whit erwiderte: »Das macht nichts. Wenn sie dazu bereit
ist, möchte ich den Zaubertrick trotzdem probieren.« An das
Mädchen gewandt fuhr er fort: »Möchtest du mir bei meinem Zaubertrick helfen, Wendy?«

Ein wenig schüchtern zuckte sie die Achseln und sagte:
»Okay.«

Whit setzte sich ihr am Tisch gegenüber und sagte: »Ich werde jetzt eine Spielkarte hochhalten, Wendy, und sie ist entweder rot oder schwarz. Ich möchte, dass du mit Hilfe deines sechsten Sinns errätst, welche Farbe die Karte hat – rot oder schwarz. Hast du verstanden?« Wendy nickte.

Whit hielt den Kreuz-König hoch und sagte: »Wendy, ist diese Karte rot oder schwarz?« Nach kurzer Bedenkzeit antwortete das Mädchen: »Schwarz.« Die anderen am Tisch lächelten.

Whit hielt die Herz-Sieben hoch: »Rot oder schwarz, Wendy?«

»Rot«, lautete die Antwort.

Als nächstes hielt ihr Whit die Karo-Drei hin. Abermals fragte er: »Rot oder schwarz?«

Ohne zu zögern antwortete Wendy: »Rot!« Die anderen kicherten nervös. Er zog noch drei weitere Karten und jedes Mal lag das blinde Mädchen mit seiner Antwort richtig. Einfach unglaublich! Sie hatte alle sechs erraten! Kaum zu fassen, dass sie solches Glück gehabt hatte.

Bei der siebten Karte hielt Whit die Herz-Fünf hoch und meinte: »Wendy, kannst du mir diesmal den Wert und die genaue Farbreihe sagen – also Herz, Karo, Kreuz oder Pik?«

Nach ein paar Augenblicken war sich Wendy sicher: »Herz-Fünf.« Ein Raunen ging um den Tisch. Das war ja kaum zu glauben!

Wendys Vater fragte Whit, ob er da einen Zaubertrick vorführte oder ob das etwas mit echter Magie zu tun hatte. Whit entgegnete: »Das müssen Sie Wendy fragen.«

Der Mann wandte sich an seine Tochter: »Wie hast du das gemacht, Wendy?« Das Mädchen aber lächelte und meinte: »Es ist Zauberei!« Whit schüttelte den Erwachsenen die Hand, nahm Wendy in den Arm, hinterließ seine Visitenkarte und verabschiedete sich. Er hatte in der Tat einen magischen Moment geschaffen, den die Familie wohl nie wieder vergessen würde.

Damit ist aber noch nicht die Frage beantwortet, wie es Wendy gelungen war, die Farbe der Karten zu erraten. Whit war ihr in dem Restaurant zum ersten Mal begegnet, und so hatte er keinerlei Gelegenheit gehabt, ihr im Vorhinein zu sagen, welche Karten rot und welche schwarz waren. Und als Blinde konnte Wendy unmöglich erkennen, was für eine Karte er ihr hinhielt. Wie also hatte sie es dennoch wissen können?

Dieses Wunder, das selbst im Leben eines Zauberers durchaus als etwas Einmaliges gelten kann, war durch einen Geheimcode und eine gute Portion Geistesgegenwart zu Stande gekommen. Whit hatte früher einmal eine Art »Fuß-Code« entwickelt, um sich ohne Worte mit einem anderen Menschen verständigen zu können. Bis zu jenem Augenblick in dem Restaurant hatte er nie Gelegenheit gehabt, ihn auszuprobieren. Als sich Whit gegenüber von Wendy an den Tisch setzte und sagte: »Ich werde jetzt eine Spielkarte hochhalten und sie ist entweder rot oder schwarz«, tippte er bei dem Wort »rot« einmal und bei »schwarz« zweimal (unter dem Tisch) gegen ihren Fuß. Um ganz sicherzugehen, dass sie es auch begriffen hatte, wiederholte er das Ganze noch einmal: »Ich möchte, dass du mit Hilfe deines sechsten Sinns errätst, welche Farbe die Karte hat – rot (tap) oder schwarz (tap-tap). Hast du verstanden?« Als sie nickte, wusste er, dass sie den Geheimcode verstanden hatte und bereit war, sein Spiel mitzuspielen. Die anderen gingen davon aus, dass sich sein »Hast du verstanden?« allein auf seine mündliche Anweisung bezog.

Und wie hatte er ihr nun zu verstehen gegeben, dass er

eine Herz-Fünf in der Hand hielt? Ganz einfach. Er tippte ihr fünfmal gegen den Fuß, um ihr die Fünf zu übermitteln. Und als er sie fragte, ob es Herz, Pik, Kreuz oder Karo sein, tippte er ihren Fuß bei dem Wort »Herz« an.

Aber das eigentlich Magische an der Geschichte ist die Wirkung, die das Ganze auf Wendy hatte. Nicht nur, dass sie für ein paar Augenblicke im Mittelpunkt stand und vor den Augen der ganzen Familie auf einmal eine tolle Figur machte. Auch zu Hause wurde sie ein regelrechter Star, denn allen Freunden wurde erzählt, über welche beeindruckenden übersinnlichen Fähigkeiten sie verfügte.

Ein paar Monate nach diesem Erlebnis bekam Whit ein Paket von Wendy. Es enthielt einen Satz Braille-Spielkarten und einen Brief. Darin bedankte sie sich bei ihm dafür, dass sie sich mit seiner Hilfe als etwas Besonderes habe fühlen dürfen und sie durch ihn – wenn auch nur für ein paar Augenblicke – habe »sehen« können. Sie habe ihrer Familie immer noch nicht verraten, wie der Trick funktioniert hat, obwohl die anderen sie immer wieder danach fragten. Wenn sie ihm nun einen Satz Braille-Spielkarten schicke, so schrieb sie weiter, dann sei dies als Anregung gedacht, sich noch mehr Tricks für blinde Menschen auszudenken.

Michel Jeffreys

Manuel Garcia

Manuel Garcia, ein stolzer junger Vater, war im ganzen Block als fleißiger Mann bekannt. Er hatte Frau und Kinder, einen Job und eine Zukunft, und alles lief nach Plan.

Eines Tages bekam Manuel Garcia Magenschmerzen. In der Ambulanz nannte man ihm den Grund. In seinem Körper wucherten Krebszellen und setzten sich über die naturgemäße Ordnung hinweg.

So legte sich Manuel Garcia aus Milwaukee County in das große Krankenhaus der Stadt. Und auf einmal sah er seine neununddreißig Jahre wie Sand durch eine Sanduhr rieseln.

»Welche Möglichkeiten bleiben mir?«, weinte Manuel Garcia. »Im Prinzip zwei«, antwortete der Arzt. »Ohne Behandlung werden Sie bald Ihrem Krebs erliegen. Die Behandlung aber ist schmerzhaft und es gibt keine Garantie…«

Und damit begann Manuels persönliche Odyssee – die zahllosen schlaflosen Nächte in chemischer Trance und das Echo der Schritte auf dem langen, einsamen Flur mit dem seine Minuten und Stunden verhallten.

Das Wissen, dass ihn etwas von innen heraus verzehrte, erfüllte Manuel Garcia mit purer Verzweiflung. Er hatte schon vierzig Pfund an den Krebs verloren. Und jetzt nahmen ihm die Medikamente auch noch sein Haar.

Neun Wochen nach Behandlungsbeginn kam der Arzt zur Visite und sagte: »Manuel, wir haben getan, was wir tun konnten. Mit Ihrem Krebs kann es jetzt so oder so weitergehen. Es steht nicht in unserer Macht. Jetzt sind Sie selbst dran.«

Manuel sah sich im Spiegel an, ein trauriger, verschreckter Fremder, so blass, so verknittert, so einsam, so verängstigt. Krank, isoliert, wie konnte man so jemanden lieben – einhundertvierzehn Pfund und kein Haar.

Im Traum sah er seine Carmen mit sechzig ohne ihn, seine vier Kinder ohne Vater, das Kartenspiel bei Julio am Donnerstagabend, und all das, was er nie getan hatte und doch hätte tun sollen.

Am Morgen seiner Entlassung weckte ihn das Getrappel

von Füßen rings um sein Bett. Manuel öffnete die Augen und glaubte, noch immer zu träumen – seine Frau und vier Freunde standen da mit haarlosem Haupt.

Er schloss die Augen und schaute noch einmal, ungläubig, fünf glänzende Köpfe Seite an Seite. Und noch immer hatte keiner von ihnen auch nur ein Wort gesprochen. Bald aber lachten sie, bis ihnen die Tränen kamen.

Und dann hallten ihre Stimmen durch die Krankenhausflure. »Das haben wir für dich getan, *Patron*«, sagten seine Freunde. Und dann rollten sie ihn zu dem geliehenen Auto hinaus. »*Amigo, estamos contigo ves…*« [»Siehst du, amigo, wir stehen dir bei!«]

So wurde Manuel Garcia nach Hause geleitet. Sie setzten ihn vor seiner Zweizimmerwohnung ab. Für einen Sonntag war es ungewöhnlich still im Block. Er holte tief Luft und rückte seinen Hut zurecht.

Noch bevor er näher treten konnte, flog die Wohnungstür auf. Manuel war von lauter bekannten Gesichtern umringt – an die fünfzig waren es, lauter Verwandte und Freunde, alle hatten den Kopf geschoren und sagten »Wir lieben dich«.

Und Manuel Garcia, krebskrank, Vater, Ehemann, Nachbar und Freund, brachte mit einem Kloß im Hals hervor: »Ich bin kein Mann der großen Worte, aber etwas muss ich euch doch sagen. Ich fühlte mich mit meiner Glatze und meinem Krebs so allein. Doch jetzt steht ihr mir bei, dem Himmel sei dank. Ihr gebt mir die Kraft, die ich brauche, Gott segne euch. Er möge uns ein langes Leben bescheren und uns lehren, was Liebe ist.«

David Roth

Der Geschmack von Freiheit

Wenn du in deinem Herzen Sorge für einen anderen Menschen empfindest, hast du gewonnen.

Maya Angelou

Ich hatte schreckliche Angst. Ich war soeben von der staatlichen Besserungsanstalt in Pleasanton, Kalifornien, in das Frauengefängnis von Lexington, Kentucky, verlegt worden, das für Überbelegung und Gewalttätigkeit berüchtigt war.

Acht Monate zuvor war ich auf Grund der Beteiligung an den Geschäften meines Vaters wegen Betrugs verurteilt worden. Von Kindheit an hatte mein Vater mich körperlich, seelisch und sexuell missbraucht. Als er dann von mir verlangte, die Stelle meiner Mutter in unserem Familienbetrieb zu übernehmen, betrachtete ich ihn immer noch mit den Augen des fünfjährigen Mädchens, das wusste, dass ihm niemand helfen würde und es keinen Ausweg gab. Es war mir nicht einmal in den Sinn gekommen, Nein zu sagen. Als ein paar Monate später das FBI vor der Tür stand und fragte, ob die Unterschrift auf den Dokumenten von mir sei, tat ich, was ich von Kindesbeinen an immer getan hatte. Ich sagte: »Ja, ich war es und nicht mein Vater.« Ich übernahm die Verantwortung für das Verbrechen und wurde zu einer Haftstrafe in einem Hochsicherheitsgefängnis verurteilt.

Bevor ich ins Gefängnis kam, erhielt ich einen Platz in einem Hilfsprogramm für erwachsene Missbrauchsopfer und fing an, meine Kindheit aufzuarbeiten. Ich erfuhr über die Auswirkungen von langjährigem Missbrauch, aber auch, dass sich ein Teil der Erinnerungen und Traumata heilen lässt. Auf Grund der Erfahrungen, die ich in dem Seminar gemacht hatte, wusste ich, dass die Gewalt, das Chaos und die extreme Überwachung, mit der ich konfrontiert wurde, nichts anderes als die äußere Manifestation des Chaos war, das in meinem Inneren herrschte, und so beschloss ich, mich zu ändern. Ich fing an, Bücher über spirituelle Wahrheiten und Weisheitslehren zu lesen und Affirmationen zu schreiben, um mich an meine wahre Natur zu erinnern. Wenn die Stimme meines Vaters in meinem Inneren sagte: »Du bist ein Nichts«, dann setzte ich an ihre Stelle die Stimme Gottes, die mir sagte: »Du bist mein geliebtes Kind.« Mit jedem Gedanken änderte ich so mein Leben Tag für Tag aufs Neue.

Als man mir sagte, ich solle »zusammenpacken«, glaubte ich, man würde mich in eine Einrichtung mit niedrigerer Sicherheitsstufe verlegen. Um Fluchtpläne gar nicht erst aufkommen zu lassen, verraten die Wärter nichts darüber, wohin es geht oder für wann der Umzug geplant ist. Aber ich war überzeugt, dass meine Zeit im Hochsicherheitsgefängnis sich dem Ende näherte und ich es mehr als verdient hatte, in eine offenere Einrichtung verlegt zu werden.

Bei meiner Ankunft im Frauengefängnis von Lexington war ich völlig schockiert. Ich bekam panische Angst, hatte aber gleichzeitig einen jener glasklaren Momente und erkannte, dass Gott immer noch seine Hand über mich hielt. Als ich zu meiner Wohneinheit gebracht wurde, hatte sie anders als die übrigen keinen typischen Kentucky-Namen wie etwa *Bluegrass*, sondern hieß »Renaissance«, was so viel bedeutet wie »Wiedergeburt«. Mein Gottvertrauen gab mir die Gewissheit, dass mir nichts Böses geschehen würde. Ich musste es nur schaffen, wirklich neu geboren zu werden.

Am nächsten Tag wurde mir meine Arbeit bei der Gebäudeinstandhaltung zugewiesen. Wir mussten Böden polieren, Gipskarton-Wände aufstellen und verschiedene Arbeitstechniken erlernen, die uns nach der Haft draußen in der Gesellschaft nützlich sein könnten. Unser Wärter, Mr. Lear (der Name ist geändert), war gleichzeitig unser Lehrer. Er war insofern außergewöhnlich, als er witzig und freundlich zugleich war. Normalerweise gelten nur zwei Regeln im Umgang zwischen Häftling und Wärter – der Häftling traut dem Wärter nicht und der Wärter glaubt generell nichts, was der Häftling sagt. Aber Mr. Lear war anders. Er wollte, dass wir in der Zeit mit ihm nicht nur etwas lernten, sondern gleichzeitig auch unseren Spaß hatten. Er setzte sich zwar nie uns zuliebe über eine Regel hinweg, aber es lag ihm auch nicht daran, uns unseren Arbeitseinsatz mit sarkastischen oder abwertenden Bemerkungen zu vermiesen.

Ich beobachtete Mr. Lear viele Tage lang, und es fiel mir auf, dass er mich immer so sonderbar ansah. Dass man mir merkwürdige Blicke zuwarf, war ich bereits gewohnt, denn ich sah ganz nach dem aus, was ich auch war – eine Vorstadt-Hausfrau aus Kansas. Mein Erscheinungsbild passte einfach nicht ins Gefängnis.

Eines Tages waren Mr. Lear und ich allein bei einem Einsatz, und da fragte er mich endlich: »Was in aller Welt machen Sie im Gefängnis?« Ich erzählte es ihm, so wie es war. Er hörte mir zu und fragte mich, ob mein Vater auch im Gefängnis säße. Ich verneinte. Es hatte keine konkreten Indizien gegeben, die gegen ihn gesprochen hätten. Außerdem hatten meine Geschwister seine Aussage bestätigt und behauptet, was ich über seine Beteiligung an der Geschichte gesagt hatte, sei von Anfang bis Ende erlogen.

Mr. Lear schien wütend darüber zu sein, und er fragte mich: »Warum sind Sie dann so fröhlich?« Da erzählte ich ihm von den einfachen Wahrheiten, die ich mir zu Eigen gemacht hatte, wie »Glück und Frieden liegen in dir selbst«. Ich sprach über die wahre Bedeutung des Wortes Freiheit und darüber, dass man erst glauben muss, bevor man die Früchte des Glaubens ernten kann.

Dann rückte ich mit meinen Fragen heraus. Ich wollte wissen, wie Mr. Lear es schaffte, Tag für Tag zur Arbeit zu kommen, um Strafgefangenen etwas beizubringen, die ihm nicht einmal zuhören wollten und nicht die geringste Lust auf die Arbeit hatten, die er ihnen mit solchem Enthusiasmus vermitteln wollte. Wie konnte er freundlich und zuvorkommend bleiben, wo er doch ausschließlich mit Menschen zu tun hatte, die nur den einen Gedanken hatten, diesem von Verbitterung und Zorn erfüllten System möglichst bald zu entrinnen?

Mr. Lear gab zu, dass es ihm schwer falle und dies auch nicht unbedingt der Job sei, den er sich immer gewünscht habe. Eigentlich wollte er zum Militär. Aber er hatte Angst, sich diesen Traum zu verwirklichen, weil er dazu den sicheren Job im Gefängnis aufgeben müsste. Schließlich hatte er Frau und Kinder zu ernähren.

Ich sagte ihm, er würde diesen Wunsch nicht im Herzen tragen, wenn er sich nicht erfüllen ließe. Ich versicherte ihm, er könne jedes Ziel erreichen, und erzählte ihm von den unterschiedlichen Graden der Gefangenschaft, die ein jeder von uns erlebt.

Mehrere Wochen lang führten wir solche Gespräche, und ich fühlte mich im Umgang mit Mr. Lear immer sicherer. Ich glaubte, er sei der einzige Wärter, bei dem ich keine Angst davor zu haben brauchte, dass er auf einmal seinen persönlichen Frust und Ärger an mir auslassen und mir Verweigerung oder gar Ungehorsam vorwerfen würde, was mir

Extra-Arbeitsstunden oder sogar Einzelhaft eingebracht hätte. So etwas ist im Gefängnis besonders gegenüber weiblichen Insassen an der Tagesordnung.

Sie können sich also vorstellen, wie schockiert und traurig ich war, als Mr. Lear eines Tages ohne jeden ersichtlichen Grund zu mir kam und mich anschnauzte: »Mrs. Rogoff, Sie gehen jetzt in mein Büro und putzen die Regalbretter und alles, was darauf steht. Und Sie kommen mir da nicht raus, bevor Sie das letzte Staubkorn entfernt haben!«

Ich hatte keine Ahnung, was Mr. Lear so wütend gemacht hatte, aber natürlich blieb mir nichts anderes übrig, als ihm zu gehorchen. »Ja, Sir!«, antwortete ich und machte mich auf den Weg in sein Büro. Die Demütigung trieb mir die Schamesröte ins Gesicht. Meine Gefühle waren zutiefst verletzt. Ich war überzeugt gewesen, dass er anders wäre. Ich hatte gedacht, wir hätten uns von Mensch zu Mensch unterhalten, doch offensichtlich war ich für ihn nur ein Häftling wie jeder andere auch.

Mr. Lear machte hinter mir die Tür zu, stellte sich mit dem Rücken davor und schaute den Flur hinauf und hinunter. Ich aber wischte mir die Tränen aus den Augen und sah mir die Regalbretter an. Da machte sich langsam ein einziges großes Lächeln auf meinem Gesicht breit. Die Regale waren völlig leer – mit Ausnahme einer einzigen, saftigen, leuchtend roten Tomate und eines Salzstreuers. Mr. Lear wusste, dass ich seit fast einem Jahr im Gefängnis saß und in dieser ganzen Zeit keine einzige frische Tomate gegessen hatte. Er hatte nicht nur eine Tomate aus seinem eigenen Garten für mich eingeschmuggelt, sondern stand auch noch für mich Schmiere, damit ich nicht von einem anderen Wärter erwischt wurde. Und so machte ich mich daran, die köstlichste Frucht meines Lebens zu essen.

se schlichte freundliche Geste – mich als Mensch und
..s Nummer zu behandeln – half mir, auf meinem Weg
der Heilung zu bleiben. Ich wusste ganz sicher, dass mein
Aufenthalt im Gefängnis kein Zufall war, sondern eine Gelegenheit, meine Missbrauchserlebnisse so weit zu verarbei-
ten, dass ich später anderen würde helfen können.

Mr. Lear war mein Wärter, aber er war auch mein Freund.
Ich habe ihn seit meiner Entlassung weder gesehen noch
von ihm gehört, aber jedes Mal, wenn ich in meinem Garten
eine Tomate ernte, denke ich an ihn. Ich hoffe, dass Mr. Lear
heute ebenso frei ist wie ich selbst.

Barbara Rogoff

Mitgefühl ist an den Augen ablesbar

Es war an einem bitterkalten Abend in Nord-Virginia vor vielen Jahren. Der Bart des alten Mannes war weiß vor Frost, als
er auf das Boot wartete, das ihn zum anderen Ufer überset-
zen sollte. Die Zeit schien einfach nicht vergehen zu wollen.
Er war schon ganz steif gefroren von dem eisigen Nordwind.

Auf einmal hörte er, wie sich über den gefrorenen Weg der
leise, stetige Rhythmus von Hufgetrappel näherte, bis
schließlich mehrere Reiter hinter der Biegung auftauchten.
Den ersten ließ er passieren, ohne auch nur zu versuchen,
sich ihm bemerkbar zu machen. Auch den zweiten und alle
anderen ließ er vorüberziehen. Schließlich kam der letzte an
dem Platz vorbei, an dem der alte Mann wie eine zu Eis er-
starrte Statue saß. Diesem sah er ins Auge und bat ihn:
»Mein Herr, wären Sie wohl so freundlich, einen alten Mann
mit auf die andere Seite zu nehmen? Es scheint keine Möglichkeit zu geben, zu Fuß hinüberzukommen.«

Der Reiter zog die Zügel an, sah zu dem bärtigen Alten hinunter und antwortete: »Aber natürlich. Steigen Sie auf!« Als er sah, dass der halb erfrorene alte Mann aus eigenen Kräften kaum aufstehen konnte, stieg er ab und half ihm aufs Pferd. Er brachte ihn nicht nur heil über den Fluss, sondern bis an sein eigentliches Ziel, einen Ort, der kaum mehr als ein paar Meilen entfernt lag.

Als sie schließlich vor dem kleinen, aber äußerst einladenden Cottage angelangt waren, konnte der Reiter seine Neugier nicht länger bremsen: »Mir ist aufgefallen, dass Sie mehrere Reiter vorüberziehen ließen, ohne sie auch nur anzusprechen. Als aber ich des Weges kam, zögerten Sie nicht, mich darum zu bitten, Sie mitzunehmen. Ich würde nur zu gerne wissen, warum Sie in einer so bitterkalten Winternacht so lange gewartet und erst den letzten Reiter angesprochen haben. Was wäre gewesen, wenn ich mich geweigert und Sie dort zurückgelassen hätte?«

Mühsam ließ sich der alte Mann vom Pferd gleiten. Dann sah er dem Reiter direkt in die Augen und antwortete: »Ich habe schon eine Menge vom Leben gesehen. Ich glaube, dass ich die Menschen ziemlich gut kenne.« Nach einer kleinen Pause fuhr er fort: »Ich habe den anderen Reitern in die Augen gesehen und wusste gleich, dass keiner von ihnen auch nur einen Gedanken an meine Lage verschwendete. Sie zu bitten, mich mitzunehmen, wäre schlichtweg sinnlos gewesen. Doch als ich Ihnen in die Augen sah, entdeckte ich darin Güte und Mitgefühl. Ich wusste, dass Sie mit Ihrem liebevollen Wesen gern die Gelegenheit nutzen würden, mir in Zeiten der Not beizustehen.«

Der Reiter war von diesen ergreifenden Worten tief gerührt. »Ich danke Ihnen für das, was Sie gesagt haben«, versicherte er dem alten Mann. »Mögen mich meine Geschäfte nie so sehr in Anspruch nehmen, dass ich den Nöten anderer nicht mehr mit Güte und Mitgefühl begegne.«

Mit diesen Worten ließ Thomas Jefferson sein Pferd kehrtmachen und begab sich auf den Weg zurück ins Weiße Haus.

Verfasser unbekannt
Aus »The Sower's Seeds« von Brian Cavanaugh

Herzenswärme

Es war an einem eisig kalten Morgen in Denver. Das Wetter war die ganze Zeit über launenhaft gewesen. Erst hatte ein vorzeitiger Wärmeeinbruch den Schnee zum Schmelzen gebracht und durch die Entwässerungsrohre davonrauschen oder lautlos über Rinnsteine, Plätze, Gehsteige und unter Zäunen hindurch in niedrig gelegenes Gelände abfließen lassen, wo auch noch die letzte Spur davon versickerte. Dann kehrte die Kälte wie in einem Rachefeldzug zurück und bedeckte alles unter einer neuen weißen Pulverdecke, unter der das bisschen Schnee, das noch vom Winter übriggeblieben war, gefror und sich in eine eisglatte Falle für die Fußgänger verwandelte.

Es war genau der richtige Tag, um sich mit einer Erkältung ins Bett zu legen und darauf zu warten, dass einem die Mutter einen Teller Suppe bringt. Der richtige Tag, um die Meldungen des Nachrichtensenders zu verfolgen und sich vorzustellen, wie es wäre, eingeschneit zu sein, ohne dass einem das allzu große Unannehmlichkeiten bereiten würde. Und genau so hätte dieser Tag eigentlich ablaufen sollen.

Ich hatte den Auftrag, im Kongresszentrum von Denver als Redner vor ein paar Hundert Leuten aufzutreten, die es sich ebenso wenig wie ich leisten konnten, einen Schnupfen zu bekommen, zu Hause zu bleiben und sich von ihrer Mutter eine warme Suppe ans Bett bringen zu lassen. Stattdessen saßen wir in der Kongresshalle und konnten gegen das Wetter nichts weiter ausrichten, als darüber zu reden.

Ich brauchte eine Batterie für mein schnurloses Mikrofon. Ich hatte vergessen, eine zweite einzupacken. Ein denkbar ungünstiger Zeitpunkt für solche Nachlässigkeiten... Ich hatte keine andere Wahl, ich brauchte eine Batterie. Und so machte ich mich auf den Weg hinaus in den Wind, den Kopf eingezogen, mit hochgeschlagenem Mantelkragen und viel zu dünnen eleganten Schuhen.

Bei jedem Schritt legte sich mir meine dünne Anzughose hinten an den Beinen an. Der Stoff war winddurchlässig und erinnerte mich daran, dass meine Mutter mich in so unzweckmäßiger Kleidung nie aus dem Haus gelassen hätte.

Als ich um die Ecke bog, entdeckte ich in einiger Entfernung das kleine Schild eines 7-Eleven-Ladens. Wenn ich mich beeilen und einen Schritt zulegen würde, könnte ich es schaffen, den Eingang zu erreichen und mich in die Wärme zu retten, ohne noch einmal die schneidend kalte Luft einatmen zu müssen, die in der Lunge brannte. Die Einheimischen nehmen Fremde gerne auf die Schippe und sagen ihnen, dass man im Winter in Denver jene angenehme Art von Kälte genießen könnte. »Es ist eine ganz trockene Kälte«, sagen die Leute, wenn sie von ihren auswärtigen Verwandten gefragt werden, wie es sich in der sechzehnhundert Meter hoch gelegenen Stadt so lebt. Von wegen trocken! Es ist kalt genug, um einen Messingaffen zum Tanzen zu bringen. Und Feuchtigkeit – ob mangelnd oder nicht – scheint kaum von Bedeutung, wenn dir arktische Sturmböen mit fünfundsechzig Stundenkilometern gegen den Rücken peitschen.

In den 7-Eleven hatten sich noch zwei weitere Seelen verirrt. Eine stand hinter der Kasse und trug ein Namensschild, das sie als Roberta auswies. Sie sah so aus, als wäre auch sie viel lieber zu Hause, um ihren Nachwuchs mit heißer Suppe und tröstenden Worten zu versorgen. Stattdessen musste sie den Tag damit zubringen, den kommerziellen Außenposten in einer so gut wie völlig verlassenen Gegend von Denver zu bemannen. Sie war wie ein Leuchtturm, eine Zuflucht für die versprengten Irren, die dumm genug waren, an einem so eiskalten Tag wie diesem auch nur einen Fuß vor die Tür zu setzen.

Der andere Kälteflüchtling war ein hochgewachsener älterer Herr, der sich in dieser Umgebung offenbar wohl zu fühlen schien. Er hatte es anscheinend überhaupt nicht eilig, den Laden zu verlassen und sein Schicksal wieder dem Wind und den vereisten Bürgersteigen zu überlassen. Ich konnte mich des Gefühls nicht erwehren, dass der Mann entweder den Verstand verloren oder sich verlaufen hatte. Wer sich an einem solchen Tag auf den Weg machte, um im Warenangebot eines 7-Eleven zu stöbern, konnte nicht ganz bei Trost sein.

Doch ich hatte keine Zeit, mich näher mit einem alten Mann zu befassen, der seine Sinne nicht mehr beisammen hatte. Ich brauchte eine Batterie, und ein paar Hundert Leute, die noch das eine oder andere im Leben vorhatten, warteten im Kongresszentrum auf mich. Wir hatten ein Ziel vor Augen.

Irgendwie gelang es dem alten Mann, vor mir an die Kasse zu kommen. Roberta lächelte. Er sagte kein Wort. Roberta nahm seine mageren Einkäufe einzeln in die Hand und tippte den Betrag in die Kasse ein. Der alte Mann hatte sich in die Morgenkälte von Denver hinausgewagt, nur um einen läppischen Muffin und eine Banane zu kaufen. Was für ein

Irrwitz! Um einen Muffin und eine Banane zu bekommen, würde ein normaler Mensch bis zum Frühling warten, und sich dann vielleicht sogar über die Gelegenheit freuen, durch die bis dahin wieder annehmbaren Straßen zu schlendern. Aber nicht dieser Kerl hier. Er hatte seine alten Knochen ins Freie geschleppt, als wäre dies der letzte Tag seines Lebens.

Vielleicht war es ja auch der letzte Tag seines Lebens. Immerhin war er schon ziemlich alt.

Als Roberta alles eingetippt hatte, griff eine müde, alte Hand tief in die Manteltasche und fischte darin herum. »Mach schon«, dachte ich. »Du hast vielleicht den ganzen Tag Zeit, aber ich habe noch was anderes vor!«

Die Hand brachte schließlich ein Portemonnaie hervor, das so alt zu sein schien wie der Mann selbst. Ein paar Münzen und eine zerknitterte Dollarnote fielen auf die Theke. Roberta nahm sie entgegen, als seien sie der größte Schatz.

Nachdem die bescheidenen Einkäufe in einer Plastiktüte verstaut waren, geschah etwas Bemerkenswertes. Ohne ein einziges Wort zu sprechen, streckte der Mann seine alte, müde Hand langsam über die Theke. Sie zitterte erst, wurde dann aber ruhig.

Roberta weitete die Griffe der Einkaufstüte und streifte sie dem Mann sanft über das Handgelenk. Die Finger, die in den Raum hineinragten, waren knotig und mit Altersflecken übersät.

Robertas Lächeln wurde noch breiter.

In einer raschen Geste griff sie nach der anderen, müden, alten Hand und hielt nun beide vor ihrem braunen Gesicht.

Sie wärmte sie. Erst oben und unten, dann an den Seiten.

Dann machte sie sich an dem Schal zu schaffen, der ihm fast von den breiten, aber gebeugten Schultern gerutscht wäre. Sie zog ihn fest um seinen Hals. Er sagte immer noch kein einziges Wort. Er stand da, als wolle er den Augenblick in seinem Gedächtnis zementieren. Er musste wohl mindestens bis zum nächsten Morgen vorhalten, bis er sich wieder auf den Weg durch die Kälte machte.

Roberta knöpfte einen Knopf zu, der den alten Händen entgangen war.

Sie sah ihm in die Augen und hob mit gespielter Strenge den Zeigefinger.

»Dass Sie mir auch ja gut auf sich aufpassen, Mr. Johnson!« Wie um ihre Worte zu unterstreichen, hielt sie kurz inne, bevor sie dann mit ehrlicher Besorgnis hinzufügte: »Ich will Sie doch morgen wieder hier sehen!«

Mit diesen letzten Worten hatte der alte Mann wohl seinen Tagesbefehl bekommen. Er zögerte noch einen Moment, wandte sich dann um und schlurfte mühsam hinaus in den bitterkalten Denver-Morgen.

Ich wusste jetzt, dass er nicht wegen einer Banane und eines Muffins gekommen war. Er kam, um ein bisschen Wärme zu bekommen. Herzenswärme.

Ich sagte: »Wahnsinn, Roberta! Das nennt man Dienst am Kunden. War das Ihr Onkel oder ein Nachbar oder sonst jemand Besonderes?«

Sie reagierte fast ein wenig beleidigt. Wie konnte ich nur denken, dass sie diesen außergewöhnlichen Service nur bestimmten Menschen vorbehalten würde? Für Roberta war wohl jeder etwas Besonderes.

Scott Gross

Ein Akt der Nächstenliebe

Du musst deinen Mitmenschen Zeit
widmen; und wenn es nur etwas ganz
Kleines ist, tu etwas für andere –
etwas, für das du kein anderes Entgelt
bekommst als das Privileg, es tun zu
dürfen.

ALBERT SCHWEITZER

Während des amerikanischen Bürgerkriegs besuchte Präsident Abraham Lincoln des Öfteren verwundete Soldaten in den Hospitälern. Einmal lenkten die Ärzte seine Aufmerksamkeit auf einen jungen Mann, der dem Tode nahe war, und Lincoln trat an sein Bett heran.

»Gibt es etwas, was ich für Sie tun kann?«, fragte der Präsident. Der Soldat erkannte ihn offenbar nicht, und mit einiger Mühe brachte er hervor: »Können Sie einen Brief an meine Mutter schreiben?«

Stift und Papier wurden herbeigebracht und der Präsident schrieb nieder, was der junge Mann ihm diktierte:

»Liebe Mutter, ich wurde schwer verletzt, als ich meine Pflicht tat. Ich fürchte, dass ich nicht wieder gesund werde. Bitte trauere nicht zu sehr um mich. Küsse Mary und John von mir. Gott segne dich und Vater.«

Der Soldat war zu schwach, um weiter zu sprechen, und so unterzeichnete Lincoln den Brief für ihn und fügte hinzu: »Im Auftrag Ihres Sohnes geschrieben von Abraham Lincoln.«

Der junge Mann bat, das Blatt noch einmal sehen zu dürfen. Als er erkannte, wer da geschrieben hatte, staunte er. »Sind Sie wirklich der Präsident?«, wollte er wissen.

»Ja«, erwiderte Lincoln leise. Dann fragte er, ob er noch etwas für ihn tun könne.

»Würden Sie meine Hand halten?«, bat der Soldat. »Es würde mir helfen, bis zum Ende durchzuhalten.«

Und in der Stille des Raumes nahm der große, hagere Präsident die Hand des Jungen in die seine und sprach tröstende Worte, bis der Tod über ihn kam.

Aus »The Best of Bits & Pieces«

Nächtliche Besucher

Liebe heilt – sowohl jene, die sie geben,
als auch jene, die sie empfangen.
DR. KARL MENNINGER

Es war ein Familienabenteuerurlaub. Meine Frau Judith, unsere zweijährige Tochter Leila und ich hatten ein kleines Wohnmobil gemietet und uns auf die Reise quer durch Südkalifornien gemacht. Am Tag vor unserer Rückkehr nach San Diego parkten wir den Wagen ganz in der Nähe des Strandes, um unsere letzte Nacht in der Natur zu verbringen.

Mitten in der Nacht weckte mich Judith mit einem unsanften Rippenstoß und raunte mir ins Ohr, ich solle aufstehen und nach dem Rechten sehen. Zuerst drang nichts als Lärm und Geklopfe an mein Ohr. Im Halbschlaf ließ ich mich aus unserer kleinen Schlafkoje gleiten und stand splitterfasernackt da, vor mir die Windschutzscheibe.

Was ich sah, riss mich unvermittelt aus meiner Trance. Unser Wohnmobil war von maskierten Männern umzingelt, die gegen die Scheiben schlugen.

Ich habe viele Abenteuerfilme gesehen und mich immer gefragt, wie ich mich wohl fühlen oder wie ich reagieren würde, wenn ich selbst einmal in eine gefährliche Situation geriete. Nun, ich bin sofort in die Rolle des Helden geschlüpft. Ich hatte keine Angst. Ich dachte nur daran, meine Familie zu beschützen.

Ich duckte mich, kroch zum Fahrersitz vor und drehte den Zündschlüssel um. Der Wagen war während unserer Reise mindestens fünfzigmal problemlos angesprungen. Diesmal versuchte er durchzustarten, spuckte ein paar Mal und erstarb dann. Ich hörte Glas splittern und eine Hand griff durch das Seitenfenster auf der Fahrerseite. Ich zerschmetterte die Hand (Von wegen Gewaltfreiheit! Meine lebenslange Auseinandersetzung mit dem Pazifismus hatte im Eifer des Gefechts keine Chance. Im Nachhinein habe ich mir oft gedacht, wie gut es ist, dass ich in diesem Moment keine Pistole hatte. Ich hätte sie wahrscheinlich benutzt.)

Das splitternde Glas hatte mir die Hand blutig geschnitten. Ich glaubte, noch eine Chance zu haben, den Wagen doch noch starten zu können. In meiner Phantasie hatte ich tausend Mal den erfolgreichen Helden gespielt, und so zweifelte ich keinen Augenblick daran, dass ich es schaffen würde. Ich drehte den Schlüssel um. Die Maschine sprang an … und erstarb dann wieder. Dann rammte mir jemand einen Gewehrkolben in die Kehle. Ich weiß noch, wie ich dachte: »Soll das heißen, dass ich meine Familie nicht verteidigen kann?« Der Gedanke überraschte mich irgendwie.

Einer der Banditen sprach ein paar Brocken Englisch. Er schrie: »Geld! Geld!« Mit dem Gewehrkolben an der Kehle griff ich unter den Fahrersitz und reichte einem der Männer durch die zerbrochene Scheibe meine Brieftasche. Ich hoffte, damit wäre die Sache erledigt.

Doch weit gefehlt.

Mit einem Griff durch die kaputte Fensterscheibe öffneten sie die Wagentür. Der Mann mit dem Gewehr stieß mich unsanft zu Boden. Dann kamen sie herein.

Sie sahen aus wie mexikanische Banditen aus einem zweitklassigen Film. Sie hatten sich die typischen Halstücher vors Gesicht gebunden. Sie waren zu viert: der mit dem Gewehr, einer mit einem rostigen Tranchiermesser, einer mit einer riesigen Machete und einer, der keine Waffe trug. Ich war irgendwie überrascht, dass sie keine Patronengürtel über die Schulter geworfen hatten. Vielleicht waren ihre Waffen in Wirklichkeit nur Attrappen aus dem Film-Fundus.

Während einer mir das Gewehr an den Hals drückte und mich so am Boden hielt, fingen die Banditen an, das Wohnmobil zu zerlegen. Dabei schrien sie auf Spanisch herum.

Es ist interessant; solange ich in der Lage war, etwas zu tun (oder zumindest glaubte, etwas tun zu können), wie den Wagen zu starten oder meine Familie zu verteidigen, fürchtete ich mich nicht, obwohl ich sicher mehr als genug Adrenalin im Blut hatte. Als ich aber dann nackt am Boden lag und den kalten Stahl an der Kehle spürte, fühlte ich mich plötzlich hilflos. Und dann bekam ich es mit der Angst zu tun. Ich fing an zu zittern.

Das war eine interessante Situation. Ich schaffte es fast, mich voll und ganz auf meine Angst zu konzentrieren. Meine Aufmerksamkeit wich nur um Haaresbreite ab. In einem vorübergehenden Anflug von Klarheit sagte ich mir, dass dies der optimale Moment sei, um zu meditieren und um Führung zu bitten.

In meinem Inneren hörte ich eine deutliche Stimme die Textstelle aus Psalm 23 zitieren: »Du deckst mir den Tisch vor den Augen meiner Feinde.«

Eine andere Stimme in mir protestierte: »Was?! ... Was soll denn das bedeuten?«

Dann sah ich vor meinem geistigen Auge, wie ich den Banditen ein Festmahl servierte. Ich dachte: »Ich lebe in einer Welt, in der ich von Gangstern angegriffen werde, ich leiste Widerstand und es spielen sich üble Szenen ab.

Und wenn es anders wäre? Wenn ich es nicht mit Banditen zu tun hätte? Wenn es alte Freunde wären, die in dieser kalten Wüstennacht auf einen Besuch hereingeschneit kämen? Was wäre, wenn ich mich freuen würde, sie zu sehen und sie mit offenen Armen als Gäste empfangen würde? Was wäre, wenn ich den Tisch für sie decken würde?«

Während ein Teil von mir sich grauenhafte Szenen von Vergewaltigung und Mord ausmalte, tat sich in meinem Inneren ein Ort der Klarheit und Stille auf, der von dieser neuen Möglichkeit fasziniert war. Auch sie sind Kinder Gottes. Wie viele Male habe ich erklärt, dass es meine Aufgabe sei, anderen zu dienen? Nun, jetzt ist die Gelegenheit da!

Ich betrachtete die Banditen aus diesem Zustand der inneren Achtsamkeit. »Halt! Das sind keine Gangster! Das sind ja noch Kinder!«

Urplötzlich fiel mir auf, wie jung, wie unerfahren und ungeschickt diese »Banditen« eigentlich waren. Auch sie waren nervös. Ihre Gewalt und Schreierei schien eher das Produkt ihrer Angst als ihrer Macht zu sein. Und mit ihrem Herumgezerre machten sie alles kaputt und brachten sich so um einen Großteil ihrer Beute. In einem ziemlich sonderbaren Geistesblitz erkannte ich, dass »den Tisch decken« in diesem Augenblick bedeutete, ihnen dabei zu helfen, uns besser auszurauben. Ich wandte mich an den jungen Mann, der Englisch sprach: »He, euch geht das Beste durch die Lappen! Unter dem Stapel da drüben liegt eine tolle Kamera.«

55

Er sah mich verdutzt an.

Dann rief er einem der anderen etwas auf Spanisch zu, und der zog die Kamera dort heraus, wo ich gesagt hatte. »Fünfunddreißig Millimeter ... Macht tolle Aufnahmen«, erklärte ich bereitwillig.

Noch einmal wandte ich mich an den Englisch sprechenden jungen Mann: »Deine Freunde richten ein fürchterliches Chaos an. Auf diese Weise werdet ihr einiges übersehen. Ich bin gern bereit, euch zu zeigen, wo die wirklich guten Sachen sind.«

Er sah mich ungläubig an. Meine Antworten passten eindeutig nicht in sein Bild von Räubern und deren Opfern. Doch als ich dann tatsächlich zeigte, wo wir noch weitere Wertsachen versteckt hatten, wich sein Misstrauen. Ich bot an, ihm und seinen Freunden die Sachen selbst zu geben.

Schon bald waren wir mitten in einer Art Auktion. »Schöne Gitarre!« Ich zupfte ein paar Akkorde. »Kann einer von euch spielen? Hier, willst du sie haben? ... Sony Walkman, Kopfhörer, Batterien, ein paar Kassetten! Wer will sie haben?« Ich dachte an die indianische Tradition des Weiterschenkens von Geschenken. Angesichts unserer unterschiedlichen finanziellen Möglichkeiten schien es irgendwie gerecht, dass sie jetzt unsere Wertsachen bekamen. Es war, als würden Vermögenswerte ausgeglichen. Langsam fing es an, mir zu gefallen, sie zu beschenken. Ich überlegte, was von unserem Hab und Gut ihnen wohl am besten gefallen würde.

Auch wenn mein ungewöhnliches Verhalten nicht ohne Auswirkung auf die allgemeine Stimmung geblieben war, hatte sich an der eigentlichen Situation nichts Grundlegendes geändert. Der junge Mann mit dem Tranchiermesser schien besonders unberechenbar. Vielleicht stand er unter

Drogen. Alle paar Minuten schubste er mich oder schrie mich an. Sein englischer Wortschatz schien sich auf »Drogen!«, »Schnaps!« und »Mehr Geld!« zu beschränken. Er fand eine kleine Flasche Lomotil (ein Durchfallmittel) in einer Küchenschublade. Ich versuchte ihm zu erklären, dass er mit dem Medikament nichts anfangen könne, doch als er deshalb grob mit mir wurde, konnte ich mich zugegebenermaßen des Gedankens nicht erwehren: »Das geschieht dir recht!«

Mein Englisch sprechender »Freund« übernahm mehr und mehr die Rolle des Beschwichtigers.

Nun, wir hatten alles weggegeben, was wir hatten. Mein Blick wanderte nach hinten in den Wagen, wo Judith und Leila in einer Decke eingewickelt kauerten. Judith malte sich in Gedanken natürlich auch allerhand Horrorszenarien von Vergewaltigung und Kindesentführung aus. Leila, die in ihren zwei Lebensjahren noch keinem einzigen Menschen begegnet war, der nicht »gut« zu ihr gewesen wäre, stellte die ganze Zeit über immer wieder Fragen wie: »Papa, wer sind diese netten Männer?«

Ich fragte mich, was wohl als Nächstes kommen würde. Auf einmal hörte ich mich sagen: »Habt ihr Hunger?« Der Englisch sprechende junge Mann übersetzte meine Frage. Vier Paar ungläubige Augen ruhten auf mir, als ich den Kühlschrank aufmachte. Jetzt hatten wir aber ein kulturspezifisches Problem. Als ich die Regale voll mit Tofu, Sprossen, Joghurt und die Nussbutter betrachtete, fühlte ich mich auf einmal so verloren, wie wenn man Leute zum Abendessen einlädt und plötzlich jemand hereinschneit, der eine besondere Diät einhalten muss. Wir hatten offensichtlich nichts, was als übliches Essen durchgegangen wäre. Da auf einmal entdeckte ich einen schönen roten Delicious-Apfel. »Das ist was Normales!«, dachte ich. Ich nahm ihn heraus und reichte ihn dem Mann mit der Machete. Es schien irgendwie ein bedeutsamer Moment zu sein. In den meisten Kulturen ist das Teilen von Nahrung Ausdruck der Gemeinsamkeit, eine Freundschaftsbezeugung oder Friedenserklärung. Wie ich ihm so den Apfel hinhielt, spürte ich, dass er einen Moment lang mit sich kämpfte, um auf seine eigene Art und Weise die Rollen hinter sich zu lassen, in denen wir uns begegnet waren. Auf einmal lächelte er und griff nach dem Apfel. Unvermittelt stand das Bild von E. T. vor mir, wie er seinen leuchtenden Finger ausstreckte. Als sich unsere Hände bei der Übergabe des Apfels berührten, spürte ich einen subtilen Austausch von Energie.

Wir hatten Geschenke gemacht und Nahrung geteilt. Als dann aber der Englisch sprechende Mann sagte, jetzt würden wir eine kleine Fahrt machen, stieg erneut Angst in mir auf. Ich wusste nicht, wo sie uns hinbringen wollten. Wenn sie uns umbringen wollten, hätten sie es doch ebenso gut hier machen können. Sie erschienen mir nicht professionell genug, um es auf Kidnapping und Lösegeld abgesehen zu haben. Ich schlug ihnen vor, den Wagen zu nehmen und uns hier zu lassen. Wir befanden uns zwar am Ende der Welt, aber alles erschien mir besser, als mit ihnen zu fahren. Auf meinen Vorschlag hin wurden mehrfach Blicke ausgetauscht, und auf einmal fingen sie wieder an, mich mit ihren Waffen zu bedrohen. Ich verstand. Sobald ich wieder in die Angst-Rolle zurückfiel, wurden sie wieder zu Banditen. »Also gut. Fahren wir!«

Ich setzte mich nach hinten zu Judith und Leila, und schon waren wir unterwegs. Inzwischen hatte ich eine Hose an, und das allein gab mir ein besseres Gefühl. Während eines Teils unserer Fahrt quer durch die Wüste war ich wie in Trance. Als ich auf einmal Lichter sah, spielte ich mit dem

Gedanken, die Tür aufzumachen und Judith und Leila raus-zuschubsen, falls der Fahrer beim Durchqueren irgendeiner Ortschaft vom Gas gehen sollte.

Dann wiederum fragte ich mich: »Was würde ich tun, wenn ich mit gern gesehenen Gästen unterwegs wäre?« Singen natürlich!

Und so stimmten Judith, Leila und ich ein Lied an:

Listen, listen to my heart's song.
Listen, listen, listen to my heart's song.
I will never forget you, I will never forsake you.
I will never forget you, I will never forsake you.

Leila lachte dabei auf ihre typische unwiderstehliche Art. Dabei hatte sie mal den einen, mal den anderen der Männer im Blick. Ein paar Mal sah ich, wie sie sich krampfhaft bemühten, cool zu bleiben. (»Lass es sein, Kleine! Es hat keinen Zweck. Schließlich bin ich ein Krimineller.«) Dann aber mussten sie doch schmunzeln.

Das Singen schien ihnen zu gefallen. Uns jedenfalls machte es Spaß. Da wurde mir plötzlich bewusst, was für ein schlechter Gastgeber ich war. Sie kannten die Lieder nicht! Ich überlegte einen Moment. Dann kam mir die rettende Idee:

Guantanamera, guajira, guantanamera.
Guantanamera…

Ich hatte ins Schwarze getroffen. Sie fingen an, mitzusingen. Die Energien verbanden sich. Es gab keine Täter und Opfer mehr. Füße klopften im Takt und die Stimmung stieg, während wir weiter durch die nächtliche Wüste fuhren.

Wir kamen durch ein Dorf, ohne dass ich Gelegenheit zur Ausführung meiner großartigen Fluchtidee gehabt hätte. Als wir die Lichter hinter uns gelassen hatten, gelangten wir in eine entlegene, hügelige Gegend. Wir bogen in einen finsteren Feldweg ein und das Wohnmobil kam zum Stehen. Judith und ich sahen uns an. Wir dachten beide, dass sie uns jetzt umbringen würden. Eine lange Weile hielten wir unseren Blick.

Dann machten sie die Türen auf und stiegen aus. Sie waren nach Hause gefahren! Offensichtlich lebten sie weit vom Schauplatz ihres Raubzugs entfernt.

Ein paar von ihnen sagten »*Adios*«, nachdem sie ausgestiegen waren. Schließlich war nur noch unser Englisch sprechender Freund übrig. In gebrochenem Kauderwelsch versuchte er, sich uns verständlich zu machen: »Bitte verzeiht uns. Meine *hombres* und ich sind arme Leute. Unsere Väter sind arm. Wir verdienen so unser Geld. Es tut uns Leid. Wir wussten nicht, dass du es warst. Du bist so ein guter Mensch. Und deine Frau und das Kind, sie sind so freundlich.«

Er entschuldigte sich immer wieder. »Ihr seid gute Menschen. Bitte denkt nicht schlecht über uns. Ich hoffe, dass euch das nicht den Urlaub verdirbt.«

Dann griff er in die Tasche und zog mein Portemonnaie heraus. »Hier«, er gab mir meine MasterCard zurück. »Damit können wir nichts anfangen. Die kannst du besser gebrauchen.« Er gab mir auch meinen Führerschein. Und vor den ungläubigen Augen eines seiner *hombres* drückte er mir noch ein paar mexikanische Geldscheine in die Hand. »Hier, für Benzin.«

Ich war nicht weniger überrascht als seine Männer. Er gibt mir mein Geld zurück! Er möchte die Angelegenheit zwischen uns ins Lot bringen.

Dann nahm er meine Hand. Er sah mir in die Augen, und die Schleier zwischen uns lichteten sich. Nur einen Augenblick lang standen wir so da. Dann sagte er: »*Adios*« – Gott sei mit euch.

Unsere Banditen-Gäste verschwanden in der Nacht. Wir drei fielen uns in die Arme und weinten.

Robert Gass

Rendezvous mit der Liebe

Sechs Minuten vor sechs zeigte die große runde Uhr über dem Informationsschalter der Grand Central Station an. Der hoch aufgeschossene, junge Lieutenant der US-Army, der soeben vom Bahnsteig hier eingetroffen war, hob sein sonnengebräuntes Gesicht und kniff ein wenig die Augen zusammen, um die genaue Uhrzeit abzulesen. Das Herz pochte ihm bis zum Halse, doch er wusste nicht, wie er es hätte beruhigen können. In sechs Minuten würde er die Frau sehen, die in den letzten dreizehn Monaten eine so besondere Rolle in seinem Leben gespielt hatte – eine Frau, die er noch nie gesehen hatte, deren Briefe ihn aber die ganze Zeit über begleitet und ihm in jeder Situation Kraft geschenkt hatten.

Er postierte sich so nah es ging am Informationsschalter, just am Rande des Pulks von Reisenden, die die Auskunftsbeamten umlagerten ...

Lieutenant Blandford erinnerte sich besonders an eine Nacht, als die Kämpfe am heftigsten waren und sein Flugzeug in eine Formation von Zeros geraten war. Er hatte einem der feindlichen Piloten direkt in das grinsende Gesicht geschaut.

In einem seiner Briefe hatte er ihr gestanden, dass er oft Angst habe, und nur wenige Tage vor jener Schlacht hatte sie ihm geantwortet: »Natürlich haben Sie Angst … Allen tapferen Männern geht es so. Fürchtete sich König David etwa nicht? Warum sonst hätte er Psalm 23 geschrieben. Wenn Sie wieder einmal von Selbstzweifeln geplagt werden, dann sollen Sie meine Stimme hören, wie sie Ihnen vorspricht: ›Und ob ich schon wanderte im finsteren Tal, fürchte ich kein Unglück; denn du bist bei mir.‹« Und er hatte sich an ihre Worte erinnert. Allein die Vorstellung, dass sie zu ihm sprach, hatte ihm geholfen, wieder Kraft und Mut zu schöpfen.

Und jetzt sollte er ihre wirkliche Stimme hören. Vier Minuten vor sechs. Sein Gesicht verriet, wie angespannt er war.

Unter dem riesigen sternenübersäten Dach eilten Menschen hin und her wie bunte Bänder, die in graue Kettfäden eingewebt werden. Ein Mädchen kam dicht an ihm vorbei, und er zuckte zusammen. Sie trug eine kleine Blüte am Revers; doch es war eine karmesinrote Wicke und nicht die rote Rose, auf die sie sich als Erkennungszeichen geeinigt hatten. Außerdem war das Mädchen zu jung, etwa achtzehn, und Hollis Meynell hatte ihm ganz offen geschrieben, sie sei dreißig. »Na, wenn schon?«, hatte er geantwortet. »Ich bin zweiunddreißig.« In Wirklichkeit war er neununddreißig.

Seine Gedanken wanderten zurück zu dem Buch – jenem Buch, das der Herrgott persönlich aus Hunderten von anderen in der Bibliothek des Ausbildungslagers in Florida ausgewählt und ihm zugespielt haben musste. Es war *Der Menschen Hörigkeit* von Somerset Maugham, und es war übersät mit Randbemerkungen in einer weiblich anmutenden Handschrift. Er hatte es nie für möglich gehalten, dass eine Frau mit so viel Feingefühl und Verständnis in das Herz eines Mannes schauen konnte. Ihr Name stand auf dem Exlibris: Hollis Meynell. Er hatte sich ein Telefonbuch von New York besorgt und ihre Adresse herausgeschrieben. Sie hatte seinen Brief beantwortet. Am nächsten Tag war seine Einheit abkommandiert worden, doch sie hatten den Kontakt aufrechterhalten.

Dreizehn Monate lang hatte sie zuverlässig auf seine Briefe geantwortet oder mehr noch: Traf kein Brief von ihm ein, schrieb sie ihm dennoch, und mittlerweile glaubte er, dass sie einander liebten.

Dennoch hatte sie sich ungeachtet all seiner Bitten geweigert, ihm ein Foto zu schicken. Es war ihm verständlicherweise schwer gefallen, sich damit abzufinden. Sie aber hatte erklärt: »Wenn Ihre Gefühle für mich real und echt sind, dann ist es egal, wie ich aussehe. Nehmen wir an, ich wäre schön. Dann würde ich mich stets mit dem Gedanken quälen, dass Sie sich nur deshalb für mich interessieren. Diese Form von Liebe finde ich aber eher abstoßend. Oder stellen Sie sich vor, ich wäre nicht sonderlich schön (und Sie müssen zugeben, dass das der wahrscheinlichere Fall ist). Dann würde ich immer Angst haben, dass Sie mir nur schreiben, weil Sie einsam sind und niemand anders haben. Also bitten Sie mich nicht um ein Foto. Wenn Sie nach New York kommen, werden Sie mich sehen. Dann können Sie sich entscheiden. Und denken Sie immer daran: Jeder von uns ist frei, stehen zu bleiben oder einfach weiterzugehen – ganz, wie wir möchten ...«

Eine Minute vor sechs. Er zog gierig an seiner Zigarette.

Dann machte sein Herz einen höheren Satz als jedes Flugzeug, das er jemals geflogen war.

Eine junge Frau kam auf ihn zu. Sie war groß und schlank. Ihr blondes, lockiges Haar umspielte geschmeidig ihre wohlgeformten Ohren. Ihre Augen waren blau wie Kornblumen, ihre Lippen und ihr Kinn waren fest und weich zugleich. In ihrem zartgrünen Kostüm sah sie aus, als wäre sie der Frühling persönlich.

Unwillkürlich ging er auf sie zu. Dass sie keine rote Rose trug, war ihm in der Aufregung völlig entgangen. Wie er näher trat, verzog sich ihr Mund zu einem kleinen, provokanten Lächeln.

»Wohin des Wegs, Soldat?«, murmelte sie.

Er aber trat noch einen Schritt näher. Und dann sah er Hollis Meynell. Sie stand direkt hinter dem Mädchen. Eine Frau deutlich über vierzig, das ergrauende Haar unter einen abgetragenen Hut gesteckt. Sie war mehr als stämmig; ihre geschwollenen Füße steckten in flachen Schuhen. Aber am verknitterten Revers ihres Mantels steckte sie, die rote Rose.

Das Mädchen im grünen Kostüm ging schnurstracks Richtung Ausgang.

Blandford war hin und her gerissen. Einerseits wollte er das Mädchen keinesfalls aus den Augen verlieren, andererseits aber sehnte er sich zutiefst nach jener Frau, die ihm die ganze Zeit über seelisch so nahe gewesen war und ihm beigestanden hatte. Und da war sie nun. Ihr blasses, gedrungenes Gesicht wirkte freundlich und sensibel, das erkannte er jetzt. In ihren grauen Augen lag etwas Warmes, Fröhliches.

Lieutenant Blandford zögerte nicht länger. Seine Finger klammerten sich ein wenig fester um das kleine, abgegriffene, in blaues Leder gebundene Exemplar von *Der Menschen Hörigkeit*, das ihm als Erkennungszeichen diente. Liebe würde es wohl nicht werden, aber dafür etwas anderes, vielleicht noch Selteneres – eine Freundschaft, für die er dankbar war und immer dankbar sein würde.

Er richtete sich auf, salutierte und hielt der Frau das Buch entgegen. Während er zu sprechen anfing, spürte er auf einmal mit schockierender Deutlichkeit, wie bitterlich enttäuscht er war.

»Ich bin Lieutenant Blandford. Und Sie sind wohl Miss Meynell. Ich freue mich ja so, dass Sie die Zeit finden konnten, mich zu treffen. Darf ... darf ich Sie zum Essen einladen?«

Auf dem Gesicht der Frau machte sich ein mildes Lächeln breit. »Ich habe keine Ahnung, was das Ganze soll«, erwiderte sie. »Die junge Frau in dem grünen Kostüm, die gerade hier vorbeigekommen ist, hat mich gebeten, mir diese rote Rose an den Mantel zu stecken. Und wenn Sie mich einladen würden, dann soll ich Ihnen sagen, dass sie in dem großen Restaurant auf der anderen Straßenseite auf Sie wartet. Sie meinte, es wäre irgendein Test. Ich habe selbst zwei Söhne beim Militär, und da habe ich ihr Spiel eben mitgespielt.«

Sulamith Ish-Kishor

Ein Nachmittag im Park

Es war einmal ein kleiner Junge, der Gott kennen lernen wollte. Er wusste, dass es ein weiter Weg sein würde, und so packte er Schokoriegel und einen Sechserpack Limonade in sein Köfferchen und brach auf.

Als er drei Häuserblocks weit gegangen war, traf er auf eine alte Frau. Sie saß auf einer Parkbank und sah unverwandt den Tauben zu. Der Junge setzte sich neben sie und öffnete sein Köfferchen. Gerade wollte er einen Schluck Limonade trinken, als ihm auffiel, wie hungrig die alte Frau aussah, und so bot er ihr einen Schokoriegel an. Sie nahm ihn dankbar entgegen und lächelte ihn an. Ihr Lächeln war so entzückend, dass der Junge es noch einmal sehen wollte, und so bot er ihr auch eine Flasche Limonade an. Wieder lächelte sie ihn an. Wie sehr sich der Junge freute!

Sie saßen den ganzen Nachmittag nebeneinander und aßen und lächelten, aber keiner von beiden sprach auch nur ein Wort.

Als es dunkel wurde, merkte der Junge, wie müde er war. Er stand auf, um zu gehen, doch schon nach ein paar Schritten kehrte er um, rannte zu der alten Frau zurück und umarmte sie. Da schenkte sie ihm ihr allerschönstes Lächeln.

Als der Junge wenig später nach Hause kam, wunderte sich seine Mutter, warum er so glücklich aussah.

Sie fragte ihn: »Was hast du heute gemacht, dass du so strahlst?«

Er antwortete: »Ich habe mit Gott zu Mittag gegessen.« Und noch bevor seine Mutter etwas erwidern konnte, fuhr er fort: »Weißt du was? Sie hat das schönste Lächeln, das ich je gesehen habe!«

Mittlerweile war auch die alte Frau zu Hause angelangt. Auch sie war überglücklich.

Ihr Sohn wunderte sich über ihren zufriedenen Gesichtsausdruck und wollte wissen: »Mutter, was hast du heute gemacht, dass du dich so freust?«

Sie antwortete: »Ich habe im Park gesessen und mit Gott Schokoriegel gegessen.« Und noch bevor ihr Sohn etwas erwidern konnte, fuhr sie fort: »Weißt du was? Er ist viel jünger, als ich dachte!«

Julie A. Manhan

Nicht ein Einziges!

Der kleine Chad war ausgesprochen schüchtern und zurückhaltend. Eines Tages aber kam er von der Schule nach Hause und eröffnete seiner Mutter, dass er jedem seiner Klassenkameraden ein Valentinskärtchen basteln wolle. Sie stöhnte innerlich auf. »Wenn er doch bloß nicht auf diese Idee gekommen wäre!«, dachte sie, denn sie hatte die Kinder des Öfteren auf dem Heimweg von der Schule beobachtet. Ihr Chad war immer allein für sich geblieben, während die anderen lachten und sich aneinander einhakten und miteinander schwatzten. Chad war immer der Außenseiter. Trotzdem entschloss sie sich, ihrem Sohn zu helfen. Sie kaufte Papier, Klebstoff und Stifte, und drei Wochen lang war Chad Abend für Abend eifrig damit beschäftigt, fünfunddreißig Valentinskärtchen zu basteln.

Am Morgen des Valentinstags war Chad fürchterlich aufgeregt. Er legte seine Kärtchen sorgfältig auf einen Stapel, steckte sie in einen Beutel und rannte zur Tür hinaus. Seine Mutter machte sich unterdessen daran, ihm seine Lieblingsplätzchen zu backen. Sie wollte sie ihm nach der Schule warm und duftend mit einem Glas kalter Milch servieren. Vielleicht würde ihn das ein wenig trösten, wenn er enttäuscht nach Hause kam. Es schmerzte sie, daran zu denken, dass er von den anderen sicher nicht viele Valentinskärtchen bekommen würde – vielleicht nicht einmal ein Einziges.

Am Nachmittag standen die Kekse und die Milch auf dem Tisch bereit. Als sie die Kinder kommen hörte, sah sie zum Fenster hinaus. Und da waren sie – lachend und vergnügt wie immer. Und wie immer kam Chad hinter ihnen her. Er ging ein wenig schneller als sonst. Sie rechnete fest damit, dass er losheulen würde, sobald er im Haus war. Sie sah, dass er mit leeren Händen kam, und als die Tür aufging, kämpfte sie selbst mit den Tränen.

»Ich habe Plätzchen und Milch für dich«, sagte sie.

Er aber hörte kaum, was sie sagte. Mit leuchtenden Augen stürmte er herein und rief: »Nicht ein Einziges! Nicht ein Einziges!«

Sie fühlte die Enttäuschung in sich aufsteigen.

Und dann fuhr er fort: »Ich habe kein Einziges vergessen! Nicht ein Einziges!«

Dale Galloway

2

Über die Elternschaft

Lehre nichts als Liebe, denn das ist es, was du bist!
EIN KURS IN WUNDERN

Komm nach Hause, Paco

In einer kleinen spanischen Stadt hatte ein Mann namens Jorge einmal einen schlimmen Streit mit seinem kleinen Sohn Paco. Am nächsten Morgen musste Jorge feststellen, dass Pacos Bett leer war – er war von zu Hause fortgelaufen.

Zerknirscht musste sich Jorge eingestehen, dass sein Sohn ihm wichtiger war als alles andere. Er wollte noch einmal von vorn beginnen. Und so ging er in ein Kaufhaus im Zentrum der Stadt und hängte dort ein großes Schild auf. Darauf stand: »Komm nach Hause, Paco. Ich liebe dich. Komm morgen früh hierher. Ich werde auch da sein.«

Als Jorge am nächsten Morgen in das Kaufhaus kam, standen da nicht weniger als sieben Jungen, die alle Paco hießen und auch von zu Hause weggelaufen waren. Sie alle waren dem Ruf der Liebe gefolgt und ein jeder von ihnen hoffte, dass es sein Vater war, der ihn da mit offenen Armen empfangen wollte.

Alan Cohen

Tommys Aufsatz

Der graue Pulli, der schlaff an Tommys verwaister Schulbank herunterhing, schien die Stimmung des Drittklässlers widerzuspiegeln, der soeben im Gefolge seiner Mitschüler unser Klassenzimmer verlassen hatte. Bald würden seine Eltern, die sich vor kurzem getrennt hatten, zu einem Gesprächstermin erscheinen, bei dem es um Tommys schlechte Noten und sein störendes Verhalten ging. Keiner von beiden wusste, dass ich auch den anderen Elternteil hergebeten hatte.

Tommy, ein Einzelkind, war früher nicht nur zufrieden und hilfsbereit, sondern stets auch ein guter Schüler gewesen. Wie konnte ich seinem Vater und seiner Mutter nahe bringen, dass seine nachlassenden schulischen Leistungen die Reaktion eines Kindes waren, dem die Trennung und bevorstehende Scheidung der Eltern das Herz gebrochen hatte?

Tommys Mutter betrat den Raum und setzte sich auf einen der Stühle, die ich neben mein Pult gerückt hatte. Kurze Zeit später kam auch der Vater. Gut! Zumindest nahmen sie die Sache ernst genug, um pünktlich zu erscheinen. Ein überraschter, irritierter Ausdruck huschte über ihr Gesicht, als sie einander sahen, und fortan straften sie sich gegenseitig mit betonter Nichtbeachtung.

Während ich einen detaillierten Bericht über Tommys Benehmen und seine schulischen Leistungen gab, betete ich darum, die rechten Worte zu finden, um die beiden miteinander ins Gespräch zu bringen und ihnen die Augen dafür zu öffnen, was sie ihrem Sohn antaten. Doch irgendwie wollte mir das einfach nicht gelingen. Vielleicht würde es nützen, ihnen eine seiner lieblos hingeschmierten Arbeiten zu zeigen.

In der hintersten Ecke des Fachs unter seiner Bank fand ich ein zerknülltes, tränenverschmiertes Blatt – eine Englisch-Aufgabe. Es war auf beiden Seiten eng beschrieben – nicht mit der Aufgabe, sondern mit einem einzigen Satz, der immer und immer wiederholt wurde.

Schweigend strich ich das Papier glatt und drückte es

Tommys Mutter in die Hand. Sie las es und reichte es wortlos an ihren Mann weiter. Er runzelte die Stirn. Nach und nach entspannten sich seine Gesichtszüge. Er betrachtete die hingekritzelten Worte eine Ewigkeit lang.

Dann faltete er das Blatt sorgfältig zusammen, schob es sich in die Tasche und griff nach der ausgestreckten Hand seiner Frau. Sie wischte sich die Tränen aus den Augen und lächelte ihn an. Auch mir war zum Heulen zu Mute, doch das schien keiner zu merken. Er half ihr in den Mantel und sie verließen gemeinsam den Raum.

Auf seine eigene Weise hatte Gott mir die Worte geschenkt, um diese Familie wieder zusammenzubringen. Er hatte mir eine Seite gelbes Kopierpapier in die Hände gespielt, auf dem sich das verzweifelte Herz eines kleinen Jungen Ausdruck verschafft hatte.

Es hatte sich Ausdruck verschafft mit den Worten: »Liebe Mama … lieber Papa … Ich liebe euch … Ich liebe euch … Ich liebe euch …«

Jane Lindstrom

Almie Rose

Es waren noch mindestens zwei Monate bis Weihnachten, als die neunjährige Almie Rose ihrem Vater mitteilte, dass sie sich ein neues Fahrrad wünschte. Ihr altes Barbie-Rad war einfach zu babymäßig und außerdem war ein Reifen kaputt.

Als Weihnachten näher rückte, schien ihr Wunsch ein wenig zu verblassen – zumindest glaubten wir das, weil sie die Sache nicht noch einmal erwähnte. Und so kauften wir, was damals als der neueste Schrei auf dem Spielzeugmarkt galt – Puppen der Marke Babysitter-Club. Dazu ein paar wunderschöne Märchenbücher, ein Puppenhaus, ein festliches Kleid und allerhand Spielsachen. Am 23. Dezember schließlich verkündete sie stolz, dass sie sich nichts Sehnlicheres wünsche als ein neues Fahrrad.

Wir wussten nicht, was wir tun sollten. Es war einfach zu spät. Schließlich musste das Weihnachtsessen zubereitet und das eine oder andere Geschenk noch in letzter Minute besorgt werden. Wo sollten wir da die Zeit hernehmen, um »das richtige Fahrrad« für unsere Tochter auszuwählen? Nun gut, der Weihnachtsabend kam. Es war gegen neun Uhr abends. Wir waren gerade von einer herrlichen Party zurückgekehrt und freuten uns auf das, was nun folgen würde: stundenlanges Einpacken von Geschenken für Kinder, Eltern, Bruder und Freunde. Almie Rose und ihr sechsjähriger Bruder Dylan schlummerten friedlich in ihren Betten. Wir aber konnten an nichts anderes denken als an das Fahrrad. Voller Schuldgefühle malten wir uns aus, welche Enttäuschung wir Rabeneltern unserem Kind bereiten würden.

Da hatte mein Mann Ron plötzlich eine Idee: »Und wenn ich ein kleines Fahrrad aus Modelliermasse bastle und einen Zettel dazu schreibe, dass sie es gegen ein echtes eintauschen kann?« Man könnte ihr die ganze Sache so verkaufen, dass sie schließlich schon groß sei und ein so kostbares Geschenk daher lieber selbst aussuchen sollte. Und so verbrachte er die nächsten fünf Stunden damit, in mühevoller Kleinarbeit ein Miniaturfahrrad aus Modelliermasse zu formen.

Weitere drei Stunden später, am Morgen des Weihnachtstags, fieberten wir gespannt darauf hin, dass Almie Rose endlich das kleine, herzförmige Päckchen mit dem wunderhübschen rot-weißen Modellfahrrad und dem Zettel öffnen würde. Endlich machte sie es auf und las laut vor, was auf dem Zettel stand.

Sie sah erst mich und dann Ron an und fragte schließlich: »Heißt das also, dass ich dieses Fahrrad, das Papa für mich gemacht hat, gegen ein echtes tauschen soll?«

Strahlend antwortete ich: »Ja.«

Mit Tränen in den Augen erwiderte Almie Rose: »Ich kann doch nicht einfach dieses wunderschöne Fahrrad hergeben, das mir Papa extra gebastelt hat. Da verzichte ich lieber auf ein richtiges Fahrrad!«

In diesem Moment hätten wir Himmel und Erde in Bewegung gesetzt, um ihr alle Fahrräder dieser Welt zu kaufen!

Michelle Lawrence

Warum ich einen Plastik-Dinosaurier trage

Mit Kindern zusammen zu sein ist
Balsam für die Seele.
FJODOR DOSTOJEWSKI

Was kann einen allseits angesehenen Mann und respektierten Familienvater dazu bringen, mit einem Plastik-Dinosaurier am Revers herumzulaufen und sich dafür nicht einmal zu schämen?

Das Ganze geschah eines schönen Tages, als ich meinen Wagen gerade aus der Einfahrt rollen ließ, um noch schnell eine Besorgung zu machen. Da sah ich, wie mein Sohn zu mir herüberrannte und mir seine kleine Hand entgegenstreckte.

Er lachte und seine sanften Augen leuchteten vor Begeisterung. »Ich habe ein Geschenk für dich, Papa.«

»Wirklich?«, fragte ich mit gespieltem Interesse, denn ich hatte es eilig und hoffte insgeheim, dass er mich nicht zu lange aufhalten würde.

Da öffnete er langsam seine Finger, um mir den Schatz eines Fünfjährigen zu präsentieren. »Das habe ich für dich gefunden, Papa!« Und in seinen kleinen Händen kamen eine weiße Murmel, ein altes, verbeultes Spielzeug-Rennauto, ein zerrissenes Gummiband und mehrere andere Gegenstände zum Vorschein, an die ich mich nicht mehr erinnern kann. Wie sehr ich mir wünschte, ich hätte mir das andere auch gemerkt! »Da, Papa. Das ist alles für dich.« Er platzte geradezu vor Stolz.

»Im Moment habe ich keine Zeit. Ich muss noch schnell etwas erledigen. Warum legst du die Sachen nicht einfach auf die Kühltruhe in der Garage? Da kann ich sie mir später holen.«

Seine Mundwinkel sackten herab, doch er machte sich brav auf den Weg Richtung Garage und ich fuhr davon. Von dem Moment an, in dem ich in die Straße einbog, hatte ich Gewissensbisse. Ich nahm mir vor, bei meiner Rückkehr das Geschenk in gebührender Form dankend entgegenzunehmen.

Als ich wieder nach Hause kam, ging ich zu ihm. »Na, wo sind jetzt die tollen Spielsachen, die du mir schenken wolltest?«

Er starrte mich ungerührt an. »Ich hab gedacht, du willst sie nicht. Da habe ich sie Adam geschenkt.« Adam ist ein kleiner Junge aus der Nachbarschaft und ich stellte mir vor, dass er die Schätze bestimmt viel begeisterter und dankbarer entgegengenommen hatte als ich.

Sein Entschluss war schmerzlich, aber ich hatte es nicht anders verdient. Nicht nur, weil er mir widerspiegelte, wie gedankenlos ich auf seine Geste reagiert hatte, sondern weil er die Erinnerung an einen anderen kleinen Jungen in mir wachrief.

Kindliche Enttäuschung

Der Junge hatte zwei Dollar bekommen, um seiner Schwester in dem alten Five-and-Dime-Laden ein Geburtstagsgeschenk zu erstehen. Ein paar Mal machte er die Runde durch die Spielzeugabteilung, doch ohne Erfolg.

Es sollte etwas ganz Besonderes sein. Schließlich entdeckte er ihn oben auf einem Regal. Er zog seine Blicke wie magisch an: Ein wunderschöner Plastikautomat, gefüllt mit lauter leuchtend bunten Kaugummis. Am liebsten hätte er ihn seiner Schwester sofort beim Nachhausekommen gezeigt, aber tapfer widerstand er diesem Impuls.

Später, bei der Geburtstagsparty, machte sie dann im Kreis ihrer Freundinnen die Pakete auf. Jedes Mal, wenn sie etwas ausgepackt hatte, jauchzte sie vor Begeisterung.

Und mit jedem Jauchzer fühlte der kleine Junge sein Herz sinken. Diese Mädchen kamen alle aus sehr viel reicheren Familien und konnten für ein Geschenk deutlich mehr ausgeben als zwei Dollar. Was sie mitgebracht hatten, war teuer. Es glänzte und konnte sprechen und ging aufs Töpfchen. Sein winziges Päckchen wirkte mit jedem Mal kleiner und unbedeutender. Und doch ließ ihn ein letzter Rest Hoffnung weiterhin gespannt darauf warten, dass sie es endlich öffnen und sich darüber freuen würde. Schließlich hatte sie noch nichts bekommen, das man essen und dann auch noch als Spardose verwenden konnte.

Als sie das Päckchen schließlich aufmachte, sah er sofort, wie enttäuscht sie war.

Es war ihr irgendwie peinlich. Der wunderschöne Kaugummi-Automat sah auf einmal nach dem aus, was er eigentlich war: ein billiges Plastikspielzeug. Wollte sie ihr Gesicht vor ihren Spielgefährtinnen wahren, konnte sie darauf unmöglich mit allzu viel Enthusiasmus reagieren. Sie überlegte und für einen Moment kehrte Schweigen ein.

Dann warf sie ihren Freundinnen einen viel sagenden Blick zu, schaute ihren Bruder an und sagte in jovialem Tonfall: »Danke. Das ist genau das, was ich mir schon immer gewünscht habe.« Ein paar der Mädchen gelang es nicht, ihr Kichern zu unterdrücken.

Schnell kündigte sie das nächste Party-Spiel an. Der kleine Junge aber wandte sich ab. Er war enttäuscht und verletzt. Im Laden war ihm der Automat so toll vorgekommen, und jetzt sah er so klein und billig aus.

Er nahm ihn behutsam in die Hand, ging nach draußen in den Hof hinters Haus und fing an zu weinen. Sein billiges kleines Geschenk passte nicht zu den anderen. Es sah im Vergleich dazu einfach lächerlich aus.

Dass drinnen weiter gelacht und gefeiert wurde, ließ ihn seinen Schmerz nur noch deutlicher spüren. Kurze Zeit später kam seine Mutter zu ihm und fragte, warum er denn weinte. Schluchzend erklärte er es ihr.

Sie hörte schweigend zu und ging dann wieder ins Haus. Es dauerte nicht lange, und seine Schwester kam heraus. Ihrem Gesichtsausdruck konnte er entnehmen, dass sie geschickt worden war, aber es tat ihr offensichtlich wirklich Leid. Es war nicht ihre Absicht gewesen, gemein zu sein oder ihm wehzutun. Sie war selbst erst acht Jahre alt und sicherlich von der schwierigen Aufgabe überfordert, zwischen der Rücksicht auf die Gefühle eines anderen und der Euphorie des Königin-für-einen-Tag-Seins abzuwägen.

Mit der ganzen erwachsenen Ernsthaftigkeit einer Acht-jährigen erklärte sie ihm freundlich, dass sie den Kaugummi-Automaten wirklich schön finde. Er sagte, er habe verstanden. Und das hatte er auch. Sie war einfach nett zu ihm.

Jetzt also hatte sich der Kreis geschlossen. Eine neue Generation stand vor derselben Situation – diesmal war es die meinige. Mein Sohn würde sich selbst eine Meinung darüber bilden, ob bei einem Geschenk wirklich allein die gute Absicht zählt. Und zu welchem Schluss er käme, hing maßgeblich von meiner Reaktion ab.

Das ultimative Geschenk

Als Kind wird einem immer wieder gepredigt, dass der Wert eines Geschenks nicht das Ausschlaggebende sei. Es komme vielmehr einzig und allein auf die gute Absicht an. Doch es fällt nicht unbedingt leicht, das zu glauben, wenn der eigene Vater angesichts eines teuren Geschenks in wahre Jubel-schreie ausbricht, einen mit winzigen Händen und offenem Herzen zusammengesuchten primitiven Liebesbeweis aber offenbar nicht zu schätzen weiß, selbst wenn in diesem Akt sehr viel mehr Zuneigung zum Ausdruck kommt als in der Übergabe eines kostspieligen neuen Fahrrads oder CD-Spielers.

Was mich zu der heiklen Frage zurückführt, die ich mir an jenem Weihnachtsfest stellen musste – jenem Weihnachten, an dem meine Kinder Geld bekamen, um auf dem von der Schule organisierten Mistelzweig-Basar Geschenke zu kaufen.

Der Mistelzweig-Basar, das ist eine von Kindergarten und Grundschule organisierte vorweihnachtliche Verkaufsveranstaltung für »einzigartige Fundstücke« (also alles Sachen, die sich ein normaler Händler selbst gegen Geld nie in den Laden legen würde). Die Preise all dieser Waren sind jedoch auf die Geldbeutel von Kindern zugeschnitten, sodass sich der Markt allseitiger Beliebtheit erfreut.

Die Kinder hatten mir also diverse Geschenke gekauft, und es fiel ihnen sichtlich schwer, mir nicht auf der Stelle zu verraten, was es war. Besonders mein Sohn hatte große Mühe damit, das Geheimnis für sich zu behalten. Ständig machte er Anspielungen auf mein Geschenk, das in »kreativer« Verpackung unter dem Weihnachtsbaum bereitlag. Kein einziger Tag verging, an dem ich nicht raten sollte, was wohl in dem Päckchen sein könnte.

Als der Weihnachtstag endlich gekommen war, hielt mein Sohn mir sein Geschenk in aller Herrgottsfrühe unter die Nase. Er konnte es vor lauter Aufregung und Ungeduld kaum noch aushalten und bestand darauf, dass ich es als allererstes öffnete. So etwas Tolles, da war er ganz sicher, würde ich in meinem Leben gewiss kein zweites Mal bekommen. Von seiner Aufregung angesteckt, riss ich das Päckchen auf und schaute hinein. Und es war wirklich das allerschönste Geschenk, das ich je bekommen hatte. Doch ich sah es nicht mit den Augen eines Fünfunddreißigjährigen an, die von den Versprechungen der »neuesten Technologie« und des »Schneller, Leichter und Wirtschaftlicher« verblendet sind. Stattdessen betrachtete ich es mit den Augen eines hellauf begeisterten Fünfjährigen.

Es war ein mehrere Zentimeter langer, grüner Plastik-Dinosaurier der Art *Tyrannosaurus Rex*. Was das eigentlich Beste daran war, zeigte mir mein Sohn sofort: Die Vorderfänge dienten gleichzeitig als Klipps, damit man das Tier – Sie haben es erraten! – immer bei sich tragen konnte.

Nie werde ich vergessen, wie er mich an jenem Weihnachtsmorgen angesehen hat. Aus seinem Blick sprach jene Art von Erwartung, Hoffnung und Liebe, wie sie nur in ganz, ganz jungen Augen zu finden ist.

Die Geschichte wiederholte sich. Dieser kleine, blauäugige blonde Lockenkopf stellte mir die gleiche Frage, die ich vor all den Jahren selbst einmal gestellt hatte. Ist es wirklich nur die gute Absicht, die zählt? Ich konnte nachfühlen, wie sehr ihn auf dem Mistelzweig-Basar die Qual der Wahl geplagt hatte, um für mich unter all den Dingen das Juwel herauszupicken, das seine Liebe zu seinem Papa am besten zum Ausdruck bringen würde.

Und ich beantwortete seine Frage auf die einzige Weise, die ein Fünfjähriger versteht. Ich steckte mir den Dinosaurier sofort an und fing an zu tönen, wie »cool« er sei und dass er wirklich Recht gehabt hatte – so etwas Tolles würde ich wohl kein zweites Mal bekommen! Und ob er mir gefiel! In den nächsten Wochen trug ich den Dinosaurier fast immer am Revers. Merkwürdigerweise schien das kaum jemand zu merken, besonders dann nicht, wenn mein Sohn dabei war. Außer er selbst, natürlich.

Mir ist aufgefallen, dass der Gesichtsausdruck eines Kindes beim Überreichen eines liebevollen Geschenks – besonders zu Weihnachten – ganz anders ist als der eines Erwachsenen, der versucht, seine Liebe mit dem Kauf einer teuren CD oder eines kostspieligen Schmuckstücks zu zeigen.

Letztes Jahr zu Weihnachten bekamen unsere beiden Kinder von zwei Kindern aus der Nachbarschaft selbst gebastelte Papier-Weihnachtsstrümpfe geschenkt, die mit Tausenden von Heftklammern zusammengetackert und mit allerhand Schätzen gefüllt waren.

Darin waren ein paar nicht mehr ganz neue weihnachtliche Süßigkeiten und diverse alte, abgenutzte Spielzeug-

figürchen. Es waren Kinder aus einem nichtintakten Eltern-
haus, die nicht viel Geld hatten, aber an ihren leuchtenden
Gesichtern war abzulesen, dass in dieser kindlichen Version
von Weihrauch, Gold und Myrrhe eine Menge Liebe und guter Wille mit eingetackert war.

Wann hört die gute Absicht auf zu zählen? Wie oft ich
mich das gefragt habe! Ich glaube, sie verliert in dem Augenblick an Bedeutung, in dem die allerkostbarsten Gesten, die
wir einander erweisen, auf ihren rein kommerziellen Wert
reduziert werden.

Materiell betrachtet war das Geschenk meines Sohnes
kaum ein paar Pennys wert, doch für mich war es nicht mit
Gold aufzuwiegen.

Wenn Sie also das nächste Mal jemanden sehen, der eine
selbst gebastelte Papierkrawatte oder ein »cooles« Rubbel-
Raupentattoo für fünf Cents trägt, das nicht recht zu seiner
respektablen Erwachsenenerscheinung passen will, dann
belächeln Sie ihn nicht. Wenn Sie ihm zu verstehen geben,
dass er albern aussieht, wird er bloß schmunzeln und sagen:
»Das mag schon sein, aber ich habe einen fünfjährigen Sohn,
der der festen Überzeugung ist, ich sei das Beste seit der Er-
findung der Erdnussbutter, und alles Geld der Schatzkam-
mern der Vereinigten Staaten könnte mich nicht dazu bringen, ohne dieses Ding herumzulaufen.«

Und genau darum trage ich einen Plastik-Dinosaurier.

Dan Schaeffer

Der coolste Vater der Welt

Als ich geboren wurde, war er fünfzig, und er betätigte sich als Hausmann, lange bevor jemand auf die Idee gekommen war, diese Bezeichnung zu erfinden. Ich wusste nicht, warum nicht meine Mutter, sondern er zu Hause war, doch ich war klein und die Einzige in meinem Freundeskreis, für die der Vater da war. Ich hielt mich für ein absolutes Glückskind.

Es gab so viele Dinge, die er während meiner Grundschulzeit für mich getan hat. So überredete er den Schulbusfahrer, mich zu Hause abzuholen, sodass ich nicht zu der sechs Häuserblocks entfernt gelegenen offiziellen Haltestelle zu laufen brauchte. Wenn ich nach Hause kam, stand das Mittagessen immer schon fertig auf dem Tisch bereit – meistens ein Sandwich mit Erdnussbutter und Gelee, das sich je nach Jahreszeit in unterschiedlicher Aufmachung präsentierte. Am besten gefiel mir die Weihnachtsvariante. Dann nämlich waren die Brote mit grünem Hagelzucker bestreut und in Form eines Tannenbaums zurechtgeschnitten.

Als ich älter wurde und mich langsam abnabeln wollte, hätte ich auf diese »kindischen« Liebesbeweise gern verzichtet. Doch er ließ einfach nicht locker. Als ich schließlich auf die Highschool kam und zum Mittagessen nicht mehr nach Hause gehen konnte, bekam ich ein Lunchpaket mit. Mein Vater stand morgens etwas früher auf als sonst und bereitete es für mich zu. Ich wusste nie, was mich erwarten würde. So malte er außen auf der Tüte zum Beispiel eine Berglandschaft (die wurde zu einer Art Markenzeichen für ihn) oder ein Herz mit der Inschrift »Papa & Angie«. Darin lag eine Serviette, auf der ein ähnliches Herz oder ein »Ich liebe dich« prangte. Oft stand darunter ein Witz, ein Rätsel oder eine Frage wie: »Warum sagt man immer Papagei und nicht Mamagei?« Immer fand er irgendetwas Albernes, das mich zum Lachen brachte und mich wissen ließ, dass er mich liebte.

Ich versteckte mein Lunchpaket, denn ich wollte nicht, dass irgendjemand die Tüte oder die Serviette zu sehen bekam. Aber das gelang mir nicht immer. Eines Tages entdeckte eine meiner Freundinnen meinen Beutel, griff danach und ließ ihn im gesamten Pausenraum herumgehen. Das Ganze war mir so peinlich, dass ich knallrot anlief. Aber zu meiner Überraschung wollten die anderen am nächsten Tag alle sehen, was diesmal auf der Serviette stand. Ihrem Verhalten nach zu urteilen, hätten sie selbst gern jemanden gehabt, der ihnen auf diese Weise seine Liebe zeigte. Auf einmal war ich richtig stolz auf meinen Vater. Bis zum Ende meiner Schulzeit bekam ich tagtäglich solche Servietten, und die meisten davon habe ich immer noch.

Doch damit war die Sache nicht vorbei. Als ich von zu Hause fortging, um am College zu studieren (ich war die Letzte, die aus dem Haus ging), glaubte ich, künftig wohl keine solchen Botschaften mehr zu erhalten. Umso mehr freute ich mich, dass er mich auch weiterhin mit seinen liebevollen Gesten bedachte. Und meine Freunde freuten sich mit mir.

Ich vermisste meinen Vater und bedauerte, dass wir uns nicht mehr täglich nach der Schule sehen konnten; darum rief ich ihn oft an. Meine Telefonrechnungen fielen entsprechend hoch aus. Es war ganz egal, worüber wir sprachen. Ich wollte einfach nur seine Stimme hören. In meinem ersten Studienjahr begannen wir mit einem Ritual, das wir von da an beibehielten. Nachdem ich mich verabschiedet hatte, sagte er immer: »Angie?«

Und ich antwortete: »Ja, Papa?«

»Ich liebe dich.«

»Ich liebe dich auch, Papa.«

Fast jeden Freitag bekam ich einen Brief. Die Leute am Empfang wussten schon immer, von wem die Briefe waren – als Absender stand immer »der alte Knacker« darauf. Die Umschläge waren bunt beschriftet, und neben dem Brief lagen darin meistens ein paar Zeichnungen von unserer Katze und unserem Hund, Strichmännchen-Karikaturen von meiner Mutter und ihm selbst und – wenn ich am Wochenende zuvor zu Hause gewesen war – von mir, wie ich mit meinen Freunden eine Art Rennen durch die Stadt veranstaltete und unser Haus zum Boxenstopp nutzte. Und jedes Mal waren auch seine typische Berglandschaft und sein »Papa & Angie«-Herz dabei.

Die Post wurde in der Regel unmittelbar vor dem Essen ausgeliefert, und so hatte ich seine Briefe immer bei mir, wenn ich in die Cafeteria kam. Es war zwecklos, sie verstecken zu wollen, denn ich teilte das Zimmer mit einer meiner ehemaligen Klassenkameradinnen aus der Highschool. Schon bald etablierte sich ein Freitagnachmittagritual. Ich las den Brief vor, und die Zeichnungen und der Umschlag wurden herumgereicht.

Etwa um diese Zeit erkrankte mein Vater an Krebs. Wenn freitags keine Post von ihm kam, wusste ich, dass es ihm schlecht ging. Normalerweise stand er immer um vier Uhr morgens auf, damit er schreiben konnte, während es noch ganz still im Haus war. Wenn er es nun nicht bis zur Freitags-Post schaffte, kam sein Brief vielleicht einen oder zwei Tage später an. Aber dass er kommen würde, darauf konnte ich mich verlassen. Meine Freunde nannten ihn den »coolsten Vater der Welt«. Und eines Tages schickten sie ihm eine Karte, in der sie ihm diesen Titel offiziell verliehen. Jede von ihnen setzte ihre Unterschrift darunter. Ich glaube, er hat uns alle etwas darüber gelehrt, was Vaterliebe bedeutet. Ich wäre nicht überrascht, wenn meine Freunde auf einmal anfangen würden, ihren Kindern liebevoll beschriftete Servietten zu schicken. Er hat einen bleibenden Eindruck bei ihnen hinterlassen und ihnen vor Augen geführt, wie sie ihren eigenen Kindern ihre Liebe zeigen können.

Während meiner vier Jahre auf dem College bekam ich von meinem Vater regelmäßig Briefe und Anrufe. Dann aber beschloss ich, nach Hause zu fahren und bei ihm zu bleiben, denn sein Zustand verschlechterte sich zusehends, und ich wusste, dass wir nicht mehr viel Zeit miteinander haben würden. Diese letzten Tage waren die schwersten. Zu sehen, wie dieser Mann, der immer so jung gewirkt hatte, auf einmal regelrecht verfiel … Am Ende erkannte er mich nicht mehr und redete mich mit dem Namen einer Verwandten an, die er seit vielen Jahren nicht gesehen hatte. Obwohl ich wusste, dass es auf seine Krankheit zurückzuführen war, tat es mir weh, dass er sich nicht einmal mehr an meinen Namen erinnern konnte.

Ein paar Tage vor seinem Tod war ich allein mit ihm in seinem Krankenhauszimmer. Wir hielten uns an der Hand und schauten zusammen fern. Als ich aufstand und mich zum Gehen wandte, sagte er: »Angie?«

»Ja, Papa?«

»Ich liebe dich.«

»Ich liebe dich auch, Papa.«

Angie K. Ward-Kucer

Ein einfacher Arbeiter

Ich habe noch nie zu jenen Menschen gehört, die andere beim Reden belauschen. Doch einmal, als ich spät abends am Hintereingang unseres Hauses stand, machte ich genau das. Meine Frau sprach mit unserem jüngsten Sohn, der auf dem Küchenfußboden saß. Und so blieb ich mucksmäuschenstill vor der Gittertür stehen und lauschte.

Anscheinend hatte sie mit angehört, wie andere Kinder mit den Berufen ihrer Väter angegeben hatten. Was sie alle für wichtige Manager waren... Dann kam unser Bob an die Reihe. »Und was macht dein Vater?«, so bestürmten sie ihn mit ihren Fragen. Bob wandte den Blick ab und murmelte nur: »Er ist bloß ein einfacher Arbeiter.«

Meine gute Frau wartete, bis sie alle gegangen waren. Dann rief sie unseren Sohn herein.

Sie sagte: »Ich muss etwas mit dir besprechen, Bob.« Und sie küsste ihn auf das Grübchen am Kinn.

»Du hast gerade gesagt, dein Vater sei nur ein einfacher Arbeiter. Und damit hast du Recht.

Aber ich glaube nicht, dass du weißt, was das wirklich bedeutet, und darum erkläre ich es dir.

In den unzähligen Fabriken, die unserem Land zu seiner Größe verholfen haben, in all den Werkstätten und Läden und Lastautos, die Tag für Tag Unmengen von Fracht befördern... und wann immer du siehst, dass ein neues Haus gebaut wird, dann denk an eines, mein Sohn:

Ohne den einfachen Arbeiter geht es nicht, denn nur er kann das große Werk vollbringen!

Natürlich haben Manager hübsche Schreibtische und machen sich nie die Hände schmutzig.

Sie planen großartige Projekte und schicken Aktenvermerke hin und her.

Aber um ihre Träume Wirklichkeit werden zu lassen, vergiss das nie, mein Sohn, brauchen sie den einfachen Arbeiter, denn nur er kann das große Werk vollbringen!

Würden sämtliche Chefs von ihren Schreibtischen aufstehen und sich ein Jahr lang auf die faule Haut legen, könnten sich die Räder in den Fabriken weiterdrehen – mit voller Kraft voraus.

Aber wenn Männer wie dein Vater nicht erscheinen, dann läuft in der Fabrik gar nichts mehr.

Ohne den einfachen Arbeiter geht es nicht, denn nur er kann das große Werk vollbringen.«

Nun, ich habe eine Träne hinuntergeschluckt und mich geräuspert, bevor ich zur Tür hereinkam.

Die Augen meines Sohnes leuchteten vor Freude, als er mich sah, und er sprang auf.

Dann drückte sich fest an mich und sagte: »Papa, ich bin so stolz darauf, dein Sohn zu sein…

Denn du bist einer von denen – von den ganz besonderen Männern, die das große Werk vollbringen.«

Ed Peterman

Es kommt darauf an, wie das Spiel gespielt wird

Bei einem Einsatz als Schiedsrichter in einem Little-League-Spiel in Terre Haute, Indiana, wurde Donald Jenson von einem durch die Luft fliegenden Baseballschläger am Kopf getroffen. Während er über Nacht zur Beobachtung im Krankenhaus lag, schrieb er folgenden Brief:

Liebe Eltern von Little-League-Spielern,
ich bin Schiedsrichter. Ich mache das nicht beruflich, sondern nur als Wochenendvergnügen.

Ich habe das Spiel selbst gespielt, bin Trainer gewesen und habe auf der Zuschauerbank gesessen. Aber irgendwie gefällt mir die Schiedsrichterei am besten. Vielleicht liegt das daran, dass ich das Gefühl habe, den Kindern dabei eine faire Chance geben zu können, das Spiel ohne Zank und Streit zu spielen.

Bei aller Freude, die mir diese Arbeit immer bereitet hat, gibt es jedoch etwas, das mich stört ... Manche von euch scheinen nicht recht zu verstehen, worin meine Aufgabe eigentlich besteht. Manche von euch meinen, dass ich nur dazu da bin, Macht über euren Sohn oder eure Tochter auszuüben. Darum schreit ihr mich oft an, wenn ich einen Fehler gemacht habe; oder aber ihr ermutigt euer Kind, Dinge zu sagen, die meine Gefühle verletzen.

Wie viele von euch begreifen eigentlich, dass ich mich immer bemühe, alles richtig zu machen? Ich versuche, Fehler nach Möglichkeit zu vermeiden. Ich will nicht, dass euer Kind das Gefühl hat, vom Schiedsrichter unfair behandelt worden zu sein.

Doch wie sehr ich mich auch immer bemühen mag, es gelingt mir nicht, perfekt zu sein. Ich habe gezählt, wie viele Calls ich heute bei einem einzigen Sechs-Innings-Spiel gemacht habe. Alle Balls, Strikes, Safes und Outs gerechnet, waren es nicht weniger als 146 Entscheidungen.

Ich habe mein Bestes getan, um sie richtig zu treffen, aber ich bin sicher, dass der eine oder andere Fehlentscheid dabei war. Wenn ich es in Prozentzahlen ausdrücken sollte, dann lag ich vielleicht bei acht Calls daneben. Damit waren immerhin noch fünfundneunzig Prozent richtig ... Bei den meisten Jobs ist das ein Prozentsatz, der sich durchaus sehen lassen kann. Wenn ich in der Schule wäre, hätte ich dafür garantiert eine Eins bekommen.

Aber euren Anforderungen genügt das längst nicht. Ich will euch noch eine kleine Begebenheit aus dem heutigen Spiel erzählen.

Es gab da einen ziemlich knappen Call, der das Spiel entschied... ein Läufer der Heimmannschaft versuchte, die Plate zu stehlen, nachdem der Ball geschlagen war. Der Fänger erwischte den Ball und warf ihn dem Werfer zu, der die Plate deckte. Der holte den Punkt und ich nahm den Läufer vom Feld.

Als ich meine Sachen zusammenpackte und gerade nach Hause gehen wollte, hörte ich zufällig den Kommentar von einem der Eltern: »Es ist schon schlimm, wenn die Kinder bloß wegen eines blöden Schiedsrichters verlieren müssen. Das war ja wirklich eine der idiotischsten Entscheidungen, die ich je erlebt habe.«

Später am Meldestand hörte ich dann ein paar Kinder zu ihren Freunden sagen: »Der Schiedsrichter war heute völlig bescheuert. Nur seinetwegen haben wir das Spiel verloren.«

Zweck von Little-League-Spielen ist es, Kindern und Jugendlichen den Geist des Baseballspielens nahe zu bringen. Wenn eine Mannschaft, die weniger gut gespielt hat, dem Schiedsrichter wegen einer oder zwei Entscheidungen die Schuld für ihre Niederlage zuschieben kann, gibt man ihr damit die Möglichkeit, sich selbst aus der Verantwortung zu stehlen.

Eltern oder erwachsene Trainer, die zulassen, dass Nachwuchsspieler einem Schiedsrichter ungeachtet seiner Qualifikation die Verantwortung für ihre Niederlage zuschieben, erweisen diesem Jugendlichen einen Bärendienst. Anstatt ihnen Eigenverantwortlichkeit beizubringen, verraten sie die Ideale des Spiels. Das aber bleibt nicht ohne Folgen für die Zukunft.

Während ich diesen Brief schreibe, bin ich nicht mehr ganz so aufgebracht wie noch heute Nachmittag. Ich wollte schon mein Amt als Schiedsrichter niederlegen. Doch glücklicherweise erinnerte mich meine Frau an einen anderen Vorfall, der sich letzte Woche ereignet hat.

Ich stand hinter der Plate, und es war gerade ein Werfer am Spiel, der jedes Mal, wenn ich bei einem schwierig zu beurteilenden Schlag zu Ungunsten seiner Mannschaft entschied, seinen Unmut in einer Art Pantomimenspiel zum Ausdruck brachte. Ganz offensichtlich wollte er den Zuschauern vermitteln, was für ein toller, begabter Spieler er sei, und dass er ja sein Bestes gäbe, wenn da nur nicht der böse Schiedsrichter wäre…

Über zwei Innings hinweg hielt der Junge diese Show aufrecht. Gleichzeitig schrie er jeden seiner Mannschaftskameraden an, der es wagte, auch nur den kleinsten Fehler zu machen. Zwei Innings lang sah der Trainer zu. Als der Junge zum Dugout zurückkam, nahm er ihn beiseite. Er sprach laut genug, dass ich verstehen konnte, was er ihm sagte: »Hör mir mal gut zu, mein Junge. Entweder du bist Schiedsrichter oder Schauspieler oder Werfer. Wenn du hier für mich spielst, dann kannst du nur eines von den dreien sein. Im Moment bist du als Werfer eingeteilt, und wenn man's genau betrachtet, dann machst du deine Sache nicht besonders gut. Überlass das Schauspielern den Schauspielern und das Schiedsrichtern den Schiedsrichtern, sonst hast du hier keinen Platz als Werfer. Na, wofür entscheidest du dich?«

Ich brauche wohl kaum zu sagen, dass der Junge Werfer bleiben wollte. Er machte fortan seine Sache so gut, dass seine Mannschaft gewann. Als das Spiel zu Ende war, folgte er mir zu meinem Auto. Er kämpfte schwer mit den Tränen, aber dennoch entschuldigte er sich für sein Verhalten und bedankte sich dafür, dass ich bei diesem Spiel den Schiedsrichter gemacht hatte. Er sagte, er hätte eine Lektion gelernt, die er nie vergessen würde.

Ich frage mich manchmal, wie viele großartige junge Menschen die Chance verpassen, in diesem Sport wirklich herausragende Leistungen zu erzielen, weil ihre Eltern sie dazu ermutigen, sich als Schiedsrichter aufzuspielen, anstatt sich darauf zu konzentrieren, das Spiel so zu spielen, wie es sich gehört.

DER FAMILIENZIRKUS

By Bil Keane

»Mami, bitte eine Umarmung.
Die letzte ist aufgebraucht.«

Am darauf folgenden Morgen starb Donald Jenson an den Folgen seiner Gehirnerschütterung.

Danny Warrick
Eingereicht von Michael J. Bolander

Kostenlos

Eines Abends kam ein Junge zu seiner Mutter in die Küche, die gerade das Essen zubereitete, und reichte ihr einen Zettel, auf dem allerhand geschrieben stand. Nachdem sie sich die Hände an der Schürze abgetrocknet hatte, las sie, was er ihr da mitzuteilen hatte:

Rasen mähen	$ 5,00
Mein Zimmer aufräumen (diese Woche)	$ 1,00
Für dich einkaufen gehen	$ 0,50
Auf meinen kleinen Bruder aufpassen, als du beim Einkaufen warst	$ 0,25
Den Müll raustragen	$ 1,00
Für gute Noten in der Schule	$ 5,00
Hof aufräumen und Kies rechen	$ 2,00
Zu zahlender Gesamtbetrag	$ 14,75

Ich kann Ihnen sagen: Wie seine Mutter ihn so mit erwartungsvollem Blick neben sich stehen sah, stiegen viele alte Erinnerungen in mir auf. Und so nahm sie einen Stift, drehte das Blatt um und schrieb auf die Rückseite:

Neun Monate mit dir schwanger sein: kostenlos.

Nächtelang an deinem Bett sitzen, dich pflegen und für dich beten: kostenlos.

All die anstrengenden Zeiten und die Tränen, die ich in

den vergangenen Jahren wegen dir vergossen habe: kosten-los.

Und wenn du das alles zusammenzählst, dann ist meine Liebe für dich kostenlos.

All die Nächte, in denen ich nicht schlafen konnte, und die Sorgen, die ich mir gemacht habe: kostenlos.

Die Spielsachen, das Essen, die Kleidung und sogar das Naseputzen, das alles ist für dich kostenlos, mein Sohn.

Und wenn du das alles zusammenzählst, dann ist meine Liebe kostenlos.

Nun, liebe Freunde, nachdem der Junge gelesen hatte, was seine Mutter da für ihn aufgeschrieben hatte, wurden in Erinnerung an vergangene Tage eine Menge Tränen vergossen. Dann sah er seiner Mutter fest in die Augen und sagte: »Ich liebe dich, Mama.« Er griff nach dem Stift und schrieb unter seine Aufstellung: »RECHNUNG KOMPLETT BEGLICHEN.«

M. Adams

Ein mutiges Herz

Ich sitze auf einem wackeligen Stuhl in der Aula mit der Videokamera auf der Schulter und spüre Tränen in mir aufsteigen. Meine sechsjährige Tochter steht auf der Bühne, ruhig, selbstsicher, konzentriert, und sie singt sich die Seele aus dem Leib. Ich bin nervös, zappelig und gerührt. Ich versuche, die Tränen zurückzuhalten.

»Listen, can you hear the sound, hearts beating all the world around?« (Hört, könnt ihr das Klopfen hören, das Klopfen aller Herzen der Welt?), singt sie.

Ihr kleines rundes Gesicht wendet sich nach oben dem

Licht zu – ein so geliebtes, vertrautes kleines Gesicht, das doch so anders ist als mein eigenes, schmales. Ihre Augen – die meinen so gar nicht ähnlich sind – schauen mit absolutem Vertrauen ins Publikum. Sie weiß, dass sie geliebt wird.

»Up in the valley, out in the plains, everywhere around the world, heartbeats sound the same.« (Tal auf, Tal ab, wo du auch bist in der Welt, der Herzschlag klingt überall gleich.)

Was mich da von der Bühne aus ansieht, ist das Gesicht ihrer leiblichen Mutter. Die Augen einer jungen Frau, die mich einmal so vertrauensvoll angesehen haben, schauen jetzt ins Publikum. Meine Tochter hat die Gesichtszüge ihrer leiblichen Mutter geerbt – die Augen, die im äußeren Winkel leicht nach oben gezogen sind, die rosigen, vollen kleinen Wangen, die ich unentwegt küssen möchte.

»Black or white, red or tan, it's the heart of the family of man ... oh, oh beating away, oh, oh beating away.« (Schwarz oder weiß, rot oder braun, es ist das Herz der Familie der Menschen, das unaufhörlich schlägt.) Mit diesem Refrain beendet sie ihr Lied.

Das Publikum ist außer sich vor Begeisterung. Ich auch. Donnernder Applaus erfüllt den Raum. Wir stehen alle auf, um Melanie zu zeigen, wie gut uns ihr Gesang gefallen hat. Sie lächelt; sie hat es sowieso schon gewusst. Jetzt kommen mir wirklich die Tränen. Ich bin so stolz darauf, ihre Mutter zu sein. Sie schenkt mir so viel Freude, dass mir tatsächlich das Herz wehtut.

Das Herz der Familie der Menschen ... das mutige Herz, das uns den Weg weist, wenn wir uns verirrt haben; das Herz, das Fremde zusammenschweißt in einer gemeinsamen Mission: Das ist das Herz, das mir Melanies leibliche Mutter gezeigt hat. In ihrem Innersten, in der sichersten Tiefe ihres Seins, hat Melanie die Stimme ihrer leiblichen Mutter gehört. Dieses mutige Herz gehörte einer Sechzehnjährigen – einem Mädchen, das wegen ihrer Bereitschaft zur bedingungslosen Liebe zur Frau wurde. Sie war eine Frau, die ihrem Kind geben wollte, was ihm kein anderer geben konnte: ein besseres Leben, als sie selbst es hatte.

Melanies Herz schlägt ganz nah an meinem, während ich sie umarme und ihr sage, wie großartig sie gesungen hat. Sie löst sich aus meinen Armen und sieht mich an. »Warum weinst du denn, Mama?«

Und ich antworte: »Weil ich mich so für dich freue und weil du deine Sache so gut gemacht hast, du ganz allein!« Und wie sie so bei mir ist, spüre ich, dass ich sie mit noch etwas anderem als den Armen umfangen halte. Ich umfange sie mit Liebe – nicht nur mit meiner eigenen, sondern auch mit der Liebe jener schönen, mutigen Frau, die meine Tochter zur Welt gebracht und sich dann entschlossen hat, sie mir zu schenken. Ich trage unser beider Liebe in mir... die der leiblichen Mutter, die mutig genug war zu teilen, und die der Frau, in deren leere Arme das Geschenk der Liebe gelegt wurde... *for the heartbeat that we share is one (denn in allen Menschen schlägt ein gemeinsames Herz).*

Patty Hansen

Liedtexte aus »Listen« von Red und Kathy Grammer. ©1986 Smilin' Atcha Music. Genehmigter Nachdruck.

Was es heißt, ein Adoptivkind zu sein

Die Lehrerin Debbie Moon besprach mit ihrer ersten Klasse ein Familienfoto. Ein Junge auf dem Bild hatte eine andere Haarfarbe als die übrigen Familienmitglieder.

Eines der Kinder meinte, er sei adoptiert, und daraufhin meldete sich ein Mädchen namens Jocelynn Jay: »Ich weiß über Adoption Bescheid, denn ich bin selbst adoptiert.«

»Was heißt das denn, adoptiert zu sein?«, erkundigte sich einer der Schüler.

»Es heißt«, so Jocelynns Antwort, »dass du im Herzen deiner Mutter gewachsen bist und nicht in ihrem Bauch.«

George Dolan

Klassentreffen

Vor ein paar Wochen werkelte ich gerade im Haus vor mich hin, als ich »den Anruf« bekam – allein das gefürchtete, schrille Läuten des Telefons klang wie der drohende Vorbote einer Nachricht, die beinahe so unangenehm war, als hätte man mir das Ableben eines nahen Verwandten mitgeteilt. Es war eine ehemalige Klassenkameradin aus der Highschool, die mich bat, ihr bei der Organisation unseres zwanzigjährigen Klassentreffens zu helfen.

Waren das wirklich schon zwanzig Jahre? Bei diesem Gedanken schauderte es mich. Es lief mir eiskalt über den Rücken, und auf meiner Stirn bildeten sich kleine Schweißperlen. Was hatte ich in den letzten zwanzig Jahren mit meinem Leben angefangen? Meine Mutter hatte mir gesagt, dass ich mich eines Tages mit dieser Frage würde auseinander setzen müssen, aber ich hatte sie ausgelacht, so wie ich sie immer wegen der lächerlichen rosaroten Plastik-Lockenwickler ausgelacht hatte, die sie sich ins Haar drehte. (Gerade letzte Woche habe ich einen Satz solcher Dinger auf dem Flohmarkt erstanden. Heute laufe ich des Öfteren selbst damit herum!)

Es ist schon erstaunlich, wie ein kurzer Telefonanruf das

Leben völlig auf den Kopf stellen kann. Auf einmal hörte ich wieder diese Lieder aus den Siebzigerjahren (die man heute als »Oldies« bezeichnet) in neuem Arrangement, und mir wurde bewusst, dass Mick Jagger inzwischen auch über fünfzig war. Was war aus »Smoke on the Water« geworden? Und meine »Seasons in the Sun« waren längst in Vergessenheit geraten. War in meinem Leben die Sonne etwa schon untergegangen?

Ich schaute in den Spiegel. (Also gut! Ich starrte in den verdammten Spiegel!) Gründlich studierte ich jede noch so winzige Unebenheit und Pore, vom Haaransatz über die tantenhaften »Lachfältchen« bis hinunter zum Halsansatz. Wenigstens noch kein Doppelkinn, dachte ich.

Die nächsten Wochen waren die reinste Hölle. Mein Tag begann in aller Herrgottsfrühe mit einem strengen Fitnesstraining: Schon um 6.30 Uhr ging es raus zum Jogging, um die unansehnlichen Fettpolster loszuwerden, die sich irgendwie über Nacht an meinen Oberschenkeln angelagert hatten. Ich durchforstete alle Boutiquen nach dem perfekten Kleid – Sie wissen schon, so ein Kleid, das einen zwanzig Jahre jünger aussehen lässt. Ich musste feststellen, dass die Modebranche solche Modelle seit etwa 1975 nicht mehr im Programm hatte. Nach drei Kleidern kam ich zur Besinnung. Das war die einzige logische Erklärung: Ich war in der Midlife-Crisis.

Mir wurde bewusst, dass das merkwürdige knarrende Geräusch, das ich jeden Abend hörte, wenn ich die Treppe raufging, von meinen eigenen Knien ausging. War ich dieselbe, die einmal gedacht hatte, es sei die grandioseste Leistung, aufs Töpfchen zu gehen? Mittlerweile hatten Branflakes Eingang in meinen täglichen Speiseplan gefunden – und das nicht nur, weil ich sie besonders gerne aß. Ich organisierte Tupperware-Partys, nur um zu zählen, wie viele Freundinnen ich hatte.

Mein Leben hatte sich einfach nicht in die Richtung entwickelt, die ich mir vorgestellt hatte. Sicher, ich war zufrieden. Ich hatte einen tollen Mann und zwei großartige Kinder, die in meinem Leben an vorderster Stelle standen. Aber irgendwie passte die Rolle als Halbtagssekretärin und Mutter nicht recht zu meiner Definition jenes Menschen, den wir in der Schule bei einer klasseninternen Abstimmung einmal als »erfolgsorientiert« eingestuft hatten. Hatte ich wirklich zwanzig Jahre vergeudet?

Als ich gerade dabei war, das Handtuch zu werfen und meine Einladung in den Müll zu schmeißen, klopfte mir mein Siebenjähriger auf die Schulter. »Ich hab dich lieb, Mama. Gib mir einen Kuss.«

Wissen Sie, eigentlich freue ich mich auf die nächsten zwanzig Jahre.

Lynne C. Gaul

Das Geschenk

An einem warmen Sommertag legten die Götter es ihr in die Hände. Als sie sah, wie zerbrechlich es wirkte, zitterte sie vor Rührung. Das war wirklich ein ganz besonderes Geschenk, das die Götter ihr da anvertraut hatten. Ein Geschenk, das eines Tages der Welt gehören würde. Bis dahin, so hatten sie ihr gesagt, solle sie es hüten und gut darauf aufpassen. Die Frau nickte und nahm es behutsam mit nach Hause. Sie würde das Vertrauen, das die Götter in sie setzten, gewiss nicht enttäuschen.

Anfangs ließ sie es kaum aus den Augen und beschützte

es vor allem, was ihr bedrohlich erschien. Voller Angst sah sie zu, wenn es einmal außerhalb des schützenden Kokons, in den sie es gehüllt hatte, den Einflüssen der Außenwelt ausgesetzt war. Doch dann erkannte sie, dass sie es nicht für immer so behüten konnte. Es musste lernen, den Unbilden der Elemente zu trotzen, um stark zu werden. Mit umsichtiger Fürsorglichkeit gab sie ihm mehr Raum – genug, um in seine eigene, unverwechselbare Form hineinzuwachsen, aber nicht so viel, dass es wild und ungebärdig würde.

Manchmal lag sie nachts wach mit dem Gefühl, ihrer Aufgabe nicht gewachsen zu sein. In solchen Momenten fragte sie sich, ob sie der unermesslichen Verantwortung gerecht werden konnte, die auf ihren Schultern lastete. Doch dann hörte sie die flüsternden Stimmen der Götter. Sie wüssten, dass sie ihr Bestes gab, so versicherten sie ihr. Und so schlief sie beruhigt ein.

Im Laufe der Jahre trug die Frau ihre Verantwortung mit zunehmender Gelassenheit. Das Geschenk hatte ihr Dasein allein durch seine Anwesenheit auf so vielfältige Weise bereichert, dass sie sich kaum noch vorstellen konnte, wie ihr Leben gewesen war, bevor sie es bekommen hatte, oder wie ihr Leben ohne es wäre. Beinahe hätte sie ihre Abmachung mit den Göttern vergessen.

Eines Tages fiel ihr auf einmal auf, wie sehr sich das Geschenk verändert hatte. Es wirkte nicht mehr so verletzlich wie früher. Es strahlte eine Stärke und Unbeirrbarkeit aus, als würde in seinem Inneren ein eigener Kraftquell sprudeln. Monat um Monat sah sie zu, wie es immer stärker und kraftvoller wurde, und da erinnerte sich die Frau an ihr Versprechen. Sie wusste tief im Inneren ihres Herzens, dass die Zeit, in der das Geschenk bei ihr war, sich dem Ende näherte.

Eines Tages war der unausweichliche Moment gekommen, an dem die Götter ihr Geschenk zurückforderten, um es der Welt zu geben. Die Frau war unendlich traurig. Wie würde sie vermissen, es dauernd um sich zu haben! Aus ganzem Herzen dankte sie den Göttern für die Ehre, ihr das kostbare Geschenk so viele Jahre lang anvertraut zu haben. Sie richtete sich stolz auf und wusste, dass es in der Tat ein ganz besonderes Geschenk war. Eines, das zur Mehrung der Schönheit und Essenz der Erde beitragen würde. Und so entließ die Mutter ihr Kind in die Welt.

Renee R. Vroman

3

Über das Lehren und Lernen

Lehrer sind Menschen, die sich selbst zur Brücke
machen, um ihre Schüler darüber zu führen.
Und nachdem sie ihnen geholfen haben, die andere
Seite sicher zu erreichen, brechen sie ohne viel
Aufhebens in sich zusammen und ermuntern sie,
ihre eigenen Brücken zu bauen.

NIKOS KAZANTZAKIS

An Beths Lehrerin aus der ersten Klasse

Ich wusste nicht, wer der Mann war, der an jenem Morgen vor mir her ging. Aber mir fiel auf, dass seine Haltung ebenso wie die meinige ein wenig aufrechter, ein wenig stolzer war, wie wir unsere Töchter so an der Hand hielten. Wir waren stolz an jenem wichtigen Tag – stolz, aber auch ein wenig nervös. Unsere Töchter wurden eingeschult. Wir würden sie zumindest zeitweilig jener Institution anvertrauen, die wir Schule nennen. Als wir das Gebäude betraten, sah er mich an. Unsere Blicke kreuzten sich nur für einen Moment, doch das war genug. Aus unseren Augen sprach die Liebe für unsere Töchter, die Hoffnung für ihre Zukunft, die Sorge um ihr Wohlergehen.

Sie, die künftige Lehrerin, nahmen uns an der Tür in Empfang. Sie stellten sich vor und zeigten den Mädchen ihre Plätze. Wir drückten ihnen noch einen Abschiedskuss auf die Wange und dann wandten wir uns zum Gehen. Auf dem Weg zum Parkplatz sprachen wir nicht miteinander. Wir waren zu sehr damit beschäftigt, an Sie zu denken.

Es gab so viele Dinge, die wir Ihnen sagen wollten, liebe Lehrerin. Zu viele Dinge, die unerwähnt geblieben sind. Und so schreibe ich Ihnen, um Ihnen mitzuteilen, was ich Ihnen an jenem Morgen nicht sagen konnte, weil die Zeit dafür fehlte.

Ich hoffe, dass Ihnen Beths Kleid aufgefallen ist. Sie sah wunderschön darin aus. Vielleicht denken Sie jetzt, dass das alle Väter sagen, aber sie selbst glaubt, dass sie wunderschön darin aussieht, und nur darauf kommt es an. Wissen Sie eigentlich, dass wir eine ganze Woche lang die Einkaufszentren durchkämmt haben, um das perfekte Kleid für diesen besonderen Anlass zu finden? Wenn sie Ihnen den Effekt auch sicher nicht vorführen wird – es würde ihr bestimmt gefallen, wenn Sie wüssten, warum sie das Kleid ausgewählt hat: Der Saum wirbelte nämlich so schön herum, als sie sich vor dem Spiegel in der Ankleidekabine hin und her drehte. Schon beim Hineinschlüpfen wusste sie, dass dies das richtige Kleid war. Ich frage mich, ob Sie das bemerkt haben. Ein einziges Wort von Ihnen würde genügen, um das Kleid noch fantastischer erscheinen zu lassen.

Auch Beths Schuhe können Ihnen eine Menge über sie und unsere Familie verraten. Es lohnt sich, eine Minute Zeit darauf zu verwenden. Ja, es sind blaue Ballerinas mit einem Riemchen. Solide, gut verarbeitete Schuhe, nicht zu modisch, Sie wissen schon, was ich meine. Was Sie aber nicht wissen, ist, wie viele Diskussionen es darüber gegeben hat, welche Schuhe Beths Ansicht nach alle anderen Mädchen tragen würden. Wir lehnten Kunststoffschuhe in Lila, Pink oder Orange ab.

Beth machte sich Sorgen, dass die anderen Kinder sie wegen ihrer Babyschuhe auslachen würden. Am Ende probierte sie die festen blauen Ballerinas an und sagte strahlend, sie habe Riemchenschuhe schon immer toll gefunden. So sind Erstgeborene eben, sie wollen gern gefallen. Sie ist wie ihre Schuhe – solide und zuverlässig. Wie gut es ihr täte, wenn Sie eine Bemerkung über diese Riemchen machen würden!

Ich hoffe, dass Sie schon bald merken werden, wie schüchtern Beth ist. Wenn sie erst einmal Vertrauen geschöpft hat, redet sie sich um ihren eigenen Verstand, aber den ersten Schritt müssen Sie machen. Verwechseln Sie ihre Zurückhaltung nicht mit mangelnder Intelligenz. Beth kann jedes Kinderbuch, das man ihr vorlegt, fließend vorlesen. Sie hat lesen gelernt, wie man es eigentlich lernen sollte. Auf die natürliche Weise, im Bett eng an ihre Mutter oder mich gekuschelt, wenn wir ihr vor dem Mittagsschläfchen, beim Zubettgehen oder auch tagsüber beim Schmusestündchen vorgelesen haben. Für Beth sind Bücher gleichbedeutend mit Gemütlichkeit und Nestwärme. Bitte verderben Sie ihr nicht die Freude am Lesen, indem Sie das Lesenlernen als eine lästige Pflichtübung darstellen. Wir haben versucht, von klein auf ihre Freude an Büchern und am Lernen zu wecken.

Wussten Sie, dass Beth und ihre Freunde als Vorbereitung auf ihren ersten Schultag den ganzen Sommer über Schule gespielt haben? Ich sollte Ihnen ein wenig über »ihre Klasse« erzählen. Jeder ihrer Schüler musste jeden Tag etwas schreiben. Wenn einer nicht wusste, was er schreiben sollte, dann ermunterte sie ihn, es dennoch zu versuchen. Sie half den anderen mit der Rechtschreibung. Eines Tages kam sie völlig aufgelöst zu mir. Sie meinte, dass Sie vielleicht enttäuscht über sie wären, weil sie nicht wusste, wie man »subtrahieren« schreibt. Inzwischen ist diese Wissenslücke geschlossen. Wenn Sie sie nur danach fragen würden! Beim Schulespielen in diesem Sommer wurde viel mit positiver Verstärkung gearbeitet, und die Lehrerin sprach in ruhigem, vertrauensvollem Ton. Ich hoffe, dass ihre Fantasiewelt in Ihrem Klassenzimmer zur Realität wird.

Ich weiß, dass Sie wie jeder Lehrer zu Beginn eines neuen Schuljahres eine Menge zu tun haben, und darum will ich mich in diesem Brief kurz fassen. Aber ich möchte dennoch, dass Sie wissen, wie wir den Abend vor dem ersten Schultag verbracht haben. Wir richteten ihr Pausenbrot und legten es in die Dose mit dem Teddybäraufdruck. Wir packten die Schreibsachen in die Schultasche. Wir legten ihr neues Kleid und die Schuhe bereit, lasen eine Gutenachtgeschichte und machten das Licht aus. Ich gab ihr einen Kuss und wandte mich zum Gehen. Sie rief mich noch einmal zurück und fragte mich, ob ich wüsste, dass Gott den Menschen Briefe schrieb und sie ihnen in Gedanken übermittelte.

Ich sagte ihr, das hätte ich zwar noch nie gehört, erkundigte mich aber, ob sie denn einen solchen Brief bekommen hätte. Ja, das habe sie in der Tat. Darin habe Gott ihr mitgeteilt, dass ihr erster Schultag einer der schönsten Tage ihres Lebens sein würde. Ich wischte mir eine Träne aus dem Auge und dachte: *Bitte, lass es so sein!*

Später an jenem Abend entdeckte ich einen Zettel, den Beth für mich geschrieben hatte. Darauf stand: »Ich bin so glücklich, dass du mein Papa bist.«

Liebe Lehrerin, ich denke, Sie können von Glück reden, ein Kind wie Beth in Ihrer Klasse zu haben. Wir zählen auf Sie. Wir alle, die wir Ihnen an jenem Tag unsere Kinder und unsere Träume anvertraut haben. Wenn Sie unsere Kinder bei der Hand nehmen, dann stehen Sie ein wenig aufrechter und gehen Sie ein wenig stolzer. Lehrer zu sein ist eine ungeheure Verantwortung.

Dick Abrahamson

Mr. Washington

Während des elften Schuljahrs ging ich einmal in ein Klassenzimmer, um auf einen Freund zu warten. Auf einmal kam der Lehrer, Mr. Washington, auf mich zu und bat mich, etwas an die Tafel zu schreiben. Es ging darum, irgendeine Aufgabe zu lösen. Ich erklärte ihm, dass ich das nicht tun könne. Er aber fragte: »Warum denn nicht?«

»Weil ich nicht in Ihrer Klasse bin«, erwiderte ich.

»Das macht nichts«, entgegnete er. »Gehen Sie trotzdem an die Tafel.«

»Das kann ich nicht«, beharrte ich.

»Warum nicht?«, wollte er wissen.

Ich zögerte, denn das Ganze war mir etwas peinlich. Dann sagte ich: »Weil ich lernbehindert bin.«

Da kam er hinter seinem Pult hervor, sah mich an und meinte: »Sagen Sie so etwas nie wieder. Die Meinung eines anderen muss nicht Ihre Wirklichkeit bestimmen.«

Für mich war dieser Satz wie eine Befreiung. Einerseits schämte ich mich, weil die anderen Schüler mich auslachten. Sie wussten, dass ich im Sonderschulzweig war. Aber andererseits fühlte ich mich befreit, weil mir mit einem Schlag klar geworden war, dass ich nicht in dem Rahmen leben musste, den mir andere mit ihrer Meinung vorgegeben hatten.

Und so wurde Mr. Washington zu meinem Mentor. Vor jenem Tag war ich zweimal sitzen geblieben. Im fünften Schuljahr wurde ich als lernbehindert eingestuft und in die vierte Klasse zurückversetzt. Und die achte Klasse musste ich auch wiederholen. Durch meine Begegnung mit Mr. Washington nahm mein Leben eine völlig neue Wendung.

Ich habe oft gedacht, dass er im Geiste Goethes arbeitet, der einmal sinngemäß gesagt hat: »Sieh einen Menschen als das an, was er ist, dann wird er nur schlimmer. Aber sieh ihn dir als das an, was er sein könnte, und er wird zu dem, der er sein sollte.« Und wie Calvin Lloyd glaubte Mr. Washington, dass »keiner über sich hinauswächst, um niedrigen Erwartungen gerecht zu werden«. Er gab seinen Schülern immer das Gefühl, dass er viel von ihnen erwartete, und wir alle strengten uns mächtig an, diesen hohen Erwartungen zu entsprechen.

Als ich noch in der Mittelstufe war, hörte ich einmal, wie Mr. Washington in einer Rede vor einer Abschlussklasse sagte: »In euch steckt etwas Großes. Ihr seid etwas ganz Besonderes. Wenn nur einer von euch den Schimmer einer größeren Vision von sich bekommt und einen Moment lang erkennt, was ihn wirklich ausmacht, was er diesem Planeten bringt und wie außergewöhnlich er ist, dann ist die Welt im historischen Sinne für immer verwandelt. Ihr könnt eure Eltern mit Stolz erfüllen. Ihr könnt eure Lehrer mit Stolz erfüllen. Ihr könnte eure Gemeinde mit Stolz erfüllen. Ihr könnt Millionen von Menschen erreichen.« Er sprach mit den Schülern der Oberstufe, aber seine Rede hätte sich ebenso gut an mich richten können.

Ich erinnere mich noch, wie er damals stehende Ovationen bekam. Anschließend wartete ich auf dem Parkplatz auf ihn und fragte: »Erinnern Sie sich noch an mich? Ich war in der Aula und habe Ihre Rede vor der Abschlussklasse gehört.«

»Was haben Sie da gemacht?«, erkundigte er sich. »Sie sind doch erst in der Mittelstufe.«

»Ich weiß«, nickte ich. »Aber ich habe Ihre Stimme durch die Türen der Aula hindurch gehört. Da bin ich hineingegangen. Ihre Rede hat mich sehr berührt. Sie haben den Schülern gesagt, dass in ihnen etwas Großes stecke. Ich saß auch in der Aula. Steckt auch in mir etwas Großes?«

»O ja, Mr. Brown«, lautete seine Antwort.

»Aber wie verträgt sich das mit der Tatsache, dass ich in Englisch, Mathe und Geschichte durchgefallen bin und im Sommer an den Nachhilfekursen teilnehmen muss? Was sagen Sie dazu? Ich bin langsamer als die meisten anderen. Ich bin nicht so clever wie mein Bruder und meine Schwester, die in Miami an der Uni studieren.«

»Das hat nichts zu bedeuten. Es heißt nur, dass du mehr Arbeit investieren musst. Deine Noten sagen nichts darüber aus, wer du bist oder was du in deinem Leben leisten kannst.«

»Ich will meiner Mutter ein Haus kaufen.«

»Das können Sie schaffen, Mr. Brown. Es ist möglich.« Und mit diesen Worten wandte er sich zum Gehen.

»Mr. Washington?«

»Was gibt es noch?«

»Äh. Ich werde es Ihnen beweisen. Merken Sie sich meinen Namen. Eines Tages werden Sie von mir hören. Ich werde dafür sorgen, dass Sie stolz auf mich sind. Ich werde es Ihnen beweisen.«

Die Schule war für mich ein echter Kampf. Ich wurde nur versetzt, weil ich umgänglich war. Ich war ein netter Schüler. Ich war unterhaltsam. Ich konnte andere zum Lachen bringen. Ich war höflich. Ich zeigte Respekt. Und so zogen mich die Lehrer mit durch. Doch letzten Endes war das wenig hilfreich. Mr. Washington aber forderte mich. Er zog mich zur Verantwortung. Und gleichzeitig gab er mir das Gefühl, dass ich damit fertig würde; dass ich es schaffen könnte.

In meinem Abschlussjahr wurde er mein Vertrauenslehrer, obwohl ich im Sonderschulzweig war. Normalerweise hatten die Schüler aus meinem Zweig keinen Unterricht in Rhetorik und Schauspiel, aber für mich wurde eine Ausnahme gemacht, damit ich an seinem Unterricht teilnehmen konnte. Der Direktor hatte erkannt, welch intensive Beziehung ich zu Mr. Washington aufgebaut und wie positiv sich das nicht zuletzt auch auf meine schulischen Leistungen ausgewirkt hatte. Zum ersten Mal in meinem Leben schaffte ich den Sprung auf die Ehrenliste. Ich wollte unbedingt an einer Studienfahrt der Schauspielabteilung teilnehmen, und man musste auf der Ehrenliste stehen, um die Genehmigung dafür zu bekommen. Dass es mir gelang, kam mir wie ein Wunder vor!

Mr. Washington verhalf mir zu einem neuen Selbstbild. Er zeigte mir eine größere Vision von mir, die über meine geistige Konditionierung und meine Umstände hinausreichte.

Jahre später produzierte ich fünf Dokumentarfilme, die im Fernsehen gezeigt wurden. Ich bat Freunde darum, ihn anzurufen, als meine Sendung »Sie haben es verdient« in Miami im Schulprogramm ausgestrahlt werden sollte. Nach der Sendung saß ich in Detroit neben dem Telefon und wartete. Er rief tatsächlich an. »Kann ich Mr. Brown sprechen?«, bat er.

»Wer ist am Apparat?«

»Sie wissen genau, wer am Apparat ist.«

»Ach Sie sind's, Mr. Washington.«

»Das waren doch Sie, der es mir beweisen wollte, oder?«

»Ja, Mr. Washington. Das war ich.«

Les Brown

Glaube, Hoffnung und Liebe

Mit vierzehn wurde ich auf die Cheshire Academy in Connecticut geschickt, ein Internat für Jungen aus schwierigen familiären Verhältnissen. Das Schwierige an meinen Verhältnissen war meine alkoholkranke Mutter, durch deren verkorksten Lebenswandel unsere Familie auseinander gebrochen war. Nach der Scheidung meiner Eltern spielte ich den Babysitter für meine Mutter, bis ich im achten Schuljahr in allen Fächern durchfiel. Mein Vater und einer der Direktoren waren der Meinung, dass mir ein Internat mit sportlicher Ausrichtung (das möglichst weit von meiner Mutter entfernt war) die Chance geben könnte, meinen Highschool-Abschluss doch noch zu schaffen.

Als ich ganz am Anfang meines ersten Jahres in Cheshire in der Orientierungsrunde saß, ergriff Fred O'Leary, der für die allgemeine Disziplin zuständige Cheferzieher, als letzter das Wort. Er hatte im Yale-Football-Team in der All-American-League gespielt und war ein Hüne von einem Mann. Mit seinem Doppelkinn und seinem massigen Nacken sah er aus wie die Bulldogge, die Yale als Maskottchen hatte. Als er ans Mikrofon trat, wurde es augenblicklich still im Saal. Mein Sitznachbar, ein Schüler aus einer der höheren Klassen, flüsterte mir zu: »Pass bloß auf, dass der dich nie sieht. Wenn er kommt, dann geh auf die andere Straßenseite oder lass dir was anderes einfallen. Hauptsache er merkt nicht, dass es dich gibt!«

Mr. O'Learys Rede an jenem Abend war knapp und brachte es auf den Punkt: »Keine – ich wiederhole: keine – unerlaubten Ausflüge vom Schulgelände, keine Zigaretten, kein Alkohol. Kein Kontakt zu den Mädchen in der Stadt.

Wenn einer von euch gegen diese Regeln verstößt, ist die Hölle los. Wer es wagen sollte, der kriegt außerdem von mir persönlich einen Tritt in den Hintern!« Ich dachte schon, er sei fertig, als er in sehr viel leiserem Ton hinzufügte: »Sollte einer von euch je ein Problem haben, dann steht die Tür zu meinem Büro immer offen.« Dieser Satz grub sich mir ins Gedächtnis ein!

Im Laufe des Jahres wurden die Alkoholexzesse meiner Mutter immer schlimmer. Sie rief mich zu jeder Tages- und Nachtzeit in meinem Zimmer an. Mit lallender Stimme bettelte sie, dass ich von der Schule abgehen und zu ihr nach Hause kommen sollte. Sie versprach, dass sie dann mit dem Trinken aufhören würde, dass wir nach Florida in Ferien fahren könnten und so weiter und so weiter. Ich liebte sie. Es fiel mir schwer, nein zu ihr zu sagen, und jedes Mal wenn sie mich anrief, drehte sich mir regelrecht der Magen um. Ich fühlte mich schuldig. Ich schämte mich. Und ich war vollkommen durcheinander.

Eines Nachmittags während der Englischstunde dachte ich an eines dieser Telefonate, das ich am Abend zuvor wieder einmal mit meiner Mutter geführt hatte, und auf einmal übermannten mich meine Gefühle. Ich spürte die Tränen in mir aufsteigen und bat den Lehrer, den Unterricht verlassen zu dürfen.

»Den Unterricht verlassen? Und warum?«, wollte der Lehrer wissen.

»Um zu Mr. O'Leary zu gehen«, antwortete ich. Meine Klassenkameraden starrten mich entsetzt an.

»Was hast du denn angestellt, Peter? Vielleicht kann ich dir helfen?«, schlug der Lehrer vor.

»Nein!«, erwiderte ich. »Ich will aus freien Stücken zu Mr. O'Leary.« Beim Verlassen des Klassenzimmers hatte ich diesen einen Satz im Kopf: »Die Tür zu meinem Büro steht immer offen.«

Das Büro von Mr. O'Leary war über einen großen Vorraum neben der Eingangshalle zu erreichen. Seine Tür war verglast, sodass man in den Raum hineinsehen konnte. Wann immer sich jemand Ärger eingehandelt hatte, zitierte er ihn hierher, knallte die Tür zu und zog das Rollo herunter. Wie oft hatten wir ihn schreien hören: »Du bist letzten Abend beim Rauchen gesehen worden. Du warst mit einem anderen Jungen und einem Mädchen aus der Stadt zusammen. Mit der, die in dem Café arbeitet!« Und über den armen Kerl, der da erwischt worden war, brach die Hölle herein.

Vor seinem Büro standen immer eine Menge Schüler an: Jungen mit den verschiedensten Problemen, die mit eingekniffenem Schwanz dasaßen. Als ich mich hinten anstellte, fragte mich einer der Wartenden, was ich denn verbrochen hatte.

»Nichts«, erwiderte ich.

»Bist du verrückt geworden? Warum haust du nicht ab? Jetzt! Sofort!«, schrien mich die anderen an, aber ich wusste nicht, an wen ich mich sonst wenden sollte.

Endlich war ich an der Reihe. Die Tür von Mr. O'Learys Büro ging auf, und ich stand der disziplinarischen Allgewalt von Angesicht zu Angesicht gegenüber. Ich fing an zu zittern und fühlte mich elend. Aber irgendwie spürte ich, dass mich irgendwas oder irgendjemand zu diesem Mann getrieben hatte – zu dem gefürchtetsten Mann auf dem ganzen Gelände. Ich schaute auf. Unsere Blicke kreuzten sich.

»Was willst du denn hier?«, kläffte er.

»In der Orientierungsstunde haben Sie gesagt, dass Ihre

Türe offen sei, wenn einer von uns ein Problem hätte«, stammelte ich.

»Komm rein«, sagte er. Er deutete auf einen ausladenden, grünen Sessel und zog das Rollo vor das Glasfenster in der Tür. Dann verschanzte er sich hinter seinem Schreibtisch und sah mich an.

Als ich den Mund aufmachte, konnte ich die Tränen nicht mehr zurückhalten. »Meine Mutter ist Alkoholikerin. Wenn sie betrunken ist, ruft sie mich an. Sie will, dass ich von der Schule abgehe und nach Hause komme. Ich weiß nicht, was ich tun soll. Ich habe Angst. Bitte halten Sie mich nicht für verrückt oder bescheuert.«

Ich vergrub meinen Kopf in den Armen und konnte nur noch schluchzen. Was um mich herum passierte, nahm ich gar nicht mehr wahr, und so merkte ich nicht, dass dieser riesige Ex-Athlet ganz leise hinter seinem Schreibtisch hervorkam und sich neben mich stellte – einen schmächtigen Jugendlichen, der in dem breiten, grünen Sessel kauerte und heulte. Eines von Gottes Kindern, das sich in einem finsteren, kalten Tal verirrt hatte.

Und dann geschah es – eines jener Wunder, die Gott durch Menschen geschehen lässt. Mr. O'Learys große Hand legte sich sanft auf meine Schulter; ich spürte seinen Daumen im Nacken.

Mit leiser Stimme sagte dieser allseits gefürchtete Koloss von einem Racheengel: »Ich kann verstehen, wie du dich fühlst, mein Sohn. Du musst wissen, ich bin selbst Alkoholiker. Ich kann dir und deiner Mutter helfen. Ich werde dafür sorgen, dass meine Freunde von den Anonymen Alkoholikern noch heute Kontakt mit ihr aufnehmen.«

Dieser Moment bescherte mir einen echten Lichtblick. Ich wusste auf einmal, dass alles sich irgendwie regeln würde, und hatte keine Angst mehr. Als ich seine Hand auf meiner Schulter spürte, hatte ich das Gefühl, ich wäre von Gott, von Christus, von Moses berührt worden. Glaube, Hoffnung und Liebe – auf einmal verstand ich, was das war. Ich sah es, ich spürte es, und ich war mit Glauben, Hoffnung und Liebe für alle Menschen erfüllt. Der gefürchtetste Mann in der ganzen Schule wurde mein heimlicher Freund. Mit absoluter Zuverlässigkeit erschien ich einmal pro Woche in seinem Büro. Wann immer ich im Speisesaal an seinem Tisch vorbeikam, schenkte er mir einen raschen Blick und ein kaum merkliches Augenzwinkern. Jedes Mal schlug mein Herz höher vor Freude, dass mich dieser gefürchtete Mann auf so liebevolle Weise unter seine Fittiche nahm.

Ich hatte in einem Augenblick der Not um Hilfe gerufen… Und er war für mich da.

Peter Spelke
mit ein wenig Unterstützung von Dawn Spelke
und Sam Dawson

Fred O'Leary ist ein Pseudonym. Zum Schutz der Privatsphäre wurde der richtige Name geändert.

Die Schuhe

> *Warum leben wir, wenn nicht, um uns*
> *gegenseitig das Leben leichter zu*
> *machen?*
> GEORGE ELIOT

Die Menschen in den Bergbau- und Industriestädten machten in den Dreißigerjahren schwere Zeiten durch. In meiner alten Heimatstadt im Westen von Pennsylvania streiften

Tausende von Männern auf der Suche nach Arbeit durch die Straßen. Meine älteren Brüder waren auch darunter. Ich will nicht behaupten, dass wir wirklich gehungert hätten, aber viel zu essen gab es nicht gerade.

Als einer der Jüngsten in unserer vierköpfigen Familie erbte ich natürlich immer die abgelegte Kleidung von den anderen. Lange Hosen wurden in Kniehöhe abgeschnitten, und der übrige Stoff wurde für Flicken oder zum Verstärken des Hosenbodens verwendet. Hemden bekamen einen neuen Kragen und neue Manschetten. Und die Schuhe – nun, mit Schuhen war das so eine Sache. Schuhe wurden so lange getragen, bis sie wirklich total verschlissen waren. Man rangierte sie erst dann aus, wenn die Sohlen völlig durchgelaufen waren.

Bevor ich dieses Paar Halbschuhe bekam, hatte ich welche, die an den Seiten eingerissen waren und bei denen sich die Sohle vorne komplett gelöst hatte, sodass es bei jedem Schritt ein klatschendes Geräusch machte. Ich schnitt zwei Streifen von einem alten Fahrradschlauch ab und schob sie mir vorne über die Füße, um die Schuhsohlen damit festzuhalten.

Ich hatte eine Schwester, die mit ihrem Mann nach Colorado gezogen war. Wann immer sie konnte, schickte sie uns ein Paket mit gebrauchter Kleidung, um uns zu unterstützen.

In einem Jahr traf kurz vor dem Erntedankfest wieder einmal eines ihrer Pakete bei uns ein. Wir waren alle dabei, als es aufgemacht wurde. Eingequetscht in einer Ecke lag ein Paar Schuhe. Ich wusste nicht, was das für welche waren. Aber damit war ich nicht allein, denn auch meine Mutter, mein Vater und meine Brüder hatten keine Ahnung. Wir dachten alle das Gleiche: dass das Schuhe waren, die meine

Schwester leid geworden war und die sie uns deshalb schickte.

Der Blick meiner Mutter wanderte zu meinen Füßen hinunter, die aus den alten Schuhen herauslugten. Dann beugte sie sich über das Paket, zog das geschenkte Paar heraus und hielt sie mir hin. Ich versteckte meine Hände hinter dem Rücken, sah in die Gesichter der anderen und fing an zu heulen. Es war ein Wunder, dass keiner meiner Brüder mich auslachte oder mich Baby nannte.

Noch heute, nach dreißig Jahren, schmerzt es mich, wenn ich an diese Geschichte denke. Mein Mutter nahm mich beiseite und sagte, dass es ihr Leid tue. Aber es gebe nun einmal keine anderen Schuhe für mich, und der Winter stehe vor der Tür. Da bliebe mir wohl nichts anderes übrig, als diese zu tragen. Mein Vater tätschelte mir wortlos den Kopf. Mein Lieblingsbruder Mike zerwuschelte mir das Haar und meinte, es würde alles gut werden.

Erst als ich allein war, schlüpfte ich in die Schuhe hinein. Sie waren braun und spitz und hatten so komische Absätze, aber irgendwie waren sie bequem. Mit Tränen in den Augen starrte ich sie an und schluchzte leise vor mich hin.

Als ich am nächsten Tag aufstand und mich für die Schule fertig machte, trödelte ich so lange herum, wie es irgend möglich war. Und die Schuhe ließ ich bis zuletzt stehen. Ich spürte, wie mir erneut die Tränen kamen, aber ich riss mich zusammen. Als ich schließlich aus dem Haus musste, nahm ich den Umweg und so lief ich keinem meiner Klassenkameraden über den Weg. Im Schulhof aber stand ausgerechnet Timmy O'Toole, mein einziger Freund. Er war älter und größer als ich, ging aber in dieselbe Klasse.

Sein Blick fiel sofort auf die Schuhe meiner Schwester. Er packte mich am Arm und fing an zu schreien: »Hey, schaut

mal. Evan hat Mädchenschuhe an! Evan hat Mädchenschuhe an!« Ich hätte ihn am liebsten windelweich geprü-
gelt, aber er war viel größer und stärker als ich! Er lockerte
seinen Griff erst, als sich ein Ring von Kindern um uns ge-
bildet hatte. Ich wüsste nicht, was ich getan hätte, wenn
nicht auf einmal der alte Weber, unser Direktor, aufgetaucht
wäre.

»Kommt rein«, rief er. »Es hat schon geklingelt.« Ich riss
mich los, rannte zur Tür und war im Klassenzimmer, noch
bevor mich Timmy weiter ärgern konnte.

Mit gesenktem Blick und hochgezogenen Beinen saß ich
da, aber selbst das hinderte ihn nicht daran, auf mir herum-
zuhacken. Er konnte es einfach nicht lassen. Jedes Mal, wenn
er an meiner Bank vorbeikam, tänzelte er wie eine Ballerina,
nannte mich Edna oder kam mit irgendeiner anderen alber-
nen Frotzelei über meine Schuhe daher.

Es war bereits der halbe Vormittag vergangen, und unsere
Lehrerin, Miss Miller, hielt uns einen Vortrag über die Erobe-
rung des Westens und die Pioniere in Kansas, Colorado,
Texas und anderen Staaten. Da kam auf einmal der alte Weber herein, stellte sich an die Tür und hörte schweigend zu.

Bis zu jenem Morgen war ich genau wie alle anderen Jungen gewesen. Das heißt, ich konnte den alten Weber nicht
sonderlich gut leiden. Er galt als ziemlich gemein. Er war
aufbrausend. Er bevorzugte die Mädchen.

Und nun stand er da neben der Tür in unserem Klassenzimmer. Keiner von uns – vielleicht mit Ausnahme von Miss
Miller – wusste, dass der alte Weber einmal in Oklahoma
auf einer Ranch gelebt hatte. Miss Miller wandte sich an ihn
und fragte, ob er nicht auch etwas zu unserem Thema beitragen wolle, und zu unserer großen Überraschung willigte
er ein. Nur, anstatt uns die üblichen Dinge vorzutragen, fing

er an, uns vom Leben der Cowboys und von Indianern zu erzählen. Ja, er sang sogar ein paar Cowboy-Lieder! Das währte gute vierzig Minuten.

Es ging schon auf Mittag zu und es war bald Zeit für uns, zum Essen nach Hause zu gehen, als der alte Weber auf einmal meinen Gang entlang kam. Dabei redete er die ganze Zeit weiter. Neben meiner Bank blieb er stehen und sagte auf einmal kein Wort mehr. Ich sah ihn an und merkte, dass er nach unten unter meinen Tisch starrte – direkt auf die Schuhe meiner Schwester. Ich spürte, wie ich puterrot anlief, und fing an, mit den Füßen hin und her zu rutschen. Aber noch bevor ich sie wegziehen konnte, flüsterte er: »Cowboy-Oxfords!«

»Wie bitte?«, fragte ich.

Und er wiederholte: »Cowboy-Oxfords!« Und während meine Klassenkameraden ihre Hälse reckten, um zu sehen, was er da anstarrte, rief er so laut, dass alle es hören konnten: »Aber Evan, wo hast du denn bloß diese Cowboy-Oxfords her?«

Es dauerte nicht lange, und da standen alle dicht um mich gedrängt, sogar Miss Miller. Und alle sagten: »Evan hat ein Paar echte Cowboy-Oxfords!« Man könnte zu Recht behaupten, dass das der glücklichste Tag meines Lebens war.

Da der Unterricht sowieso fast zu Ende war, meinte Mr. Weber, es wäre in Ordnung – vorausgesetzt natürlich, Evan sei damit einverstanden –, wenn sich die Schüler diese Cowboy-Oxfords einmal genauer ansehen würden. Und so defilierten alle einschließlich Timmy O'Toole einer nach dem anderen an meiner Bank vorbei und betrachteten meine prächtigen Schuhe. Ich fühlte mich plötzlich dreimal so groß, wusste aber von meiner Mutter, dass Stolz eine arge

Sünde war, und so bemühte ich mich, es mir nicht allzu sehr anmerken zu lassen. Dann klingelte es zur Mittagspause.

Ich konnte kaum nach draußen kommen, weil jeder neben mir gehen wollte. Dann wollten sie alle auch einmal anprobieren – meine Cowboy-Oxfords. Ich sagte, ich würde es mir überlegen. Denn schließlich…

Am Nachmittag fragte ich Mr. Weber, was er davon hielte, wenn ich die anderen meine Cowboy-Oxfords anprobieren ließe, und er dachte längere Zeit darüber nach. Schließlich meinte er, es wäre in Ordnung, die Jungen hineinschlüpfen zu lassen, aber bloß nicht die Mädchen. Cowboy-Oxfords seien ja schließlich keine Mädchenschuhe! Es war schon lustig, dass Mr. Weber zu genau demselben Schluss gekommen war wie ich.

Und so ließ ich alle Jungen in meiner Klasse einmal meine Cowboy-Oxfords anziehen, sogar Timmy O'Toole, obwohl der sich ganz hinten anstellen musste. Und er war der Einzige außer mir, dem sie passten. Er bat mich, meiner Schwester zu schreiben und zu fragen, ob sie ihm nicht auch so ein Paar besorgen könnte. Ich habe sie aber nie darum gebeten. Ich war der Einzige in der ganzen Stadt, der ein Paar Cowboy-Oxfords hatte, und das fand ich toll.

Paul E. Mawhinney

Kahlkopf

Ich werde mein Leben lang nicht vergessen, wie ich im Jahre 1991 Alvin C. Hass zum ersten Mal begegnete. Die anderen Schüler der Gefängnisschule stellten ihn uns nicht etwa als »Alvin Hass« vor. Nein, weit gefehlt! Sie nannten Alvin »Kahlkopf«. Mir war dieser Spitzname von Anfang an unangenehm. Der große Mann mit der sanften Stimme sah mich nicht an, als er mir die Hand schüttelte. Man braucht wohl nicht zu sagen, dass »Kahlkopf« eine Glatze hatte. An den Seiten wuchs ihm ein Haarkranz, der ihm bis auf die Schultern reichte. Ich verspürte den Impuls, ihn regelrecht anzustarren, versuchte aber gleichzeitig, nicht hinzugucken. Denn oben auf seiner Glatze prangte tatsächlich eine große (und ziemlich Furcht einflößende) Tätowierung. (Ja, wirklich! Eine Tätowierung mitten auf seinem Kopf!) Sie zeigte die Harley-Davidson-Flügel und reichte ihm quer über den Schädel.

Als Lehrer musste ich natürlich versuchen, auch in heiklen Situationen die Fassung zu bewahren, und ich kam an jenem ersten Schultag ganz gut über die Runden. Am Ende der Unterrichtsstunde steckte mir »Kahlkopf« einen Zettel zu, bevor er die Klasse verließ. Ich dachte schon: »O nein, jetzt sagt er mir, dass ich Ärger mit seinen Harley-Brüdern kriege, wenn ich ihm keine guten Noten gebe oder so was Ähnliches.« Es dauerte eine Weile, bis ich Gelegenheit hatte, seinen Zettel zu lesen. »Teach [er nannte mich immer »Teach«], das Frühstück ist eine wichtige Mahlzeit, und wenn du bis dahin nicht da bist, dann kriegst du Riesenprobleme! Kahlkopf, der Berg-Hippie!«

Über viele Monate machte Kahlkopf bei mir seinen Abschluss in insgesamt sechs Fächern. Er war ein ausgezeichneter, wenn auch schweigsamer Schüler. Aber jeden Tag drückte er mir einen Zettel in die Hand, auf dem er ein Sprichwort, einen originellen Gedanken, eine Anekdote oder irgendeine Lebensweisheit für mich aufgeschrieben hatte. Ich freute mich schon immer darauf, und wenn er einmal zufällig keinen Zettel für mich dabeihatte, war ich richtig enttäuscht. Ich habe sie bis heute aufgehoben.

Kahlkopf und ich hatten sofort einen Draht zueinander. Wenn ich meinen Mund aufmachte, um irgendeinen Stoff zu vermitteln, dann wusste ich, dass er mich verstand. Er saugte jedes Wort von mir in sich auf wie ein Schwamm. Zwischen uns stimmte die Chemie.

Am Ende des Kurses bekam jeder der Schüler ein Abschlusszeugnis. Kahlkopf hatte von Anfang bis Ende großartige Leistungen erbracht, und ich freute mich ganz besonders darauf, ihm seines zu überreichen.

Wir waren allein im Raum, als ich ihm das Zertifikat übergab. Ich schüttelte ihm die Hand und sagte ihm in ein paar Worten, was für eine Freude es gewesen sei, mit ihm zu arbeiten, und dass ich seinen Fleiß, seine Aufmerksamkeit und sein beispielhaftes Verhalten immer zu schätzen gewusst hätte. Seine Antwort hat einen bleibenden Eindruck auf mich hinterlassen. Ich werde sie nie vergessen. Mit der für ihn so typischen sanften Stimme sagte er: »Danke, Larry. Sie waren der erste Lehrer, der mir je in meinem Leben gesagt hat, dass ich einmal etwas richtig gemacht habe.«

Als ich das Klassenzimmer verließ, war ich innerlich völlig aufgewühlt. Die Vorstellung, dass Kahlkopf während seiner Kindheit kein einziges Mal gelobt worden war, trieb mir die Tränen in die Augen.

Ich bin noch einer von der »alten Schule«. Das konservative Umfeld, in dem ich aufgewachsen bin, hat in mir den Glauben genährt, dass Verbrecher für ihre Taten zur Verantwortung gezogen und bestraft werden müssen. Und doch habe ich mich mehrfach gefragt: Könnte es unter Umständen – ja, unter ganz bestimmten Umständen – sein, dass die Gefängnisstrafe, zu der Kahlkopf verurteilt worden war, etwas damit zu tun hatte, dass er nie Worte wie »Das hast du gut gemacht« oder »Weiter so« gehört hatte?

Dieser eine Moment in meinem Leben hat in meinem Herzen den Wunsch verankert, jeden Schüler, der etwas »richtig« gemacht hat, auch dafür zu loben.

Vielen Dank, Kahlkopf, dass auch Sie mir gesagt haben, ich hätte etwas richtig gemacht.

Larry Terherst

Fußspuren in meinem Herzen

> *Manche Menschen treten in unser*
> *Leben und verschwinden gleich wieder.*
> *Andere bleiben länger. Sie hinterlassen*
> *Fußspuren in unserem Herzen, und*
> *wir sind für immer verwandelt.*
> VERFASSER UNBEKANNT

An einem bitterkalten Januartag kam ein neuer Schüler in meine fünfte Klasse der Sonderschule, der Fußspuren in meinem Herzen hinterließ. Als ich Bobby zum ersten Mal sah, trug er ungeachtet der eisigen Witterung ein ärmelloses T-Shirt und abgewetzte Jeans, die ihm eine Nummer zu klein waren. An einem seiner Schuhe fehlte der Schnürsenkel, sodass er ihm bei jedem Schritt halb vom Fuß rutschte. Doch selbst wenn Bobby ordentliche Kleidung getragen hätte, hätte er nicht wie ein normales Kind ausgesehen. Er machte einen so gehetzten, vernachlässigten und verlorenen Eindruck, wie ich es noch nie erlebt hatte und hoffentlich auch nie wieder erleben werde.

Bobby sah nicht nur merkwürdig aus, sondern er verhielt sich auf eine derart seltsame Weise, dass er meines Erachtens eigentlich eher in eine Schule für verhaltensgestörte Schüler gehört hätte. Er hielt das runde Waschbecken auf

»Du hast wohl noch nicht mitgekriegt, dass wir hier eine Kleiderordnung haben.«

dem Gang für ein Urinal, seine normale Tonlage war lautes Schreien, er war besessen von Donald Duck und er sah nie jemandem direkt in die Augen. Während des Unterrichts rief er ständig dazwischen. Einmal verkündete er stolz, der Sportlehrer hätte ihm gesagt, dass er stinken würde, und hätte ihn dazu gebracht, ein Deodorant zu benutzen.

Nicht nur, dass sein Verhalten unerträglich war, auch seine schulischen Leistungen waren absolut gleich null. Bobby war elf Jahre alt, doch er konnte weder lesen noch schreiben. Er konnte noch nicht einmal die Buchstaben des Alphabets zu Papier bringen. Zu sagen, dass er nicht in die Klasse passte, wäre eine völlige Untertreibung.

Ich war überzeugt, dass Bobby bei mir fehl am Platze war. Ich schaute mir seine Akte an und stellte zu meinem Entsetzen fest, dass sein IQ normal war. Was konnte denn dann der Grund für sein auffälliges Verhalten sein? Ich unterhielt mich mit dem Schulpsychologen, und er berichtete mir, dass er ein Gespräch mit Bobbys Mutter geführt hätte. Er meinte: »Bobby ist wesentlich normaler als sie.« Ich vertiefte mich noch einmal in die Akten und stellte fest, dass Bobby während seiner ersten drei Lebensjahre in einer Pflegefamilie untergebracht gewesen war. Anschließend war er zu seiner Mutter zurückgekehrt und sie waren mindestens einmal im Jahr in eine neue Stadt umgezogen. Eines wurde mir klar: Ich musste die bittere Pille schlucken. Bobby war geistig normal, und damit würde er trotz seines auffälligen Verhaltens in meiner Klasse bleiben.

Auch wenn ich es nur ungern gestehe: Ich wäre ihn am liebsten losgeworden. Meine Klasse war voll genug, und ich hatte auch noch einige andere schwierige Schüler. Nie zuvor hatte ich versucht, jemanden zu unterrichten, bei dem die Ausgangsbasis derart schlecht war. Allein die passenden

Übungen für ihn zu finden, war mühevolle Arbeit. Während der ersten Wochen, in denen er bei uns auf der Schule war, wachte ich nachts mit Magenschmerzen auf und es graute mir davor, in die Schule zu gehen. Es gab Tage, an denen ich auf dem Schulweg hoffte, dass er nicht da sein würde. Ich hatte immer meinen ganzen Ehrgeiz darauf verwendet, meine Sache als Lehrerin gut zu machen, und ich nahm es mir mehr als übel, keine Sympathie für ihn aufbringen zu können und ihn nicht in meiner Klasse haben zu wollen.

Obwohl er mich fast in den Wahnsinn trieb, versuchte ich tapfer, ihn wie alle anderen Schüler zu behandeln. Ich ließ es nicht zu, dass die anderen ihn hänselten. Außerhalb des Klassenzimmers aber machten sich die Kinder einen Sport daraus, ihn zu ärgern. Sie erinnerten mich an wilde Tiere, die sich auf eines aus dem Rudel stürzen, das krank oder verletzt ist.

Etwa einen Monat nach seinem Schulantritt kam Bobby mit zerrissenem Hemd und blutiger Nase ins Klassenzimmer. Ein paar andere Schüler aus meiner Klasse hatten ihn verprügelt. Er setzte sich an seinen Tisch und tat so, als sei nichts geschehen. Er schlug sein Buch auf und versuchte zu lesen, während ein Gemisch von Blut und Tränen auf die Seiten tropfte. Ich war außer mir! Nachdem ich Bobby zur Krankenstation geschickt hatte, hielt ich den Schülern, die ihn geschlagen hatten, eine Standpauke, in der sich mein geballter Zorn über sie ergoss. Sie sollten sich schämen, ihn abzulehnen, nur weil er anders war, so wetterte ich. Dass er sich so merkwürdig verhielt, sei ein Grund mehr, nett zu ihm zu sein. Irgendwann im Laufe meiner wortgewaltigen Tirade fing ich auf einmal an, mir selbst zuzuhören, und merkte, dass auch ich allen Anlass hatte, meine Einstellung zu ihm noch einmal zu überdenken.

Nach diesem Zwischenfall fing ich an, Bobby in einem anderen Licht zu betrachten. Endlich gelang es mir, über sein sonderbares Verhalten hinwegzusehen und dahinter den kleinen Jungen zu erkennen, der verzweifelt nach jemandem suchte, der sich seiner annahm. Ich erkannte, dass sich ein guter Lehrer nicht in erster Linie dadurch auszeichnet, den Stoff richtig zu vermitteln, sondern dass er den Bedürfnissen seiner Schüler gerecht wird. Bobby hatte extreme Defizite, und ich musste mein Bestes tun, sie zu füllen.

So machte ich mich daran, bei der Heilsarmee Kleidung für Bobby zu kaufen. Ich wusste, dass sich die anderen Schüler über ihn lustig machten, weil er nur drei Hemden besaß. Ich achtete sorgfältig darauf, dass die Kleidung in gutem Zustand und einigermaßen modisch war. Er freute sich riesig über seine neue Ausstattung, und sie gab seinem Selbstbewusstsein einen richtigen Schub. Wenn Bobby Angst hatte, auf bestimmten Wegen im Schulgebäude von anderen attackiert zu werden, dann begleitete ich ihn. Vor Schulbeginn setzte ich mich mit ihm zusammen, um seine Hausaufgaben mit ihm durchzugehen.

Es war beeindruckend, welche Veränderungen die neue Kleidung und die zusätzliche Aufmerksamkeit bei Bobby bewirkten. Er kam aus seinem Schneckenhaus hervor, und auf einmal wurde deutlich, was für ein liebenswertes Kind er war. Sein Verhalten besserte sich, und ab und zu sah er mir sogar für einen kurzen Moment in die Augen. Es graute mir nicht mehr davor, zur Arbeit zu gehen. Im Gegenteil: Ich freute mich regelrecht darauf, ihn zu sehen. Fehlte er einmal, machte ich mir Sorgen. Und in dem Maße, wie sich meine Einstellung ihm gegenüber wandelte, änderte sich auch das Verhalten seiner Klassenkameraden. Sie hörten auf, ihn zu quälen, und nahmen in in ihre Gemeinschaft auf.

Eines Tages brachte Bobby einen Brief mit in die Schule, aus dem hervorging, dass er in zwei Tagen umziehen würde. Es brach mir fast das Herz. Ich hatte noch immer nicht alle Kleidungsstücke aufgetrieben, die ich für ihn hatte besorgen wollen. In der Pause ging ich in ein Geschäft und kaufte ihm ein komplettes Outfit. Als ich es ihm übergab, sagte ich ihm, es sei mein Abschiedsgeschenk. Als er die Etiketten sah, meinte er: »Ich glaube, ich habe noch nie ein nagelneues Kleidungsstück besessen.«

Einige der Schüler hatten mitbekommen, dass Bobby umziehen würde, und sie fragten mich am Ende des Unterrichts, ob wir nicht am nächsten Tag eine Abschiedsparty für ihn feiern könnten. Ich sagte: »Na klar«, aber insgeheim dachte ich: »Wie sollen sie da noch ihre Hausaufgaben machen? Sie können doch unmöglich bis morgen früh eine Party organisieren?« Aber zu meiner Überraschung gelang es ihnen. Am nächsten Tag brachten sie einen Kuchen, Girlanden, Luftballons und Geschenke für Bobby mit. Aus den einstigen Peinigern waren Freunde geworden.

An seinem letzten Schultag kam Bobby mit einem riesigen Rucksack in die Schule, in dem lauter Kinderbücher waren. Er freute sich über seine Party, und nachdem wieder Ruhe eingekehrt war, fragte ich ihn, was er denn mit all den Büchern vorhabe. »Die Bücher sind für Sie. Ich habe so viele davon, und da habe ich gedacht, dass ich Ihnen ruhig ein paar mitbringen könnte.« Ich war sicher, dass Bobby zu Hause nichts Eigenes hatte, schon gar keine Bücher. Wie käme ein Kind, das nur drei Hemden gehabt hatte, an eine solche Menge Bücher?

Beim Durchblättern stellte ich fest, dass die meisten aus den Büchereien all der verschiedenen Städte stammten, in denen er gelebt hatte. In manchen Büchern stand auch »Lehrerexemplar«. Ich wusste, dass die Bücher Bobby nicht wirklich gehörten und dass er auf zweifelhaftem Wege in ihren Besitz gekommen war. Aber er hatte mir das Einzige mitgebracht, was er zu geben hatte. Noch nie zuvor bin ich so reich beschenkt worden. Einmal von den Kleidern abgesehen, die Bobby am Leibe trug und die ich ihm gegeben hatte, schenkte mir Bobby alles, was er besaß.

Als Bobby an jenem Tag die Klasse verließ, fragte er mich, ob er mein Brieffreund werden könnte. Mit meiner Adresse in der Hand ging er hinaus. Was er zurückließ, waren die Bücher und Fußspuren in meinem Herzen.

Laura D. Norton

4

Über Tod und Sterben

Steh nicht weinend an meinem Grab.
Dort bin ich nicht.
Ich schlafe nicht.
Ich bin in tausend Winden, die wehen.
Ich bin das funkelnde Glitzern im Schnee.
Ich bin im Sonnenlicht über wogendem Korn.
Ich bin in den Regentropfen im Herbst.
Und wenn du in der Stille des Morgens erwachst,
bin ich im flinken Aufwärtsstreben
der Vögel, die am Himmel fliegen.
Des Nachts prange ich als Stern am Firmament.
Steh nicht weinend an meinem Grab.
Dort bin ich nicht.
Ich schlafe nicht.

VERFASSER UNBEKANNT

Der goldene Kranich

Art Beaudry arbeitete als Lehrkraft an der LaFarge-Erwach-senenbildungsstätte in Milwaukee im US-Bundesstaat Wisconsin. Er unterrichtete Origami, die alte japanische Kunst des Papierfaltens, und so wurde er gebeten, seine Institution bei einer Ausstellung zu vertreten, die in einem großen Einkaufszentrum von Milwaukee stattfinden sollte.

Er beschloss, ein paar Hundert gefaltete Papierkraniche mitzunehmen und sie an die Menschen zu verteilen, die zu ihm an den Stand kamen.

Am Tag vor der Ausstellung aber passierte etwas Merkwürdiges. Eine innere Stimme trug ihm auf, noch einen weiteren Vogel aus Goldpapier zu falten. Die sonderbare Stimme meldete sich so beharrlich zu Wort, dass Art tatsächlich anfing, in seinen Origami-Papieren herumzusuchen, bis er schließlich ein glänzendes Stück Goldfolie fand.

»Warum mache ich das bloß?«, fragte er sich. Art hatte noch nie mit Goldfolie gearbeitet. Sie ließ sich nicht so leicht und präzise falten wie das übliche feste Buntpapier. Aber die sanfte Stimme ließ nicht locker. Art versuchte, sie zu ignorieren, und grummelte missmutig vor sich hin: »Warum ausgerechnet Goldfolie? Mit Papier lässt sich doch viel besser arbeiten.«

Die Stimme blieb hartnäckig: »Na los! Und morgen gibst du den Vogel einem ganz besonderen Menschen.«

Art verlor langsam die Geduld: »Was für einem besonderen Menschen?«

»Du wirst es wissen, wenn du ihn siehst«, erwiderte die Stimme.

Art mühte sich also mit der starren Folie ab und hielt schließlich einen goldenen Vogel in der Hand, der genauso anmutig und elegant aussah wie ein echter Kranich, der bereit ist, sich in die Lüfte zu erheben. Er legte ihn in die Schachtel zu den etwa zweihundert bunten Papiervögeln, die er in den vergangenen Wochen gefaltet hatte.

Am nächsten Tag blieben Dutzende und Aberdutzende Interessierte an Arts Stand stehen. Er zeigte ihnen, worum es bei Origami ging, faltete ein kleines Kunstwerk nach dem anderen, erklärte die besonderen Details und wies darauf hin, wie wichtig es sei, auf scharfe Knickkanten zu achten.

Auf einmal stand eine Frau vor Art. Sie war der besondere Mensch. Art hatte sie noch nie zuvor gesehen, und sie sagte kein einziges Wort, während sie ihm beim Falten der spitzen, anmutigen Schwingen eines Papiervogels zuschaute.

Art sah sie an, und ohne sich recht zu besinnen, griff er in die große Schachtel mit den fertigen Vögeln, die unter dem Tisch bereitstand. Und da war er, der filigrane goldene Kranich, den er am Abend zuvor mit so viel Mühe angefertigt hatte. Er legte ihn der Frau vorsichtig in die Hand und meinte: »Ich weiß nicht, warum, aber es gibt da eine Stimme in mir, die mit ziemlicher Bestimmtheit darauf beharrt, dass ich Ihnen diesen goldenen Kranich geben soll. Der Kranich ist ein uraltes Symbol für Frieden.«

Wortlos umschloss die Frau den zarten Vogel mit ihren kleinen Händen, so als wäre er lebendig. Als Art sie ansah, merkte er, wie sich ihre Augen mit Tränen füllten.

Schließlich seufzte sie tief und sagte: »Mein Mann ist vor drei Wochen gestorben. Dies ist das erste Mal, dass ich vor die Tür gegangen bin. Heute …«, und sie wischte sich mit der freien Hand die Tränen aus den Augen, während sie in der anderen den Vogel hielt. Fast flüsternd fuhr sie fort: »Heute ist unsere goldene Hochzeit.«

Dann fügte sie mit klarer, fester Stimme hinzu: »Vielen Dank für dieses wunderbare Geschenk. Jetzt weiß ich, dass mein Mann seinen Frieden gefunden hat. Verstehen Sie nicht? Die Stimme, die Sie gehört haben, war die Stimme Gottes, und dieser herrliche Kranich ist eine Gabe von ihm. Ein schöneres Geschenk hätte ich mir zu meiner goldenen Hochzeit kaum wünschen können.«

Und so lernte Art, ganz genau auf die zarte Stimme in seinem Inneren zu hören, auch wenn sie ihm einmal etwas aufträgt, das er zunächst nicht so recht versteht.

Patricia Lorenz

Abschiedsbrief eines Truckers

Steamboat Mountain ist ein Menschen-Killer, und die Trucker, die auf dem Alaska Highway unterwegs sind, haben allen Respekt vor ihm – besonders im Winter. Die spiegelglatte Straße schlängelt und windet sich über gebirgige Höhen und führt immer wieder an schroffen Abgründen entlang. Die Strecke ist bereits unzähligen Lastern und Fahrern zum Verhängnis geworden und viele werden ihnen auf ihrer letzten Fahrt folgen.

Auf einer Tour über den Highway kam ich an einer Stelle vorbei, an der mehrere Beamte der kanadischen Straßenpolizei gemeinsam mit einem Bergungsteam dabei waren, die Überreste eines Sattelschleppers zu bergen, der über eine steile Klippe gestürzt war. Ich stellte mein Gespann ab und gesellte mich zu einer Gruppe von Truckern, die schweigend zusahen, wie das Wrack langsam in Sichthöhe kam.

Einer der Mounties trat zu uns herüber. »Es ist tragisch«, sagte er. »Der Fahrer war schon tot, als wir ihn fanden. Er muss vor zwei Tagen über die Klippe gestürzt sein, als dieser Schneesturm wütete. Es war reiner Zufall, dass wir ihn überhaupt entdeckt haben. Wir haben ein Stück Chrom in der Sonne blitzen sehen.«

Er schüttelte nachdenklich den Kopf und griff in die Tasche seines Parkas.

»Hier, vielleicht solltet ihr das lesen. Er muss noch ein paar Stunden gelebt haben, bevor die Kälte ihn geholt hat.«

Noch nie hatte ich Tränen in den Augen eines Cops gesehen. Ich hatte immer geglaubt, sie hätten schon so viel Tote und so viel Leid gesehen, dass sie daran gewöhnt waren. Aber als er mir den Brief in die Hand drückte, hatte er tatsächlich feuchte Augen. Und beim Lesen stiegen auch mir Tränen in die Augen. Jeder von uns las, was er geschrieben hatte, und ging dann schweigend zu seinem Truck. Die Worte haben sich mir ins Gedächtnis gebrannt und noch heute, Jahre später, habe ich den Brief so lebhaft in Erinnerung, als würde er hier vor mir liegen. Ich möchte, dass auch Sie und Ihre Familie erfahren, was darin stand.

Dezember 1974

Meine geliebte Frau,
einen Brief wie diesen will wohl niemand gerne schreiben, aber dennoch bin ich froh, dass mir noch ein wenig Zeit bleibt, um dir zu sagen, was ich so oft aus Gedankenlosigkeit nicht ausgesprochen habe. Ich liebe dich, mein Sweetheart.
Du hast mir manchmal vorgehalten, dass ich meinen Laster mehr liebe als dich, weil ich mehr Zeit mit ihm verbringe als mit

dir. Ja, ich liebe diesen Haufen Metall – er war immer gut zu mir. Er hat mich durch alle Höhen und Tiefen begleitet. Auf endlosen Strecken konnte ich mich auf ihn verlassen und wenn es geradeaus ging, konnte er ganz schön losziehen. Er hat mich nie im Stich gelassen.

Aber weißt du was? Ich liebe dich aus genau demselben Grund. Auch du hast mich durch alle Höhen und Tiefen begleitet.

Erinnerst du dich noch an den ersten Truck? Der klapprige alte Cornbinder, an dem dauernd irgendwas kaputt war, der uns aber immer gerade so viel Geld eingebracht hat, dass wir genug zu essen hatten? Du hast dir damals einen Job gesucht, damit wir die Miete und all das bezahlen konnten. Jeder Cent, den ich verdient habe, floss in den Truck, und du hast dafür gesorgt, dass wir was zu essen und ein Dach über dem Kopf hatten.

Ich erinnere mich noch, wie du über den Truck geschimpft hast. Aber ich kann mich nicht erinnern, dass du dich auch nur ein einziges Mal beklagt hättest, wenn du müde von der Arbeit nach Hause kamst und ich dich um Geld gebeten habe, damit ich wieder auf die Straße konnte. Wenn du dich beschwert haben solltest, dann habe ich es jedenfalls nicht gehört. Ich war zu sehr mit meinen eigenen Problemen beschäftigt, als mich mit deinen zu befassen.

Jetzt fallen mir auf einmal all die Dinge ein, die du für mich aufgegeben hast. Kleidung, Urlaubsreisen, Partys, Freunde. Du hast dich nie beschwert, und irgendwie habe ich nie daran gedacht, dir dafür zu danken, dass du so bist, wie du bist.

Wenn ich mit den Jungs Kaffee getrunken habe, dann habe ich immer von meinem Truck, meiner Ladung, meinen Kosten geredet. Ich habe dabei wohl vergessen, dass du meine Partnerin warst, selbst wenn du nicht mit mir im Führerhaus gesessen hast. Es war nicht nur meine, sondern auch deine Opferbereitschaft und Entschlossenheit, der ich letztendlich den neuen Truck zu verdanken habe.

Als ich ihn bekam, wäre ich vor Stolz fast geplatzt. Auch auf dich war ich stolz, aber ich glaube, das habe ich dir nie gesagt. Ich habe irgendwie vorausgesetzt, dass du das weißt, aber wenn ich so viel Zeit damit verbracht hätte, mit dir zu reden, wie ich an dem Chrom herumpoliert habe, dann hätte ich es dir vielleicht doch irgendwann gesagt.

In all den Jahren, die ich über den Asphalt gedonnert bin, wusste ich immer, dass du mich mit deinen Gebeten begleitet hast. Aber diesmal hat das wohl nicht gereicht.

Ich bin verletzt und es sieht nicht gut aus. Ich habe meine letzte Meile zurückgelegt, und ich will dir all das sagen, das ich dir so oft hätte sagen sollen. All das, was untergegangen ist, weil ich mir ständig Sorgen über den Truck und die Arbeit gemacht habe.

Ich denke an all die Hochzeits- und Geburtstage, die ich vergessen habe. An die Schulaufführungen und Hockeyspiele, zu denen du allein gegangen bist, weil ich unterwegs war.

Ich denke an die einsamen Nächte, in denen du allein warst und in denen du dich sicher oft gefragt hast, wie es mir wohl geht. Daran, wie oft ich dich von unterwegs aus anrufen wollte, nur um Hallo zu sagen, und es dann doch wieder vergessen habe. Oder daran, was für ein gutes Gefühl es war, mir vorzustellen, dass du mit den Kindern zu Hause bist und auf mich wartest.

Ich denke an all die Familienfeiern, bei denen du meiner Verwandtschaft wieder einmal erklären musstest, warum ich nicht dabei sein konnte. Ich musste unbedingt einen Ölwechsel machen; ich musste dringend noch ein paar Ersatzteile besorgen; ich hatte mich schlafen gelegt, weil ich am nächsten Morgen früh los musste. Es gab immer einen Grund, aber irgendwie erscheint mir im Moment keiner davon wirklich wichtig.

Als wir geheiratet haben, wusstest du nicht, wie man eine Glühbirne wechselt. Ein paar Jahre später hast du während eines Schneesturms den Ofen repariert, als ich in Florida auf eine Ladung wartete. Du bist eine ziemlich gute Mechanikerin geworden und hast mir oft beim Reparieren geholfen. Ich war unheimlich stolz auf dich, als du dich hinter das Lenkrad gesetzt hast und beim Zurückstoßen geradewegs über das Rosenbeet gefahren bist.

Ich war stolz auf dich, wenn ich in den Verladehof fuhr und sah, wie du schlafend im Auto auf mich gewartet hast. Ob um zwei Uhr morgens oder um zwei Uhr nachmittags – für mich hast du immer wie ein Filmstar ausgesehen. Weißt du eigentlich, wie schön du bist? Ich glaube, das habe ich dir schon lange nicht mehr gesagt. Aber es stimmt.

Ich habe in meinem Leben viele Fehler gemacht, aber wenn ich nur einmal etwas richtig gemacht habe, dann war das damals, als ich dich gebeten habe, mich zu heiraten. Du konntest nie verstehen, weshalb ich mein Trucker-Leben einfach nicht aufgeben wollte. Ich konnte es ja selbst nicht erklären. Irgendwie ist es eine Art Lebensgefühl. Aber du hast trotzdem zu mir gehalten. Ich liebe dich, mein Sweetheart, und ich liebe die Kinder.

Mein Körper tut mir weh, aber am meisten tut mir mein Herz weh. Du wirst nicht bei mir sein, wenn diese Fahrt zu Ende geht. Zum ersten Mal, seit wir zusammen sind, bin ich wirklich allein und ich habe Angst. Ich brauche dich so dringend und ich weiß, es ist zu spät.

Es ist schon komisch, aber wer jetzt bei mir ist, das ist mein Truck. Der verdammte Truck, der unser Leben so viele Jahre lang bestimmt hat. Dieser Schrotthaufen, in dem und mit dem ich so viele Jahre gelebt habe. Aber er kann meine Liebe nicht erwidern. Das kannst nur du.

Du bist tausend Meilen von mir entfernt, aber ich habe das Gefühl, dass du bei mir bist. Ich kann dein Gesicht sehen und deine Liebe spüren und habe doch Angst, das letzte Stück des Weges allein zu gehen.

Sag den Kindern, dass ich sie über alles liebe, und lass nicht zu, dass einer von den Jungs Trucker wird.

Ich glaube, das war's, Honey. Mein Gott, wie ich dich liebe. Pass auf dich auf und denk immer daran, dass ich dich über alles geliebt habe. Ich habe nur vergessen, es dir zu sagen.

Ich liebe dich,

Bill

Rud Kendall
eingereicht von Valerie Teshima

Einem Kind zuliebe

Der siebzehnjährige Mike Emme fuhr einen Ford Mustang Baujahr 67. Der Wagen hatte mehr als sieben Jahre unbenutzt auf einem Feld in Colorado gestanden, bevor er ihn kaufte, aufmöbelte und knallgelb lackierte. Mike war ein fröhlicher, hilfsbereiter und hochbegabter junger Mann, und die Zukunft sah für ihn so bunt und sorglos aus wie sein Auto. Seine Freunde nannten ihn »Mustang Mike«.

»Ich wünschte, ich hätte hassen gelernt«, hieß es in seinem Abschiedsbrief. »Sucht die Schuld nicht bei euch. Mom und Dad, ich liebe euch. Denkt daran, ich werde immer bei euch sein.« Und er hatte unterschrieben mit: »In Liebe, Mike, 11.45 Uhr.«

Mike hatte sich in jenem Sommer verliebt, doch die Affäre nahm ein abruptes Ende, als sich seine Freundin am 23. August mit einem anderen verlobte. In einem Akt, der alle, die ihn kannten, fassungslos machte, setzte sich Mike am 8. September auf den Fahrersitz seines gelben Mustangs, zog die Tür hinter sich zu und erschoss sich.

Um 11.52 Uhr bogen seine Eltern, Dar und Ale Emme, und sein Bruder Victor mit ihrem Wagen in die Einfahrt, in der der gelbe Mustang stand – sieben Minuten zu spät.

Um die Mittagszeit des darauf folgenden Tages traf nach und nach eine Schar Jugendlicher vor dem Haus der Familie Emme ein. Sie trugen T-Shirts mit der Aufschrift: »ZUR ERINNERUNG AN MIKE EMME« über einem gelben Mustang. (Mikes bester Freund Jarrod hatte sie gemeinsam mit seiner Mutter entworfen.) An jenem Tag wurden unendlich viele Geschichten erzählt. Die meisten davon kannte Mikes Familie nicht. Manch eine ging bis in die Grundschulzeit zurück, wo Mike sein Pausenbrot mit einem bedürftigen Kind geteilt oder das Geld, das für sein Mittagessen bestimmt war, für einen guten Zweck gestiftet hatte.

Eine wildfremde Frau rief an und berichtete, wie sie einmal spät in der Nacht allein mit ihren beiden kleinen Kindern eine Autopanne hatte. Mike hatte angehalten. Nachdem er ihr seinen Führerschein gezeigt hatte, damit sie keine Angst zu haben brauchte, dass er ihr etwas antun wollte, brachte er ihren Wagen wieder zum Laufen und fuhr ihnen anschließend bis nach Hause hinterher, um sicherzugehen, dass sie auch heil dort ankamen.

Ein Klassenkamerad aus einer Ein-Eltern-Familie steuerte bei, dass Mike seine Bestellung für ein fabrikneues, einbaufertiges Mustang-Getriebe, für das er längere Zeit gespart hatte, wieder rückgängig gemacht und stattdessen vom Schrottplatz zwei gebrauchte Getriebe besorgt hatte, sodass auch sein Freund seinen Wagen wieder fahrtüchtig machen konnte.

Ein Mädchen meldete sich zu Wort. Wenn Mike nicht gewesen wäre, so berichtete sie, hätte sie nicht zum Jahresauftaktball der Schule gehen können. Als er erfuhr, dass sie nicht genug Geld hatte, um sich Abendgarderobe zu kaufen, bezahlte er ihr ein wunderschönes Kleid, das sie in einem Second-Hand-Laden entdeckt hatte.

Als Mike vierzehn war, wurde seine Nichte geboren. Sie war schwer behindert. Er ließ sich zeigen, wie man den Beatmungsschlauch aus ihrem Hals zieht und ersetzt, um ihr im Notfall helfen zu können. Er lernte Wiederbelebungsmaßnahmen an ihr durchzuführen und sich ihr mit Zeichensprache verständlich zu machen, weil sie wegen des Beatmungsschlauchs, der für sie überlebenswichtig war, nicht sprechen konnte. Sie nutzten diese Sprache beim Singen von Liedern. Eines dieser Lieder hatte den Refrain: »*God is watching us from a distance*...« (»*Gott sieht uns aus der Ferne zu*...«) Allem Anschein nach war Mike immer darauf aus gewesen, jemandem eine Freude zu machen, zu helfen oder zu trösten.

Die Jugendlichen trafen sich im Haus der Familie Emme, um gemeinsam mit Mikes Eltern und Geschwistern über den Verlust hinwegzukommen. Sie sprachen darüber, wie tragisch es ist, wenn Jugendliche Selbstmord begehen, und darüber, dass der Anteil an besonders begabten jungen Menschen (also jenen mit hohem I.Q.) unter den Suizidfällen auffallend hoch ist. Sie mussten erfahren, dass in den USA Selbstmord bei Kindern zwischen fünf und vierzehn Jahren die sechsthäufigste und bei Heranwachsenden zwischen fünfzehn und vierundzwanzig Jahren die dritthäufigste Todesursache ist. Sie bekamen zu hören, dass sich Jahr für Jahr mehr als siebentausend junge Menschen zwischen zehn und neunzehn Jahren das Leben nehmen, und dass Selbstmord in jüngster Zeit sogar in den amerikanischen Grundschulen wie eine Epidemie um sich greift. Einer berichtete von einer Studie, in der jugendliche Selbstmörder ohne augenfällige geistige Beeinträchtigung mit Gleichaltrigen verglichen wurden, die keinen Selbstmord begangen hatten. Es wurde nur ein einziger Unterschied festgestellt: eine geladene Waffe im Haus.

Als sie gemeinsam überlegten, was sie tun könnten, um diese Art von Tragödie zu verhindern, fiel der Blick einer der Jugendlichen auf eines der T-Shirts mit dem gelben Mustang, und in diesem Augenblick wurde das »Yellow Ribbon Project« – das Gelbe-Band-Projekt – geboren. Linda Bowles, eine Freundin der Familie Emme, besorgte eine große Rolle gelbes Band und bedruckte Zettel im Visitenkartenformat mit folgender Aufschrift:

»YELLOW RIBBON PROJECT«
In liebevoller Erinnerung an Michale Emme
DIESES BAND IST EINE RETTUNGSLEINE: Es soll dir - sagen, dass es Menschen gibt, denen du nicht egal bist und die dir helfen werden. Wenn du (oder ein anderer) Hilfe brauchst und nicht mehr ein noch aus weißt, dann wende dich mit diesem Kärtchen oder einem anderen Stück gelbem Band an einen Berater, Lehrer, Priester, Rabbi, Pfarrer, Elternteil oder Freund und sage:
»ICH MÖCHTE MEIN GELBES BAND EINLÖSEN.«

Während sie bei den Emmes im Wohnzimmer saßen und ihre Geschichten austauschten und miteinander weinten und trauerten, knoteten Mikes Freunde an jedes dieser Kärtchen ein Stück gelbes Band.

Bei Mikes Beerdigung wurde ein Korb mit fünfhundert solcher Kärtchen aufgestellt. Anschließend war der Korb leer, und so hatten fünfhundert kleine gelbe Bänder ihre Mission angetreten, Kinder und Jugendliche vor dem Selbstmord zu bewahren. Innerhalb weniger Wochen erfuhren wir von drei Fällen, in denen das »Yellow Ribbon Project« Heranwachsende vor einer Verzweiflungstat retten konnte, und schon bald wurde es in allen Highschools in Colorado eingeführt. Seither hat es eine immer größere Verbreitung gefunden.

Es liegt in der ureigenen Natur von Depression, Einsamkeit und Angst begründet, dass Tausende unserer geliebten Kinder – die nach außen hin vollkommen glücklich erscheinen – in ihrem Inneren unendliche emotionale Qualen erleiden. Was können wir tun?

Kärtchen mit dem gelben Band und weitere Anregungen erhalten Sie kostenlos bei The Yellow Ribbon Project, P. O. Box 644, Westminster, CO 80030, USA oder 001-303-429-3530

Thea Alexander

Der letzte Tanz

Eine der ersten Pflichten, die mir als Kind aufgetragen wurden, war das Sammeln von Brennholz. Ich tat es mit Begeisterung. Gemeinsam mit meinem Vater ging ich in den Wald, um Bäume zu schlagen und Holz zu hacken. Wir waren zwei richtige Männer, stark wie echte Baumfäller, und wir sorgten dafür, dass unser Haus warm war und die Frauen nicht froren. Ja, mein Vater hat mir beigebracht, für andere zu sorgen. Es war ein großartiges Gefühl. Wann immer ich es mit einem besonders großen, harten, astigen Stück Holz zu tun hatte, wettete er mit mir, dass ich es nicht in, sagen wir mal, fünfhundert Schlägen mit der Axt spalten könnte. Wie habe ich mich angestrengt! Meistens habe ich gewonnen, aber ich glaube, er hat seine Wette immer absichtlich hoch genug angesetzt, denn er hat gesehen, wie stolz und glücklich ich war, wenn das Holz beim letzten, allermächtigsten Schlag (dem vierhundertneunundneunzigsten) endlich nachgab. Mit vor Kälte laufenden Nasen zogen wir dann den Schlitten nach Hause und freuten uns schon aufs Essen und ein gemütlich prasselndes Feuer.

Als ich in die erste Klasse ging, sahen mein Vater und ich jeden Dienstagabend zusammen *Wyatt Earp, Cheyenne, Maverick* und *Sugar Loaf* im Fernsehen an. Er hatte mich zu der felsenfesten Überzeugung gebracht, dass er früher mit ihnen gemeinsam durch die Weite der Prärie geritten sei. Er wusste immer schon im Voraus, was als nächstes passieren würde. Darum habe ich ihm geglaubt. Er sagte, er würde sie so gut kennen, dass er einfach wusste, was sie vorhatten. Ich war stolz wie Oskar, dass mein Vater einmal als echter Cowboy und mit den Besten seiner Zunft unterwegs gewesen war. Dann kam ich in die Schule und erzählte das meinen Freunden. Sie lachten mich aus und sagten, mein Vater würde mich anschwindeln. Um seine Ehre zu verteidigen, geriet ich dauernd in irgendwelche Prügeleien. Eines Tages wurde ich dabei ziemlich übel zugerichtet. Als mein Lehrer mich mit zerrissener Hose und geschwollener Lippe sah, nahm er mich beiseite und fragte, was denn passiert sei. Nun, ein Wort ergab das andere, und am Ende musste mein Vater mir die Wahrheit beichten. Ich brauche wohl nicht zu sagen, dass ich am Boden zerstört war. Aber ich liebte ihn immer noch über alles.

Als ich etwa dreizehn war, fing mein Vater an, Golf zu spielen. Ich war sein Caddie. Wenn wir in sicherer Entfernung zum Clubhaus waren, ließ er mich jedes Mal selbst ein paar Schläge machen. Ich verliebte mich in diesen Sport und wurde gut darin. Manchmal nahm mein Vater zwei Freunde mit auf den Platz. Wenn wir beide es ihnen zeigten und gewannen, platzte ich fast vor Freude. Wir waren ein gutes Team.

Die zweite Passion meiner Eltern (ihre erste waren wir)

war das Tanzen. Sie waren ein Traumpaar. In ihrem Club hatte man ihnen, Marvin und Maxine, den Ehrentitel »das große M & M des Parketts« gegeben. Beim Tanzen konnten die beiden ihre romantischen Fantasien ausleben. Wenn sie tanzten, habe ich sie nie anders als lachend gesehen. Meine beiden Schwestern Nancy und Julie und ich haben sie immer zu ihren Tanzvorführungen auf Hochzeiten begleitet. Was für eine Show!

Sonntags morgens nach der Kirche waren mein Vater und ich immer mit Frühstückmachen dran. Während die Haferkuchen vor sich hin brutzelten, übten wir auf Mutters sauberem, frisch gebohnertem Boden Stepptanzschritte ein. Sie hat sich nicht einmal darüber beklagt.

Als ich älter wurde, verlief unser Leben zunehmend in getrennteren Bahnen. Nachdem ich in die Highschool übergewechselt war, wurde ich mehr und mehr von meinen Freizeitaktivitäten in Anspruch genommen. Ich war in einer Clique mit Diskjockeys und Musikern – wir trieben uns auf dem Sportplatz herum, spielten in einer Band und waren hinter den Mädchen her. Ich erinnere mich noch gut daran, wie verletzt und einsam ich mich fühlte, als mein Vater auf einmal abends arbeitete und nichts mehr gemeinsam mit mir unternahm. In meinem Trotz stürzte ich mich aufs Hockeyspielen und Golfen und dachte: »Dir werde ich es schon zeigen! Ich brauche dich nicht, um der Beste zu sein!« Ich war Kapitän sowohl der Hockey- als auch der Golfmannschaft, aber er kam nicht zu einem einzigen meiner Spiele. Ich hatte das Gefühl, durch seine mangelnde Anteilnahme zu einem verbitterten Überlebenskünstler zu werden. Ich brauchte ihn. Merkte er das denn nicht?

Alkohol zu trinken gehörte in meinem sozialen Umfeld irgendwie dazu. Ich sah meinen Vater nicht mehr als Held, sondern eher als einen, der mich nicht verstand und nicht merkte, was für schwere Zeiten ich durchmachte. Manchmal, wenn wir gemeinsam etwas getrunken hatten und leicht angeheitert waren, schienen wir ein Stück näher zusammenzurücken, aber das, was wir früher füreinander empfunden haben, ließ sich einfach nicht zurückholen. Von meinem fünfzehnten bis zu meinem sechsundzwanzigsten Lebensjahr sagten wir uns kein einziges Mal, dass wir uns gern haben. Elf Jahre lang!

Und dann passierte es. Eines Tages machten mein Vater und ich uns fertig, um zur Arbeit zu gehen. Er rasierte sich und ich entdeckte einen Knoten an seinem Hals. »Was ist das da an deinem Hals?«, wollte ich wissen.

»Ich weiß nicht. Ich habe heute einen Termin beim Arzt, um es herauszufinden«, antwortete er.

An jenem Morgen hatte ich zum ersten Mal das Gefühl, dass er Angst hatte. Die Untersuchung ergab, dass es sich bei dem Knoten am Hals meines Vaters um Krebs handelte, und im Laufe der darauf folgenden vier Monate musste ich mit ansehen, wie mein Vater immer mehr verfiel. Er schien nicht recht zu begreifen, was eigentlich mit ihm los war. Er war immer kerngesund gewesen. Mit anzusehen, wie achtzig Kilo Fleisch und Muskeln zu zweiundfünfzig Kilo Haut und Knochen abmagerten, war kaum auszuhalten. Ich versuchte, wieder mehr Nähe zwischen uns entstehen zu lassen, aber wahrscheinlich war er so sehr mit sich selbst beschäftigt, dass er sich nicht mit mir oder unseren Gefühlen füreinander befassen konnte.

Diesen Eindruck hatte ich zumindest bis Weihnachten.

Als ich am Heiligen Abend ins Krankenhaus kam, waren meine Mutter und meine Schwester schon den ganzen Tag dort gewesen. Ich übernahm die Wache, damit sie nach

Hause gehen und sich ein bisschen ausruhen konnten. Als ich das Krankenzimmer betrat, schlief mein Vater. Ich setzte mich auf einen Stuhl neben seinem Bett. Von Zeit zu Zeit wachte er auf, aber er war so schwach, dass ich kaum hören konnte, was er mir sagte.

Gegen halb zwölf Uhr nachts wurde ich müde. Ich legte mich auf die Liege, die ein Krankenpfleger aufgestellt hatte, und schlief ein. Urplötzlich riss mich mein Vater aus dem Schlaf. Er rief meinen Namen. »Rick! Rick!« Als ich mich aufrichtete, sah ich, wie mein Vater mit entschlossener Miene aufrecht im Bett saß. »Ich will tanzen. Ich will sofort tanzen!«, forderte er.

Zuerst wusste ich nicht, was ich sagen oder tun sollte, und so saß ich einfach nur da. Aber er beharrte: »Ich will tanzen. Bitte, Rick, lass uns noch ein letztes Mal tanzen.« Ich ging zum Bett hinüber, verbeugte mich kurz und fragte: »Willst du mit mir tanzen, Vater?« Es war erstaunlich. Ich musste ihm kaum helfen, aus dem Bett zu kommen. Er muss seine Kraft wohl direkt von Gott bezogen haben. Hand in Hand und Arm in Arm tanzten wir miteinander durch den Raum.

Es gibt keine Worte, um die Liebe und Nähe zu beschreiben, die wir an jenem Tag füreinander empfanden. Wir wurden eins und spürten nichts als tiefe Verbundenheit, gegenseitiges Verständnis und Mitgefühl. Unser ganzes gemeinsames Leben schien in diesem einen Augenblick zu geschehen. Das Stepptanzen, Jagen, Fischen, Golfspielen – wir machten es alles auf einmal. Die Zeit schien auf einmal stillzustehen. Wir brauchten keinen Kassettenrekorder und kein Radio, denn die Luft war erfüllt vom Klang aller Lieder, die je geschrieben wurden und je geschrieben werden. Der winzige Raum war größer als jeder Ballsaal, in dem ich je getanzt hatte. Aus den Augen meines Vaters leuchtete eine wissende Glückseligkeit, wie ich sie nie zuvor gesehen hatte. Während wir so tanzten, liefen uns beiden die Tränen über die Wangen. Wir verabschiedeten uns voneinander, und jetzt, wo uns nur noch so wenig Zeit blieb, erkannten wir beide noch einmal, welch ein Segen es war, eine so bedingungslose Liebe füreinander empfinden zu können.

Dann hielten wir inne, und ich half meinem Vater in sein Bett zurück, denn er war völlig erschöpft. Mit festem Griff hielt er meine Hand, sah mir geradewegs in die Augen und sagte: »Ich danke dir, Rick. Ich bin so froh, dass du heute Abend bei mir bist. Es bedeutet mir so viel.« Am nächsten Tag starb er.

Gott hatte mir diesen letzten Tanz mit meinem Vater zu Weihnachten geschenkt – ein Geschenk des Glücks und der Weisheit, das mir zeigte, wie stark und unbeirrbar die Liebe zwischen Vater und Sohn sein kann.

Ich liebe dich, Vater, und ich freue mich auf unseren nächsten Tanz im Ballsaal Gottes.

Rick Nelles

Mein Papa

Als ich drei Jahre alt war, starb mein Vater. Aber als ich sieben war, heiratete meine Mutter noch einmal. Und das machte mich zum glücklichsten Mädchen der Welt. Denn, wissen Sie, ich konnte mir meinen Papa selbst aussuchen. Nachdem meine Mama und mein »Papa« eine Weile miteinander befreundet waren, sagte ich zu meiner Mutter: »Das ist er. Den nehmen wir.«

Als Mama und Papa heirateten, war ich Blumenmädchen. Das allein war wunderbar! Wie viele Menschen können schon sagen, dass sie bei der Hochzeit ihrer Eltern dabei waren (geschweige denn auf dem Weg zum Altar vor ihnen hergegangen sind)?

Mein Papa war so stolz auf seine Familie! (Zwei Jahre später kam eine kleine Schwester als Familienzuwachs.) Selbst Menschen, die wir nur flüchtig kannten, sagten oft zu meiner Mutter: »Charlie sieht immer so stolz aus, wenn er mit Ihnen und den Kindern zusammen ist.« Dass das so war, hatte nicht nur materialistische Gründe. Papa war stolz auf unsere Intelligenz, unseren Glauben, unseren gesunden Menschenverstand und unsere Liebe zu den Menschen (und natürlich auf mein unwiderstehliches Lächeln).

Unmittelbar vor meinem siebzehnten Geburtstag geschah etwas Schreckliches. Mein Vater wurde krank. Doch selbst nach mehrtägigen Untersuchungen konnten die Ärzte nichts feststellen. »Wenn wir, *die Allwissenden*, nichts herausfinden können, dann kann ihm gar nichts fehlen.« So schrieben sie meinen Vater gesund.

Am nächsten Tag kam er tränenüberströmt von der Arbeit nach Hause. Da wussten wir, dass er sterben würde. Ich hatte meinen Vater noch nie weinen sehen. Er hatte Weinen immer als Zeichen der Schwäche gewertet. (Was unsere Beziehung ziemlich interessant werden ließ, nachdem ich als pubertierende Jugendliche bei allem und jedem – sogar bei der Hallmark-Werbung – losheulte.)

Schließlich kam mein Vater ins Krankenhaus. Die Diagnose: Bauchspeicheldrüsenkrebs. Nach Aussage der Ärzte konnte er jeden Tag sterben. Aber wir wussten es besser. Wir wussten, dass er mindestens noch drei Wochen hatte. Schließlich hatte meine Schwester in einer und ich selbst in drei Wochen Geburtstag! Mein Vater würde sich dem Tod widersetzen – und Gott um Kraft bitten –, um diese beiden

Ereignisse noch mitzuerleben. Er würde es einfach nicht zulassen, dass wir beide unseren Geburtstag bis an unser Lebensende in so schrecklicher Erinnerung behielten.

Die Tatsache, dass das Leben weitergeht, tritt nie offensichtlicher zu Tage als beim Tod eines Menschen. Mein Vater wünschte sich nichts sehnlicher, als dass wir unser eigenes Leben weiterleben sollten. Und wir wünschten uns nichts sehnlicher, als dass er ein Teil davon bliebe. Wir einigten uns auf einen Kompromiss. Wir erklärten uns bereit, unser »normales« Leben weiterzuführen, aber mein Vater sollte aktiv daran teilhaben – und sei es vom Krankenhaus aus.

Nach einem unserer täglichen Besuche begleitete Vaters Zimmernachbar meine Mutter in den Gang hinaus. »Charlie ist nicht immer so ruhig und zuversichtlich, wenn Sie weg sind. Ich glaube nicht, dass Sie wissen, welche Schmerzen er aushalten muss. Es kostet ihn unendlich viel Kraft, sie vor Ihnen zu verbergen.«

Meine Mutter entgegnete: »Ich weiß, dass er sie verbirgt, aber so ist er nun einmal. Er will auf keinen Fall, dass wir leiden, und er weiß, wie weh es uns tut zu erleben, dass er sich so quält.«

Am Muttertag brachten wir all unsere Geschenke ins Krankenhaus mit. Dad wartete in der Eingangshalle auf uns (meine Schwester war noch so klein, dass sie nicht mit auf sein Zimmer durfte). Ich hatte für Vater ein Geschenk besorgt, das er meiner Mutter geben sollte. In einer Ecke der Halle veranstalteten wir eine richtige kleine Party.

In der darauf folgenden Woche hatte meine Schwester Geburtstag. Es ging meinem Vater nicht gut genug, um nach unten in die Halle kommen zu können, und so feierten wir mit Kuchen und Geschenken im Wartebereich auf seiner Etage.

Am Wochenende fand mein Collegeball statt. Nachdem bei mir zu Hause und bei meinem Tanzpartner die üblichen Fotos gemacht worden waren, gingen wir ins Krankenhaus. Ich spazierte tatsächlich im bodenlangen Abendkleid mit Reifrock durch die Gänge. (Ich kam kaum in den Aufzug.) Zuerst war mir das Ganze ein wenig peinlich. Aber nur so lange, bis ich Papas Gesicht sah. Er hatte so viele Jahre darauf gewartet, sein kleines Mädchen endlich zu ihrem ersten Schülerball gehen zu sehen.

Bei der jährlichen Tanzaufführung meiner Schwester wurde am Vortag immer eine Kostümprobe angesetzt. Dabei hatten die Familien der Kinder Gelegenheit, Fotos zu machen. Natürlich gingen wir nach der Probe ins Krankenhaus, und meine Schwester stolzierte mit ihrem Tanzkleid durch die Gänge. Dann tanzte sie für Papa. Er lächelte die ganze Zeit – auch wenn das Absatzgeklapper ihm grauenhafte Kopfschmerzen bereitet haben musste.

Schließlich kam der Tag meines Geburtstages. Wir schmuggelten meine Schwester in das Zimmer meines Vaters, weil er nicht aufstehen konnte. (Die Krankenschwestern waren so freundlich, in die andere Richtung zu schauen.) Und wieder feierten wir. Aber mein Vater war nicht in Form. Es war Zeit für ihn zu gehen, aber er klammerte sich noch fest.

In jener Nacht bekamen wir einen Anruf vom Krankenhaus. Der Zustand meines Vaters hatte sich dramatisch verschlechtert. Wenige Tage später starb er.

Eine der schwierigsten Lektionen, die uns der Tod aufgibt, ist, dass das Leben weitergehen muss. Mein Vater hatte darauf bestanden, dass wir unser Leben so weiterleben sollten wie bisher. Bis zuletzt war er stolz auf uns gewesen und hatte sich Gedanken um uns gemacht. Sein letzter Wille?

Dass man ihn mit einem Foto seiner Familie in der Tasche beerdigen möge.

Kelly J. Watkins

Wo gehen die Spatzen hin, wenn sie sterben?

Als Kind habe ich mich oft gefragt, wo die Spatzen wohl hingehen, wenn sie sterben. Ich wusste es damals nicht, und auch heute grüble ich noch manchmal darüber nach. Wenn ich sehe, dass ein Vogel auf grausame Weise ums Leben gekommen ist, weiß ich, dass er nicht einfach gestorben ist. Er ist vielmehr getötet worden: Die Elemente haben ihn dahingerafft – eine verlorene Seele in der Nacht.

Als ich sechs war, war ich gut mit einem Jungen befreundet, der in derselben Straße wohnte wie ich. Wir spielten in meinem Sandkasten und sprachen über all die Dinge, die die Erwachsenen längst vergessen haben – davon, dass wir nie erwachsen werden wollten oder von den Monstern, die unter unserem Bett oder in dunklen Schränken hausten. Er hieß Tommy, aber ich nannte ihn Spatz, weil er für sein Alter recht klein war. Es klingt wie eine Ironie des Schicksals, dass ich ausgerechnet jetzt an ihn denke, da auch er gestorben ist.

Ich erinnere mich noch an den Tag, an dem ich erfuhr, dass Tommy im Sterben lag. Ich wartete auf ihn im Sandkasten und baute halbherzig an der Sandburg weiter, die wir am Tag zuvor begonnen hatten. Ohne Tommy war ich nur ein halber Mensch. Ich wartete eine Ewigkeit und schließlich fing es an zu regnen. Dann hörte ich ein entferntes Klingeln aus dem Haus. Etwa zehn Minuten später kam meine Mutter zu mir heraus. Sie hatte einen Regenschirm aufgespannt, aber ihr Gesicht war trotzdem nass. Wir gingen zum Haus hinüber. Bevor wir eintraten, drehte ich mich um und sah zu, wie der Regen auf die Sandburg prasselte, die Tommy und ich gebaut hatten, und sie sich langsam auflöste.

Drinnen machte mir meine Mutter eine Tasse heißen Kakao, und als ich sie getrunken hatte, rief sie mich an den Tisch. Sie legte ihre Hände auf meine. Sie zitterte. Ich spürte es sofort: Irgendetwas stimmte nicht mit Tommy. Sie erzählte mir, dass die Ärzte vor einiger Zeit mehrere Bluttests bei ihm gemacht hatten. Dabei hätte sich gezeigt, dass irgendetwas nicht in Ordnung war. Dieses Irgendetwas war Leukämie. Ich hatte keine Ahnung, was es war, und sah meine Mutter verständnislos an, aber mein Herz war schwer und wusste Bescheid. Sie erklärte mir, dass Menschen, die das haben, was Tommy hatte – nein: *was Tommy holte* –, weggehen mussten. Ich wollte nicht, dass er weggeht. Ich wollte, dass er bleibt. Bei mir.

Am nächsten Tag wollte ich Tommy unbedingt sehen. Ich musste herausfinden, ob das alles stimmte, und so bat ich den Busfahrer, mich vor seinem Haus statt vor meinem abzusetzen. Als ich vor der Tür stand, sagte mir Tommys Mutter, dass er mich nicht sehen wollte. Sie hatte keine Ahnung, wie wenig es braucht, um ein kleines Mädchen zu verletzen. Sie brach mir das Herz, als wäre es ein Stück billiges Glas. Schluchzend rannte ich nach Hause. Als ich zur Tür hereinkam, rief Tommy mich an. Er sagte, wir sollten uns am Sandkasten treffen, wenn unsere Eltern im Bett wären. Und das taten wir.

Er sah nicht anders aus als sonst, vielleicht ein wenig blasser. Aber es war Tommy. Er wollte mich sehen. Wir sprachen von all den Dingen, von denen Erwachsene keine Ahnung haben, und dabei bauten wir unsere Sandburg wieder auf.

Tommy meinte, wir könnten in genau so einer Burg leben und niemals groß werden. Ich glaubte es ihm aufs Wort. Und so schliefen wir ein, gebettet in wahrer Freundschaft und warmem Sand, und unsere Burg wachte über uns.

Kurz bevor es hell wurde, wachte ich auf. Unser Sandkasten war wie eine verlassene Insel inmitten eines Meeres von Gras, aus dem sich nur die Terrasse und die Straße erhoben. Der Fantasie eines Kindes sind keine Grenzen gesetzt. Der Tau tauchte die imaginäre See in einen leuchtenden Schimmer und ich erinnere mich noch, dass ich meine Hand ins »Wasser« tauchte, um zu sehen, ob es Wellen schlagen würde, aber es blieb still. Ich drehte mich um, und als ich Tommy sah, kehrte ich mit einem Satz in die Realität zurück. Er war schon wach und starrte die Sandburg an. Ich setzte mich zu ihm und wir ließen uns gemeinsam von dem Zauber gefangen nehmen, den eine Sandburg auf zwei kleine Kinder ausübt.

Schließlich brach Tommy das Schweigen: »Ich gehe jetzt zu der Burg.« Wir bewegten uns wie Roboter, so als wüssten wir, was wir taten, und ich glaube, irgendwo tief in unserem Inneren wussten wir es auch. Er legte seinen Kopf in meinen Schoß und sagte mit schläfriger Stimme: »Ich gehe jetzt zu der Burg. Du musst mich besuchen kommen. Ich werde einsam sein.« Ich versprach es ihm hoch und heilig. Dann schloss er die Augen, und mein Spatz flog an jenen Ort, an den alle anderen Spatzen fliegen, wenn sie sterben. Das wusste ich in dem Moment. Und ich blieb zurück mit einem seelenlosen, reglosen kleinen Vogel in den Armen.

Zwanzig Jahre später ging ich an Tommys Grab und stellte eine kleine Spielzeugburg darauf. Sie trug die Inschrift: »Für Tommy, meinen Spatz. Eines Tages werde ich zu unserer Burg kommen. Für immer.«

Wenn ich bereit bin, werde ich dorthin gehen, wo einst unser Sandkasten stand, und mir unsere Sandburg vorstellen. Dann wird sich meine Seele wie Tommys in einen Spatz verwandeln und zur Burg fliegen. Zur Burg und zu Tommy und all den anderen verlorenen Spatzen. Dann werde ich wieder sechs Jahre alt sein und niemals erwachsen werden.

Casey Kokoska

Bitte zieh mir etwas Rotes an

In meinem Doppelberuf als Erzieherin und Krankenpflegerin hatte ich oft mit Kindern zu tun, die mit dem AIDS-Virus infiziert waren. Meine Arbeit mit diesen ganz besonderen Kindern hat mein Leben auf vielfältige Weise bereichert. Sie haben mich vieles gelehrt, aber vor allem habe ich eins begriffen: dass Mut selbst in den kleinsten Würmchen stecken kann. Ich will Ihnen von Tyler erzählen.

Tyler war von Geburt an HIV-positiv. Auch seine Mutter hatte das Virus. Von Anfang an war er auf Medikamente angewiesen, um überleben zu können. Mit fünf setzte man ihm bei einer Operation ein Röhrchen in eine Brustvene ein. Dieses Röhrchen war an eine Pumpe angeschlossen, die er in einem kleinen Rucksack bei sich trug. Über diese Pumpe wurden ihm permanent Medikamente in die Blutbahn injiziert. Bisweilen brauchte er zusätzlichen Sauerstoff, um seinen Atmung zu unterstützen.

Tyler war nicht willens, seiner tödlichen Krankheit auch nur einen einzigen Augenblick seiner Kindheit zu überlassen. Es war durchaus nichts Ungewöhnliches, ihn spielen und herumtollen zu sehen, während er den mit Medikamenten beladenen Rucksack auf dem Rücken schleppte und das kleine Wägelchen mit der Sauerstoffflasche hinterherzog. Wer Tyler erlebte, war verwundert über seine unbändige Lebensfreude und die Kraft, die er daraus bezog. Tylers Mutter sagte manchmal im Scherz zu ihm, er würde in einem derartigen Affenzahn durch die Gegend rasen, dass sie ihn eigentlich rot anziehen müsste. Denn dann bräuchte sie ihn nicht so lange zu suchen, wenn er draußen spielte und sie aus dem Fenster schaute, um zu sehen, ob auch alles in Ordnung sei.

Mit der Zeit zwingt diese grauenhafte Krankheit selbst kleine Energiebündel wie Tyler in die Knie. Er wurde sehr krank, und auch der Zustand seiner HIV-infizierten Mutter verschlechterte sich dramatisch. Als klar wurde, dass Tyler nicht mehr lange leben würde, sprach seine Mutter mit ihm über den Tod. Um ihn zu trösten, sagte sie ihm, dass auch sie bald sterben müsste und sie sich bald im Himmel wieder sehen würden.

Wenige Tage vor seinem Tod rief mich Tyler zu sich ans Krankenhausbett und flüsterte: »Es kann sein, dass ich bald sterbe. Ich habe keine Angst. Wenn ich tot bin, dann zieh mir bitte etwas Rotes an. Wenn sie da hinaufkommt, spiele ich sicher gerade, und dann wird sie mich bestimmt gleich finden.«

Cindy Dee Holms

Mach dir keine Sorgen, alles wird gut

Als Mutter und Schulpsychologin habe ich viele außergewöhnliche Freundschaften zwischen Kindern erlebt. Mein Sohn Court und sein Freund Wesley sind aufs Engste miteinander befreundet. Ihre Beziehung zueinander ist etwas ganz Besonderes.

Court hat keine leichte Kindheit gehabt. Ein Sprachfehler und eine grobmotorische Entwicklungsstörung machten das Leben für ihn zu einer echten Herausforderung. Mit vier Jahren lernte mein Sohn den kleinen Wesley in einer Vorschule für lernbehinderte Kinder kennen. Wesley hatte einen Gehirntumor, der bei ihm ähnliche Störungen verursachte, wie sie bei Court zu beobachten waren. Sie verstanden sich sofort und wurden noch am selben Tag die besten Freunde. Wenn einer der beiden einmal nicht zur Schule kam, war der andere untröstlich.

Dass Wesley einen »inoperablen« Tumor am Gehirnstamm hatte, war festgestellt worden, als er zwei Jahre alt war. Er wurde mehrfach erfolglos operiert. Dann fing er an, beim Spielen ein Bein auffällig nachzuziehen. Die Untersuchungen zeigten, dass der Tumor deutlich gewachsen war. Noch einmal musste sich Wesley einer Operation unterziehen, und diesmal sollte sie in Oklahoma City durchgeführt werden.

Court und Wesley hatten während ihrer gesamten Vorschulzeit ausgesprochenes Glück mit ihrer Lehrerin. Die Kinder nannten sie liebevoll »Bachmann«, und ich habe in meiner ganzen Zeit als Schulpsychologin keine bessere erlebt. Bachmann versuchte, den sprachgestörten Vorschulkindern in ihrer Klasse zu erklären, was es mit Wesleys Operation und seiner Reise nach Oklahoma auf sich hatte, um sie entsprechend vorzubereiten. Court war völlig aufgewühlt und vergoss bittere Tränen. Er wollte seinen besten Freund nicht so weit wegfliegen lassen, und er wollte schon gar nicht, dass ein Arzt ihm wehtäte.

Am Tag der Abfahrt verabschiedete sich die Klasse von

dem kranken Kind. Court weinte. Bachmann schickte die anderen Kinder nach Hause, um den beiden Jungen Gelegenheit zu geben, sich noch einmal allein Lebewohl zu sagen. Court hatte Angst, seinen besten Freund nie wieder zu sehen. Wesley, der sehr zart und viel kleiner als mein Sohn war, umarmte ihn in Brusthöhe, sah mit wissendem Blick zu ihm auf und sagte tröstend: »Mach dir keine Sorgen, alles wird gut.«

Die Operation war extrem gefährlich, doch Wesley schaffte es auch diesmal. Nach vielen Wochen kehrte er in die Schule zurück. Court und Wesley waren von da an noch unzertrennlicher.

Im Laufe der Jahre musste sich der kranke Junge noch mehreren kritischen Operationen unterziehen, und es wurden diverse Chemotherapien ausprobiert, deren Nebenwirkungen ihm jedes Mal schwer zusetzten. Die meiste Zeit war der schmächtige Junge an den Rollstuhl gefesselt oder musste getragen werden.

Wesley hatte großen Spaß am Langstreckenlauf – dem so genannten *Jog-a-thon* –, der alljährlich von der Schule ausgetragen wurde. Soweit es seine physischen Kräfte zuließen, nahm er daran teil. Doch auch wenn seine Beine ihm den Dienst versagten – die Menschen, die ihm nahe standen, taten es nicht. In einem Jahr schob ihn seine Mutter im Rollstuhl durchs Rennen, angefeuert von den begeisterten Rufen des Publikums: »Schneller, Mom!« Ein andermal ging Wesley auf den Schultern des Vaters eines Mitschülers ins Rennen.

Bis zu Wesleys elftem Lebensjahr waren sämtliche Möglichkeiten der Operation und alternativen Therapie erschöpft, und der Tumor gewann die Oberhand über seinen zarten Körper. Am 9. März jenes Jahres erklärte Bachmann meinem Sohn, dass es für ihn an der Zeit sei, sich endgültig von seinem heiß geliebten Freund zu verabschieden. Der Junge war mittlerweile zu Hause, und es bestand keine Hoffnung mehr, dass er überleben würde.

Bis zu seinem elften Geburtstag hatte Court große Fortschritte in seiner Entwicklung gemacht. Er hatte zwar immer noch gewisse Lernschwierigkeiten, und Sport gehörte nicht unbedingt zu seinen Stärken. Doch am Tag nach Bachmanns Anruf ging Court im *Jog-a-thon* an den Start. Obwohl er gerade eine schwere Bronchitis hinter sich hatte, die noch nicht ganz auskuriert war, überredete er mich, ihn in die Schule gehen zu lassen. Als ich ihn an jenem Nachmittag abholte, klagte er über einen brennenden Schmerz in der Lunge. Aber gleichzeitig hielt er mir eine Urkunde und ein glänzendes Siegerband entgegen. Auf der Urkunde stand: »Erster Platz in der fünften Klassenstufe für Court, gewidmet seinem Freund Wesley.«

Court, der alles andere als ein durchsetzungsstarker »Machertyp« ist, bestand mit ungewohntem Nachdruck darauf, dass wir Wesley an jenem Abend besuchen gingen. Seine Mutter erlaubte es uns, ihn zwischen zwei Medikamentenzyklen zu sehen. Sie hatten im Wohnzimmer ein Bett für ihn aufgestellt. Sanftes Licht schien auf seine zerbrechliche, engelsgleiche Gestalt und im Hintergrund ertönte christliche Musik. Durch den Krebs und die hoch dosierten Schmerzmittel war Wesley zu kaum einer Regung fähig. Manchmal drückte er jemandem die Finger oder er öffnete ein Auge.

Dennoch gelang es Bachmann, Wesleys Aufmerksamkeit zu wecken und ihm verständlich zu machen, dass Court bei ihm war. Während er ihm die Siegerurkunde zeigte, hielt er seine Hand. Court sagte ihm, wie sehr er sich bemüht hatte, den Preis für ihn zu gewinnen, wo er doch selbst nicht hatte teilnehmen können. Der todkranke Junge drückte meinem Sohn die Finger und schenkte ihm einen Blick, dessen ganze Bedeutung wohl nur die beiden verstehen konnten. Als sich Court über seinen Freund beugte, um ihm einen Kuss zu geben, flüsterte er: »Auf Wiedersehen. Mach dir keine Sorgen, alles wird gut.«

Wesley hielt bis zu seinem elften Geburtstag durch, doch noch im Juni desselben Jahres starb er. Bei der Beerdigung verhielt sich mein Sohn ganz so, wie man es bei einem solchen Anlass erwartet, aber auf die Frage, wie er sich denn fühle, antwortete er, dass er sich schon vorher von seinem besten Freund verabschiedet habe und wisse, dass es Wesley gut gehe.

Ich dachte, die Geschichte der Freundschaft zwischen den beiden Jungen sei mit Wesleys Tod beendet. Doch da irrte ich mich gewaltig. Exakt ein Jahr nach seinem Tod erkrankte Court lebensgefährlich an einer Hirnhautentzündung. In der Notaufnahme des Krankenhauses klammerte er sich verzweifelt an mich. Wir hatten beide Angst. Mein Sohn hatte Schüttelfrost und klapperte unaufhörlich mit den Zähnen. Doch während die Rückenmarkspunktion vorgenommen wurde, überkam uns beide ein Gefühl der Wärme und unbeschreibliche Ruhe. Court entspannte sich sofort und hörte auf zu zittern. Nachdem der Arzt und die Krankenschwester den Raum verlassen hatten, sahen wir einander an. Und Court sagte mit vollkommen gelassener Stimme: »Wesley war gerade bei mir und er hat gesagt: ›Mach dir keine Sorgen, alles wird gut.‹«

Ich glaube von ganzem Herzen, dass manche Freundschaften niemals sterben.

Janice Hunt

Der unverbesserliche Optimist

Wir hatten das Glück, drei Söhne haben zu dürfen. Ein jeder von ihnen hat uns mit seiner ganz besonderen Persönlichkeit jeweils auf seine Weise große Freude bereitet, aber unser mittlerer Sohn Billy ist als »unverbesserlicher Optimist« in die Familiengeschichte eingegangen. Nur allzu gern würden wir selbst die Lorbeeren für seine positive Lebenseinstellung einheimsen, aber wir haben nur wenig damit zu tun. Sie wurde ihm vielmehr in die Wiege gelegt. So war er beispielsweise von Anfang an ein Frühaufsteher und meist schlüpfte er gegen fünf Uhr früh in unser Bett. Wir ermahnten ihn dann jedes Mal, still zu sein und noch einmal die Augen zuzumachen. Er aber rollte sich auf den Rücken und flüsterte: »Es ist aber so ein schöner Morgen. Ich höre die Vögel zwitschern.«

Und wenn wir ihm sagten, er solle nicht dauernd mit uns reden, dann erwiderte er: »Ich rede ja nicht mit euch. Ich rede mit mir selbst!«

Im Kindergarten sollte er einmal einen Tiger zeichnen. Nun, Billys starke Seite ist sein Optimismus, die Kunst hingegen ist es noch nie gewesen. Was er zu Stande brachte, war ein Wesen mit verschobenem Kopf und einem Auge, das irgendwie geschlossen aussah. Als seine Lehrerin ihn fragte, warum sein Tiger denn ein geschlossenes Auge hätte, antwortete er: »Weil er gerade sagt: ›Ich schau dir in die Augen, Kleines.‹«

Mit fünf Jahren geriet er einmal in einen Streit mit seinem größeren Bruder. Es ging darum, ob ein Mann, den die beiden im Fernsehen sahen, eine Glatze hatte oder nicht. Billy behauptete: »Er hat keine Glatze. Er ist wie Papa. Er ist nur dann kahl, wenn er dich anschaut. Wenn er weggeht, hat er jede Menge Haare!«

Diese und viele, viele andere Anekdoten brachten unserem Billy schließlich den Ehrentitel des unverbesserlichen Optimisten ein. An einem Dienstag erkrankte unser jüngster Sohn Taylor an einem hämolytisch-urämischen Syndrom und am darauf folgenden Sonntag war er tot. Billy war damals sieben Jahre alt. Als ich ihn am Abend nach Tanners Beerdigung zu Bett brachte, legte ich mich, wie ich es fast immer tat, noch eine Weile neben ihn, um die Erlebnisse des Tages Revue passieren zu lassen. Wir lagen ganz still in dem dunklen Raum und keiner von uns schien rechte Lust zum Reden zu haben. Auf einmal hörte ich Billys Stimme: »Es tut mir Leid für uns, aber für all die anderen Leute tut es mir fast noch mehr Leid.«

Als ich ihn fragte, welche anderen Leute er denn meinte, erklärte er: »Die Leute, die Tanner nie kennen gelernt haben. Wir hatten Glück. Wir hatten ihn zwanzig Monate bei uns. Aber stell dir doch nur mal all die vielen Menschen vor, die ihn noch nicht einmal kennen gelernt haben. Wir haben wirklich Glück gehabt!«

Beth Dalton

Damit ihr euch an mich erinnert

Der Tag wird kommen, an dem mein Körper auf einem weißen Laken gebettet liegt, das ordentlich an allen vier Ecken unter einer Matratze geschoben ist – in einem Bett in einem Krankenhaus, in dem sich alles um die Lebenden und die Sterbenden dreht. Und in einem bestimmten Augenblick wird ein Arzt konstatieren, dass mein Gehirn seine Tätigkeit eingestellt hat und mein Leben damit in all seinen Formen und Ausrichtungen zu Ende ist.

Wenn das geschieht, versucht nicht, meinem Körper mit Hilfe von Maschinen künstliches Leben einzuhauchen. Und nennt dies nicht mein Totenbett. Nennt es das Bett des Lebens und sorgt dafür, dass mein Körper dazu dienen möge, anderen Menschen ein erfülltes Leben zu schenken.

Gebt mein Augenlicht einem Mann, der nie einen Sonnenaufgang, das Gesicht eines Babys oder die Liebe in den Augen einer Frau gesehen hat. Gebt mein Herz einem Menschen, dessen eigenes Herz ihm nichts als endlose Tage voller Schmerz bereitet hat. Gebt mein Blut einem Jungen, der aus den Trümmern seines Wagens gezogen wurde, damit er eines Tages seinen Enkelkindern beim Spielen zusehen möge. Gebt meine Nieren einem, der nur leben kann, wenn er sich Woche für Woche an eine Maschine anschließen lässt. Nehmt meine Knochen, jeden Muskel, jede Faser und jeden Nerv in meinem Körper und findet eine Möglichkeit, damit ein behindertes Kind laufen lernen kann.

Erforscht jede Windung meines Gehirns. Falls nötig, nehmt meine Zellen und lasst sie wachsen, damit eines Tages ein stummer Junge beim Flügelschlag einer Fledermaus einen Schrei ausstoßen und ein taubes Mädchen das Prasseln des Regens an ihrem Fenster hören kann.

Verbrennt, was von mir übrig ist, und streut die Asche in den Wind, damit die Blumen besser wachsen.

Robert N. Test
eingereicht von Ken Knowles

Gib die Gabel nicht ab

Der Klang von Marthas Stimme am anderen Ende der Telefonleitung zauberte stets ein Lächeln ins Gesicht von Bruder Jim. Sie war nicht nur eines der ältesten Mitglieder der Kirchengemeinde, sondern auch eines der treuesten. Wo sie auch war und was sie auch tat – Tante Martie (wie die Kinder sie nannten) strahlte Glaube, Hoffnung und Liebe aus.

Diesmal aber hörte sie sich irgendwie merkwürdig an.

»Herr Pfarrer, würden Sie wohl heute Nachmittag kurz bei mir vorbeischauen? Ich muss mit Ihnen reden.«

»Aber klar. Ich komme so gegen drei. Passt Ihnen das?«

Als sie einander in der Stille ihres kleinen Wohnzimmers gegenübersaßen, erfuhr Jim, warum ihre Stimme plötzlich so anders geklungen hatte. Martha hatte soeben die Diagnose erhalten, dass sie einen bislang unerkannten Tumor im Körper hatte.

»Der Arzt hat mir noch ungefähr ein halbes Jahr gegeben.« Ungeachtet des Ernstes der Situation wirkte Martha ausgesprochen gefasst.

»Es tut mir Leid ...«, doch noch bevor Jim seinen Satz beenden konnte, unterbrach Martha ihn.

»Sagen Sie das nicht. Gott war immer gut zu mir. Ich habe ein langes Leben gehabt. Ich bin bereit zu gehen. Das wissen Sie.«

»Ich weiß«, bestätigte Jim und nickte nachdrücklich.

»Aber ich möchte mit Ihnen über mein Begräbnis reden. Ich habe darüber nachgedacht, und es gibt ein paar Dinge, die ich jetzt gerne klären würde.«

Die beiden sprachen lange miteinander. Sie redeten über die Kirchenlieder, die Martha am meisten liebte, über die

Bibelstellen, die ihr im Laufe der Jahre am stärksten ans Herz gewachsen waren, und über all die vielen gemeinsamen Erinnerungen aus den fünf Jahren, die seit Jims Amtsantritt vergangen waren.

Als alles soweit besprochen schien, hielt Tante Martha einen Moment inne, dann sah sie Jim augenzwinkernd an und meinte: »Noch eine Sache, Herr Pfarrer. Wenn Sie mich begraben, möchte ich in der Hand meine alte Bibel und in der anderen eine Gabel halten.«

»Eine Gabel?« Jim war ja schon einiges untergekommen, aber so etwas hatte er noch nie gehört. »Warum wollen Sie denn mit einer Gabel begraben werden?«

»Ich denke an all die von der Kirche veranstalteten Essen und Bankette, an denen ich im Laufe der Jahre teilgenommen habe«, erklärte sie. »Ich kann sie gar nicht mehr alle einzeln aufzählen. Aber eines werde ich dabei nie vergessen.

Wenn wir so gemütlich beieinander saßen und mit dem Essen fast fertig waren, kam die Bedienung oder auch die Gastgeberin zum Abräumen. Und wenn das Essen besonders gut war, dann lehnte sich mir jedes Mal irgendjemand über die Schulter und flüsterte: ›Gib die Gabel nicht ab!‹ Ich höre es noch wie heute. Wissen Sie, was das bedeutet? Es gab noch eine Nachspeise! Und zwar nicht irgend so einen Becher Götterspeise oder Pudding oder auch Eiskrem. Dafür braucht man keine Gabel. Es gab etwas wirklich Gutes wie Schokoladenkuchen oder Kirschtorte! Wenn mir gesagt wurde, ich solle die Gabel nicht abgeben, wusste ich, dass das Beste noch kommen würde!

Und genau davon sollen die Leute auf meiner Beerdigung reden. Natürlich können sie über all die guten Zeiten reden, die wir zusammen erlebt haben. Das wäre sehr schön.

Aber wenn sie an meinem offenen Sarg vorbeikommen

und mich in meinem schönen blauen Kleid betrachten, sollen sie sich gegenseitig ansehen und fragen: ›Was soll denn die Gabel?‹

Und dann sollen Sie es ihnen sagen: Das Beste kommt erst noch!«

Roger William Thomas

Im Himmel gibt es keine Rollstühle

Mein Großvater war buddhistischer Priester. Als er starb, war er der ranghöchste weiße Priester der Welt. Aber was das Besondere an meinem Großvater war, hatte nichts mit seinen Weihen zu tun. In seiner Gegenwart spürte man vielmehr eine ganz spezielle Energie, die er ausstrahlte. In seinen hellgrünen Augen funkelte eine geheimnisvolle Vitalität. Wenngleich er ein eher schweigsamer Mann war, stach er aus jeder Menge hervor. Es war so, als würde von ihm ein Leuchten ausgehen. Um ihn herum schien die Stille zu sprechen.

Seine Frau, meine Großmutter, war Katholikin. Mit ihrer brillanten, energiegeladenen Art war sie ihrer Zeit weit voraus. Ich nannte sie »Gagi«, weil ich als Baby als erstes Wort »Gaga« herausgebracht hatte und sie der felsenfesten Überzeugung war, ich hätte ihren Namen sagen wollen. Von da an hieß sie Gagi, und so heißt sie immer noch.

Gagi richtete ihr ganzes Leben nach ihrem Mann aus, was auch bedeutete, dass sie für die ganze Familie samt aller fünf Kinder während ihrer fünfzig Ehejahre ganz allein das Geld verdiente. Solchermaßen von seinen Pflichten befreit, konnte sich Großvater seiner Mission als Priester und Helfer der Armen widmen und in seinem Tempel durchreisende Würdenträger empfangen, die aus aller Welt angepilgert kamen. Als Großvater starb, verdüsterte sich Gagis Leben, und sie verfiel in tiefste Depressionen. Nachdem sie ihren Lebensmittelpunkt verloren hatte, zog sie sich aus der Welt zurück und gab sich ganz der Trauer hin.

In jenen Tagen machte ich es mir zur Gewohnheit, sie einmal wöchentlich zu besuchen, um ihr zu zeigen, dass ich für sie da war.

Doch wie immer vermochte die Zeit auch in diesem Fall Wunden zu heilen und das Leben nahm wieder seinen normalen Lauf.

Einige Jahre später kam ich wieder einmal zu einem meiner üblichen Besuche. Als ich eintrat, saß Gagi in ihrem Rollstuhl und strahlte – aus ihren Augen blitzte es nur so. Als ich sie nicht sofort auf die offensichtliche Veränderung in ihrem Verhalten ansprach, stellte sie mich zur Rede:

»Willst du nicht wissen, warum ich so glücklich bin? Bist du denn kein bisschen neugierig?«

»Natürlich bin ich das, Gagi«, entschuldigte ich mich. »Also sag schon, warum bist du so glücklich? Was hat dir solchen Auftrieb gegeben?«

»Ich habe letzte Nacht eine Antwort erhalten. Jetzt weiß ich endlich, warum Gott deinen Großvater zu sich genommen hat und ich alleine zurückbleiben musste«, erklärte sie mir.

»Und warum?«, bohrte ich nach.

Und als würde sie mir das größte Geheimnis der Welt anvertrauen, lehnte sie sich in ihrem Rollstuhl nach vorne, senkte ihre Stimme und sagte: »Dein Großvater kannte das Geheimnis eines guten Lebens, und er lebte es jeden Tag. Er wurde zur Personifizierung der bedingungslosen Liebe. Darum durfte er zuerst gehen und ich musste noch hier bleiben.« Sie hielt einen Moment inne und fuhr dann fort:

»Was ich für eine Strafe hielt, war in Wirklichkeit ein – Geschenk. Gott ließ mich hier bleiben, damit ich mein Leben in Liebe verwandeln konnte. Weißt du, letzte Nacht wurde mir gezeigt, dass du die Lektion der Liebe da oben nicht lernen kannst.« Und bei diesen Worten deutete sie gen Himmel. »Liebe muss hier auf der Erde gelebt werden. Bist du erst einmal gegangen, ist es zu spät. Und so habe ich die Gabe des Lebens erhalten, damit ich hier und jetzt lernen kann zu lieben.«

Von jenem Tag an gestalteten sich meine Besuche bei Gagi als eine einzigartige Mischung aus Nähe und ständigen Überraschungen. Ungeachtet ihres angegriffenen Gesundheitszustands war sie wirklich glücklich. Endlich hatte ihr Leben einen Sinn, der es lebenswert erscheinen ließ.

Bei einem meiner Besuche schlug sie vor lauter Aufregung auf die Armlehnen ihres Rollstuhls und rief: »Du wirst nie erraten, was heute Morgen passiert ist.«

Natürlich konnte ich es nicht wissen, und so sprudelte es nur so aus ihr heraus: »Weißt du, heute Morgen hat sich dein Onkel wegen irgendeiner Sache über mich geärgert. Ich habe seinen Zorn entgegengenommen, ihn in Liebe gehüllt und mit Freuden zurückgegeben!« Und mit leuchtenden Augen fuhr sie fort: »Es hat mir sogar Spaß gemacht, und natürlich war sein Ärger bald verflogen.«

So vergingen ein Tag und ein Besuch nach dem anderen und Gagi übte fleißig ihre Lektionen in Sachen Liebe – während ihr Alterungsprozess unaufhaltsam seinen Lauf nahm. Jedes Mal wenn ich sie sah, konnte sie mir von etwas Neuem berichten. Sie bezwang ihre alte Gewohnheiten und erfand sich ständig neu. Sie brachte in der Tat ein völlig neues, vitales Geschöpf auf die Welt.

Im Laufe der Jahre verschlechterte sich ihr Gesundheitszustand zusehends und immer wieder kam sie ins Krankenhaus. Als sie schließlich siebenundneunzig war, wurde sie kurz nach dem Erntedankfest erneut eingeliefert. Ich fuhr mit dem Lift in den vierten Stock und ging zum Stationszimmer. »In welchem Zimmer liegt Mrs. Hunt?«, erkundigte ich mich.

Die Stationsschwester sah von ihrem Schreibtisch auf, setzte die Brille ab und sagte: »Sie müssen ihre Enkelin sein. Sie wartet schon auf Sie und hat uns gebeten, nach Ihnen Ausschau zu halten.« Sie trat aus ihrem kleinen Büro. »Ich bringe Sie am besten selbst hin«, meinte sie und führte mich den Gang entlang. Plötzlich blieb sie stehen, sah mich an und sagte: »Wissen Sie, Ihre Großmutter ist eine ganz besondere Frau. Sie ist wie ein Licht. Die Krankenschwestern in der Abteilung fragen immer, in welchem Zimmer sie liegt. Sie reißen sich geradezu darum, ihr ihre Medikamente zu bringen, denn sie alle meinen, dass es mit ihr etwas Besonderes auf sich haben muss.« Sie schwieg einen Augenblick, so als wäre es ihr peinlich, mir all das gesagt zu haben. Dann fügte sie hinzu. »Aber das wissen Sie natürlich selbst.«

»Es stimmt. Sie ist etwas ganz Besonderes«, nickte ich, und dabei hörte ich in mir eine Stimme flüstern: »Gagi hat ihr Ziel erreicht. Ihre Zeit geht bald zu Ende.«

Es geschah zwei Tage nach Weihnachten. Ich war vormittags schon ein paar Stunden bei Gagi gewesen und verbrachte einen gemütlichen Abend zu Hause, als ich plötzlich eine Stimme vernahm: »Steh auf! Geh ins Krankenhaus! Jetzt gleich! Warte nicht lang! Geh jetzt sofort!«

Ich schlüpfte schnell in Jeans und T-Shirt, setzte mich ins Auto und fuhr in aller Eile ins Krankenhaus. Kaum hatte ich den Wagen geparkt, rannte ich den ganzen Weg zum Lift, der mich in den vierten Stock brachte. Als ich die Tür zu ihrem Zimmer aufstieß, sah ich, dass meine Tante Gagis Kopf mit den Händen umfasst hielt. »Sie ist gegangen, Trin«, sagte sie. »Vor fünf Minuten ist sie von uns gegangen. Du bist die erste, die gekommen ist.«

Bestürzt trat ich an Gagis Bett. Ich betete, dass es nicht wahr sein möge, und mit der Hand fühlte ich nach ihrem Herzen. Es rührte sich nichts mehr. Gagi war wirklich von uns gegangen. Ich hielt ihren Arm, der noch ganz warm war, und betrachtete diesen schönen, alten Körper, in dem einst die Seele jener Frau lebte, die ich so sehr geliebt hatte. Gagi hatte mich in den ersten Jahren meines Lebens großgezogen. Sie hatte mich eingekleidet und das Schulgeld für mich bezahlt, als meine Eltern noch sehr jung waren und am Rande des Existenzminimums lebten. Ich fühlte mich verloren und konnte nicht glauben, dass meine Großmutter, meine liebe, liebe Gagi, nicht mehr da war.

Ich kann noch heute jene schmerzliche Leere fühlen, die ich empfand, als ich in jener Nacht an ihrem Bett stand und jeden Teil ihres kostbaren Körpers ein letztes Mal berührte. Ich war wie vor den Kopf gestoßen und in mir liefen Dinge ab, die ich so noch nie erlebt hatte. Da waren ihre Arme und Beine, die ich so gut kannte, aber wo war sie? Ihr Körper war leer. Wo war sie denn nur hingegangen? Völlig in meine Gedanken versunken, betete ich um eine Antwort. In einem Moment ist der Körper noch beseelt, doch schon im nächsten ist die Seele fort und nichts auf der Erde kann ihn dazu bewegen, sich noch einmal zu rühren oder zum Leben zu erwachen. Wo war Gagi? Wo war sie hingegangen?

Plötzlich blitzte ein Licht auf und ich spürte einen Schwall von Energie. Meine Großmutter schwebte unter der Decke über ihrem verlassenen Leib. Sie hatte keinen Rollstuhl und tanzte im Licht.

»Trin, ich bin nicht gegangen!«, rief sie. »Ich bin aus meinem Körper herausgeschlüpft, aber ich bin noch da. Sieh nur, Trin, ich kann meine Beine wieder benutzen. Im Himmel gibt es keine Rollstühle, weißt du. Ich bin jetzt bei deinem Großvater und ich bin ja so glücklich. Wenn du die leere Hülle meines Körpers siehst, kannst du das Geheimnis des Lebens erkennen. Denk immer daran, dass du nichts Materielles mitnehmen kannst, wenn du einmal gehen musst. Ich konnte weder meinen Körper noch alles Geld, das ich verdient habe, noch irgendeines von all den Dingen mitnehmen, die ich mein Leben lang zusammengetragen habe. Selbst das Wichtigste, das ich je besessen habe – den Ehering deines Großvaters –, musste ich zurücklassen, als es Zeit war zu gehen.«

Gagis Licht leuchtete strahlend hell, als sie fortfuhr: »Du wirst in deinem Leben vielen Menschen begegnen, Trin, und du musst ihnen allen diese Wahrheit übermitteln. Sag ihnen, dass wir nur eines auf unserem letzten Weg mitnehmen können: die Liebe, die wir anderen geschenkt haben. Unser Leben, mein Kind, bemisst sich nach dem Geben und nicht nach dem Nehmen.« Und mit diesen Worten löste sich das Licht meiner Großmutter auf und verschwand.

Viele Jahre sind seit jenem Augenblick am Bett meiner Oma vergangen, aber ihre Botschaft bleibt bestehen. Sie ist mir unauslöschlich ins Herz geschrieben und findet Ausdruck in all den kleinen Dingen, die ich tagtäglich tue, um meinen Charakter zu verbessern. Gagi liebte mich von ganzem Herzen. In ihrem langen Leben hat sie mich mit Gaben überhäuft, aber in jenem Augenblick wusste ich, dass ihr letztes zugleich ihr größtes Geschenk an mich war. Mit ihrem Tod hat sie mich neu zum Leben erweckt.

D. Trinidad Hunt

5

Eine Frage der Betrachtungsweise

Die Dinge verändern sich nicht. Das Einzige,
was sich verändert, ist deine Sichtweise.
CARLOS CASTANEDA

Der Plätzchendieb

Eines Nachts wartete eine Frau am Flughafen. Ihre Maschine ging erst in ein paar Stunden. So besorgte sie sich ein Buch und eine Tüte Plätzchen und zog sich in einen ruhigen Winkel zurück.

Sie war in die Lektüre vertieft und sah doch, wie sich der Mann neben ihr mit beispielloser Frechheit ein paar Kekse aus der Tüte fischte, die zwischen ihnen stand. Sie ignorierte es, um eine Szene zu vermeiden.

Sie las und knabberte und behielt die Uhr im Blick, während sich der dreiste »Plätzchendieb« weiter an ihrem Vorrat vergriff. Von Minute zu Minute wuchs ihr Zorn, und sie dachte: »Wäre ich nicht so nett, würde ich ihm eins aufs Auge geben.«

Jedes Mal, wenn sie in die Tüte gegriffen hatte, griff auch er hinein. Als nur noch ein einziges Plätzchen übrig war, fragte sie sich, was er jetzt wohl tun würde. Er lächelte nervös, angelte den letzten Keks aus der Tüte und brach ihn in der Mitte durch.

Den einen Teil reichte er ihr, den anderen schob er sich selbst in den Mund. Unwirsch nahm sie ihre Hälfte entgegen und dachte: »O Mann! Der Typ hat vielleicht Nerven. Und unverschämt ist er auch noch. Ja, nicht einmal dankbar ist er mir!«

Noch nie war sie so verärgert gewesen, und als ihr Flug endlich aufgerufen wurde, seufzte sie erleichtert auf. Sie suchte ihre Siebensachen zusammen und machte sich auf den Weg zum Gate, ohne den »undankbaren Dieb« auch nur eines Blickes zu würdigen.

Sie stieg ins Flugzeug ein und ließ sich in ihren Sitz fallen. Dann zog sie das Buch heraus, das sie fast ausgelesen hatte. Doch als sie in ihre Tasche griff, blieb ihr vor Schreck fast die Luft weg, denn da lag ihre Plätzchentüte unversehrt drin!

»Wenn meine hier sind«, stöhnte sie verzweifelt, »dann waren die anderen *seine*, und er hat sie mit mir geteilt!« Doch es war zu spät, um sich zu entschuldigen, da half alles nichts. Jetzt stand sie selbst als dreiste, undankbare Diebin da!

Valerie Cox

Die wahre Geschichte
von Arbutus und Seemöwe

Meine Großmutter hatte eine Feindin: Mrs. Wilcox. Gleich nach ihrer Hochzeit wurden die beiden Nachbarinnen, und für den Rest ihres Lebens wohnten sie Tür an Tür in der verschlafenen, von Ulmen gesäumten Hauptstraße der kleinen Stadt. Ich weiß nicht, was der Auslöser für ihren Krieg war – das war lange vor meiner Zeit –, und ich bezweifle, dass sie sich selbst noch daran erinnern konnten, als ich über dreißig Jahre später geboren wurde. Dennoch fochten sie ihn verbissen weiter aus.

Täuschen Sie sich nicht. Es handelte sich hier nicht um bloßes Geplänkel. Es war ein Krieg zwischen Frauen – das heißt der totale Krieg. Nichts in der Stadt blieb davon verschont. Die dreihundert Jahre alte Kirche, die die Revolution, den Bürgerkrieg und den spanisch-amerikanischen Krieg überdauert hatte, ging beinahe den Bach hinunter, als

Großmutter und Mrs. Wilcox in die Schlacht um den Frauenwohlfahrtsclub zogen. Großmutter ging zwar siegreich daraus hervor, doch wirkliche Genugtuung brachte ihr das nicht. Nachdem Mrs. Wilcox die Präsidentschaft verwehrt blieb, zog sie sich Knall auf Fall aus dem Club zurück. Und was ist schon Tolles daran, einen Verein zu leiten, wenn man dabei die Todfeindin nicht zu Kreuze kriechen lassen kann?

Die Schlacht um die öffentliche Bücherei konnte Mrs. Wilcox für sich entscheiden. Ihre Nichte Gertrude wurde an Stelle meiner Tante Phyllis zur Bibliothekarin ernannt. An dem Tag, an dem Gertrude ihre Stelle antrat, hörte meine Großmutter auf, Bücher aus der Bibliothek zu leihen – sie waren über Nacht zu »dreckigen Bakterienherden« geworden. Fortan kaufte sie sich ihren Lesestoff in der Buchhandlung.

Die Schlacht um die Highschool endete unentschieden. Dem Direktor wurde eine bessere Stelle angeboten; er ging fort, noch bevor Mrs. Wilcox seine Entlassung oder Großmutter seine Bestellung auf Lebenszeit durchsetzen konnte.

Neben diesen großen Gefechten fand ein permanenter Schlagabtausch auf diversen Nebenschauplätzen statt. Wenn wir Kinder unsere Großmutter besuchten, bestand eines unserer größten Vergnügen darin, den unmöglichen Enkelkindern von Mrs. Wilcox – heute weiß ich, dass sie in etwa so unmöglich waren wie wir – Grimassen zu schneiden und Trauben von der Wilcox'schen Seite des Gartenzauns zu klauen. Außerdem jagten wir die Hühner von Mrs. Wilcox und legten Knallfrösche, die wir von den Feierlichkeiten zum 4. Juli aufbewahrt hatten, auf die Straßenbahnschienen, die direkt vor Mrs. Wilcox Haus vorbeiführten, in der vergnüglichen Hoffnung, dass die nächste Bahn darüber fahren und Mrs. Wilcox durch die dabei ausgelöste – und natürlich völlig harmlose – Explosion vor Schreck halb in Ohnmacht fallen würde.

Eines schönen Tages verfrachteten wir eine Schlange in die Wilcox'sche Regentonne. Meine Großmutter legte zwar formellen Protest ein, doch wir hörten ihr stillschweigendes Einverständnis heraus, das so ganz anders klang als das, was in dem strikten Nein meiner Mutter mitschwang, und so reihten wir fröhlich eine Biestigkeit an die andere. Wenn eines meiner Kinder ... doch das ist eine andere Geschichte.

Aber glauben Sie bloß nicht, dass es sich da um eine einseitige Angelegenheit handelte. Vergessen Sie nicht, dass auch Mrs. Wilcox Enkelkinder hatte. Zudem waren sie zahlreicher, dreister und cleverer als wir. Meine Großmutter kam also keinesfalls ungeschoren davon. In ihren Keller wurden Stinktiere geschmuggelt. An Halloween flog alles, was nicht niet- und nagelfest war, wie beispielsweise die Gartenmöbel, auf wundersame Weise auf den Giebel der Scheune, und es mussten mehrere kräftige Männer engagiert werden, die die Sachen zu Wucherlöhnen wieder herunterholten.

Kein windiger Waschtag verging, ohne dass die Wäscheleine auf mysteriöse Weise riss, sodass die Laken im Dreck lagen und noch einmal gewaschen werden mussten. Wenn einige dieser Vorfälle vielleicht auch auf höhere Gewalt zurückzuführen waren – sie wurden immer Mrs. Wilcox' Enkeln in die Schuhe geschoben.

Ich weiß nicht, wie meine Großmutter solche Plagen hätte aushalten können, wäre da nicht die Hausfrauenseite der Bostoner Tageszeitung gewesen. Die war wirklich unübertrefflich. Neben den üblichen Kochrezepten und Putztipps gab es da nämlich eine Sparte, in der die Leserinnen in aller Öffentlichkeit einen brieflichen Austausch miteinander pflegen konnten. Das funktionierte so, dass jemand, der ein Problem hatte – oder auch nur Dampf ablassen wollte –, unter einem selbst gewählten Namen wie etwa Arbutus an die Zeitung schrieb. Arbutus war das Pseudonym meiner Großmutter. Daraufhin schrieben andere Leserinnen, die das gleiche Problem hatten, zurück und berichteten, was sie selbst in der Sache unternommen hatten. Sie unterzeichneten ihre Briefe mit »Jemand, der Bescheid weiß« oder »Xanthippe« oder wie auch immer. In vielen Fällen wurde der Briefwechsel fortgesetzt, nachdem das eigentliche Problem längst aus der Welt geschafft war, und die Damen tauschten in der Zeitungsspalte Neuigkeiten über ihre Kinder, das Einkochen oder ihre neue Esszimmergarnitur aus.

Das geschah auch im Fall meiner Großmutter. Sie korrespondierte ein Vierteljahrhundert lang mit einer Frau namens Seemöwe und tauschte mit ihr Dinge aus, die sie sonst nie einer Menschenseele verraten hätte – so erzählte sie zum Beispiel davon, wie sie einmal gehofft hatte, wieder schwanger zu sein, es aber dann doch nicht war, oder davon, wie mein Onkel Steve mit Sie-wissen-schon-Was im Haar aus der Schule heimkam und als welche Schande sie das empfunden hatte, obwohl sie die Dinger losgeworden war, noch bevor irgendjemand in der Stadt auch nur den leisesten Verdacht geschöpft hatte. Seemöwe war die Busenfreundin meiner Großmutter.

Als ich etwa sechzehn Jahre alt war, starb Mrs. Wilcox. In einer kleinen Stadt wie der unseren ist es in einem solchen Fall üblich, bei den Nachbarn vorbeizuschauen und zu fragen, ob man ihnen helfen könne, auch wenn man sie noch so sehr gehasst hatte.

Eine adrette Küchenschürze umgebunden, die zeigen sollte, dass sie ihr Angebot zu helfen durchaus ernst meinte, schritt meine Großmutter über die beiden Rasenflächen zum Nachbarhaus und die Tochter von Mrs. Wilcox teilte sie im Hinblick auf die Beerdigung zum Putzen des ohnehin makellosen Empfangszimmers ein. Und da, mitten auf dem Tisch der guten Stube, lag ein großes, dickes Heft, in dem feinsäuberlich nebeneinander ihre Briefe an Seemöwe und Seemöwes Briefe an sie eingeklebt waren. Die allergrößte Feindin meiner Großmutter war gleichzeitig ihre allerbeste Freundin gewesen.

Das war das einzige Mal, dass ich meine Großmutter Tränen vergießen sah. Ich wusste damals nicht genau, warum sie eigentlich weinte, aber inzwischen weiß ich es. Sie weinte um all die vergeudeten Jahre, die sie nicht mehr zurückholen konnte. Damals beeindruckten mich nur die Tränen und ihretwegen erinnere ich mich an jenen Tag, an dem es wahrlich Wichtigeres zu erinnern gegeben hätte als die Tränen einer Frau. An jenem Tag dämmerte mir zum ersten Mal, wovon ich inzwischen aus ganzem Herzen überzeugt bin, und wenn ich es irgendwann einmal nicht mehr glauben sollte, dann will ich nicht mehr leben. Und das ist Folgendes:

Ein Mensch mag absolut unmöglich erscheinen. Er mag einem gemein, kleinlich und verlogen vorkommen. Aber wenn du zehn Schritte nach links machst und ihn dir noch einmal aus einem anderen Blickwinkel ansiehst, dann entdeckst du ganz sicher, wie großzügig, warmherzig und liebevoll er ist. Es hängt alles nur von dem Standpunkt ab, von dem aus du ihn betrachtest.

Louise Dickinson Rich

Sind Sie reich?

Sie standen eng aneinander gedrängt im Windfang – zwei Kinder in heruntergekommenen, viel zu kleinen Mänteln.

»Haben Sie Altpapier für uns?«

Ich hatte viel zu tun und wollte schon nein sagen, bis mein Blick auf ihre Füße fiel. Ihre kleinen Sandalen waren von dem Schneematsch völlig aufgeweicht. »Kommt rein. Ich mache euch heißen Kakao.« Niemand sagte etwas. Ihre durchnässten Sandalen hinterließen Flecken auf dem Boden vor dem Kamin.

Ich servierte ihnen Kakao und Toast mit Marmelade, damit sie nachher die Kälte draußen besser überstehen konnten. Dann ging ich in die Küche zurück und wandte mich wieder meinem Haushaltsbuch zu …

Die Stille im Esszimmer kam mir merkwürdig vor, deshalb ging ich nachsehen.

Das Mädchen hielt die leere Tasse in den Händen und betrachtete sie. Dann fragte mich der Junge schüchtern: »Sind Sie … sind Sie reich?«

»Ich und reich? Um Himmels willen, nein!« Ich betrachtete meine schäbigen Sofaüberwürfe. Das Mädchen stellte ihre Tasse auf die Untertasse – ganz vorsichtig. »Sie haben Tassen, die zu den Untertassen passen.« Ihre Stimme klang viel zu erwachsen, und es schwang eine Form von Ausgehungertsein darin, die nichts mit dem Magen zu tun hat.

Dann gingen die beiden. Sie trugen ihre Papierbündel vor sich her, um sich vor dem Wind zu schützen. Sie hatten sich nicht bedankt. Das brauchten sie auch nicht. Sie hatten mehr als das getan. Schlichte blaue Keramiktassen mit Untertassen. Aber sie passten zusammen. Ich probierte die Kartoffeln und rührte die Sauce um. Kartoffeln und braune Sauce, ein Dach über dem Kopf, ein Mann mit einer guten, sicheren Stelle – auch das waren Dinge, die zusammenpassten.

Ich zog die Stühle vom Kamin weg und räumte das Esszimmer auf. Die schmutzigen Abdrücke ihrer kleinen Sandalen waren immer noch nass. Ich wischte sie nicht weg. Ich ließ sie bewusst da, denn sie sollten mich immer daran erinnern, wie unglaublich reich ich bin.

Marion Doolan

Die Blüte in ihrem Haar

Sie trug immer eine Blüte im Haar. Immer. Meistens kam mir das irgendwie merkwürdig vor. Mittags eine Blüte? Bei der Arbeit? Bei geschäftlichen Besprechungen? Sie arbeitete auf einen Job als Grafikdesignerin in dem großen Büro hin, in dem auch ich beschäftigt war. Und in die ultramodern gestylten Räume kam sie jeden Tag mit einer Blüte in ihrem schulterlangen Haar hineingesegelt. Sie prangte dort, meist farblich abgestimmt auf ihr ansonsten passables Outfit, als kleiner bunter Sonnenschirm vor dem Hintergrund langer, dunkelbrauner Locken. Es gab Anlässe, wie die betriebliche Weihnachtsfeier, an denen die Blüte einen Hauch von Festlichkeit verströmte und durchaus passte. Aber bei der Arbeit schien sie einfach fehl am Platze. Einige der eher »professionell orientierten« Frauen im Büro mokierten sich furchtbar darüber und meinten, jemand müsse sie beiseite nehmen und ihr sagen, welche »Regeln« man in der Geschäftswelt einhalten müsse, um »ernst genommen« zu werden. Andere, darunter auch ich, hielten das Ganze lediglich für eine Marotte und nannten sie, wenn sie nicht dabei war, »Flower-Power« oder »Blumenmädchen«.

Es kam also vor, dass die eine oder andere von uns mit ironischem Grinsen fragte: »Ist Flower-Power schon mit dem Vorentwurf für das Wall-Mart-Projekt fertig?«

»Na klar. Er ist wirklich toll – ihre Arbeit hat wahre Blüten getrieben!« So oder so ähnlich lauteten die Antworten, und wir amüsierten uns köstlich. Damals hielten wir das für einen unschuldigen Spaß. Meines Wissens hat sich niemand bei der jungen Frau erkundigt, warum sie jeden Tag mit einer Blüte im Haar zur Arbeit kam. Ja, wir würden sie wahrscheinlich eher gefragt haben, wenn sie einmal ohne Blüte erschienen wäre.

Was sie eines Tages auch wirklich tat. Als sie zu mir ins Büro kam, um einen Entwurf abzuliefern, hakte ich nach: »Sie tragen ja heute gar keine Blüte im Haar.« Ich ließ die Bemerkung so beiläufig wie möglich klingen. »Ich habe mich schon so daran gewöhnt, dass mir jetzt fast etwas fehlt.«

»O ja«, antwortete sie leise und in einem ziemlich ernsten Tonfall, der so gar nicht zu ihrem sonst so fröhlichen und aufgeweckten Wesen passen wollte. Die entstehende Pause schien sich ins Unendliche auszudehnen, bis ich schließlich fragte: »Geht es Ihnen gut?« Wenngleich ich irgendwie auf ein »Danke, gut« als Antwort hoffte, wusste ich instinktiv, dass ich da etwas angesprochen hatte, das weit über das Fehlen einer Blüte hinausging.

»O…« Sie flüsterte fast und ihr Gesichtsausdruck verdüsterte sich. »Heute jährt sich der Todestag meiner Mutter. Ich vermisse sie schrecklich. Ich bin sicher nicht so in Form wie sonst.«

»Ich verstehe«, nickte ich. Sie tat mir Leid, aber ich wollte mich nicht zu tief in emotionales Gewässer vorwagen. »Es fällt Ihnen bestimmt schwer, darüber zu reden.« Die Geschäftsfrau in mir hoffte, sie würde mir zustimmen, aber mein Gefühl sagte mir, dass da noch mehr kommen würde.

»Nein. Es ist schon in Ordnung. Ich weiß, dass ich heute besonders empfindlich bin. Es ist irgendwie ein trauriger Tag. Wissen Sie...« Und damit fing sie an zu erzählen.

»Meine Mutter wusste, dass sie keine Chance gegen den Krebs hatte. Und schließlich starb sie daran. Ich war damals fünfzehn. Wir standen einander sehr nahe. Sie war so liebevoll und immer für mich da. Als sie wusste, dass ihr Tod bevorstand, nahm sie für mich im Voraus Geburtstagsgrüße auf Video auf – von meinem sechzehnten bis zu meinem fünfundzwanzigsten. Heute bin ich fünfundzwanzig geworden, und so habe ich mir heute Morgen das Band angesehen, das sie zu diesem Anlass für mich aufgenommen hat. Ich habe es noch immer nicht ganz überwunden. Und ich würde mir so sehr wünschen, dass sie noch am Leben wäre.«

»Mein herzliches Beileid!« Ich spürte eine Welle des Mitgefühls für sie.

»Vielen Dank, Sie sind sehr freundlich«, erwiderte sie. »Ach, Sie haben eben wegen der Blüte gefragt. Als ich noch klein war, steckte mir meine Mutter oft Blumen ins Haar. Einmal brachte ich ihr eine wunderschöne Rose aus ihrem Garten mit ins Krankenhaus. Ich hielt sie ihr hin, damit sie daran riechen konnte. Da nahm sie sie mir aus der Hand, zog mich wortlos an sich, strich mir sanft das Haar aus dem Gesicht und steckte mir die Rose hinein, genau wie sie es früher immer gemacht hatte. Noch am selben Tag ist sie gestorben.« Mit Tränen in den Augen fügte sie hinzu: »Seither habe ich immer eine Blüte im Haar getragen. Es gab mir das Gefühl, dass sie bei mir ist, wenn auch nur im Geiste. Aber«, seufzte sie, »dann habe ich mir heute das Video angesehen, das sie mir für diesen Geburtstag aufgenommen hat. Sie sagte darin, dass es ihr Leid täte, mich nicht auf meinem Weg zum Erwachsensein begleiten zu können, und dass sie hoffe, eine gute Mutter gewesen zu sein. Deshalb wünschte sie sich ein Zeichen, dass ich selbstständig und unabhängig geworden sei. Das war typisch für meine Mutter – für ihre Art zu denken und zu reden.« Die Erinnerung daran ließ sie lächeln. »Sie war so weise.«

Ich nickte zustimmend. »Ja, das klingt wirklich sehr weise.«

»Da habe ich mir gedacht: Ein Zeichen? Was könnte ich für ein Zeichen setzen? Und irgendwie hatte ich den Eindruck, dass ich mich von der Blume trennen müsste. Aber ich werde sie vermissen – die Blume und das, wofür sie steht.«

Ihr Blick schweifte in die Ferne, während sie sich erinnerte. »Ich hatte solches Glück, sie zu haben.« Sie verstummte und sah mich wieder mit ihren haselnussbraunen Augen an. Dann lächelte sie traurig. »Aber ich brauche jetzt keine Blume zu tragen, um mich daran zu erinnern. Ich weiß es auch so. Es war nur ein äußeres Zeichen für den Schatz, der da in meiner Erinnerung ruht. Er ist immer noch da, auch wenn ich keine Blüte mehr trage… aber ich werde sie trotzdem vermissen… Oh, hier ist der Entwurf. Ich hoffe, dass er Ihnen gefällt.« Und mit diesen Worten drückte sie mir eine wohl geordnete Mappe in die Hand. Und unter ihrer Signatur prangte als Markenzeichen eine handgemalte Blüte.

Als ich noch ein Kind war, habe ich einmal den Satz gehört: »Beurteile keinen Menschen, bevor du nicht eine Meile in seinen Schuhen gelaufen bist.« Mir fielen all die Male ein, in denen ich mich über diese junge Frau mit der Blüte im

Haar lustig gemacht hatte, und wie tragisch es war, dass ich es aus völliger Unwissenheit heraus getan hatte. Ich hatte nichts über ihr Schicksal und das Kreuz, das sie zu tragen hatte, gewusst. Ich war immer stolz darauf gewesen, mich in meiner Firma bis ins kleinste Detail auszukennen und genau zu verstehen, auf welche Weise sich diese oder jene Rolle und Funktion auf die nächste auswirkte. Aber fatalerweise war ich der Meinung auf den Leim gegangen, dass das Privatleben eines Menschen nichts mit seinem Berufsleben zu tun habe und morgens bei Arbeitsbeginn an der Garderobe abzugeben sei. An jenem Tag erfuhr ich, dass die Blüte im Haar dieser jungen Frau ein Symbol für ihre überschwängliche Liebe war – es war ihre Möglichkeit, mit ihrer Mutter verbunden zu sein, die sie in so jungen Jahren verloren hatte.

Als ich mir den Entwurf anschaute, fühlte ich mich geehrt, dass er von einem Menschen stammte, der zu einem solchen emotionalen Tiefgang fähig war – der in der Lage war zu *fühlen*… zu *sein*. Kein Wunder, dass sie stets so hervorragende Arbeiten ablieferte. Sie lebte an jedem einzelnen Tag aus ihrem Herzen heraus. Und brachte mich dazu, wieder Zugang zu meinem eigenen zu finden.

Bettie B. Youngs
aus »Gifts of the Heart«

Lawine

*Jedem Nachteil steht ein Vorteil
gegenüber.*

W. CLEMENT STONE

Es war unser Traum von einem Ferienhaus – tausend Quadratmeter fantastischer Grund mit Blick auf einen majestätischen Wasserfall an der rückwärtigen Flanke des Mount Timpanogos unweit der Hänge von Robert Redfords berühmtem Sundance-Skiparadies. Meine Frau und ich brauchten mehrere Jahre, um das Haus zu entwerfen, zu planen, zu bauen und einzurichten.

Aber es dauerte nur zehn Sekunden, um es dem Erdboden gleichzumachen.

Ich erinnere mich an den Unglücksnachmittag, als sei es gestern passiert. Es war Donnerstag, der 13. Februar 1986, der Tag vor unserem neunten Hochzeitstag. Es hatte den ganzen Tag über heftig geschneit, und es lag etwa ein Meter Neuschnee. Trotz des Wetters wagte meine Frau die dreißigminütige Fahrt von unserem Haus in Provo im Staate Utah durch die Schlucht hinauf zu unserem soeben fertig gestellten Feriendomizil in den Bergen. Unser sechsjähriger Sohn Aaron begleitete sie, als sie am frühen Nachmittag aufbrach. Unterwegs kaufte sie noch ein paar Zutaten für den Kuchen ein, den sie zur Feier des Tages backen wollte. Ich sollte später nachkommen und Aimee, unsere neunjährige Tochter, sowie Hunter, unseren Jüngsten, mitbringen.

Den ersten Hinweis darauf, dass etwas nicht in Ordnung sein könnte, erhielt ich gegen drei Uhr durch einen Anruf der Skiwacht aus Sundance.

»Es gibt da ein Problem mit Ihrem Haus. Sie sollten am besten gleich herkommen.«

Mehr sagten sie nicht. Obwohl ich in der Abschlussphase eines Buchprojekts steckte und ziemlich unter Termindruck stand, machte ich meinen Computer aus und fuhr so schnell ich konnte über die zugeschneiten Straßen die Schlucht hinauf. Als ich im Skigebiet ankam, nahmen mich der Ortsvorsteher und seine Mannschaft mit düsteren Mienen in Empfang.

»Es hat da ein Unglück bei Ihrem Haus gegeben. Wir vermuten, dass Ihre Frau und Ihr Sohn dort waren. Kommen Sie. Wir nehmen meinen Vierradantrieb.«

Unser Grundstück grenzte an die Hauptskipiste von Sundance und war nur über eine enge, gewundene Bergstraße zu erreichen. Während wir in panischer Eile die Strecke hochjagten, gaben uns die links und rechts des Weges aufgetürmten Schneeberge das Gefühl, uns in einem Labyrinth zu bewegen. Als wir um eine Kurve bogen, kam uns auf der engen Straße ein anderes Fahrzeug entgegen. Beide Fahrer traten voll auf die Bremse und so ging die Kollision noch einmal mit kleineren Blechschäden an beiden Wagen relativ glimpflich aus. Nach einem kurzen Austausch der notwendigen Angaben setzten wir unsere rasante Fahrt über die enge Straße fort, bis sich das Kupferdach des Hauses vor uns erhob.

Beim Näherkommen entdeckte ich meine Frau und meinen Sohn auf der Straße. Sie waren von diversen Mitgliedern der Skiwacht von Sundance umringt. Als ich aus dem Auto sprang und auf sie zurannte, deutete sie auf die Bäume oberhalb des Hauses. Ich war schockiert von dem, was ich da sah.

Eine riesige Lawine war am Berghang abgegangen und

hatte eine Spur der Verwüstung hinterlassen. Dicke Baumstämme waren wie Streichhölzer geknickt. Erst jetzt fiel mein Blick auf das Haus und ich sah, dass die Lawine mitten durch unser Haus gedonnert war. Innerhalb von Sekunden waren alle Fenster zerborsten und der Schnee hatte sich tonnenweise in unser großes Esszimmer ergossen. Alle Decken waren eingestürzt und von unserem Traumhaus war nicht viel mehr als ein Trümmerhaufen übrig geblieben. Es stand nur noch ein Gerippe. Ringsum lagen zerfetzte Einzelteile unseres sorgfältig ausgewählten Mobiliars. Es war eine so grausige Szene der Zerstörung, dass sie sich mir auf immer ins Gedächtnis eingrub.

Die Mitarbeiter der Skiwacht brachten uns so schnell wie möglich aus der Lawinenzone, da mit neuen Abgängen gerechnet wurde. Als wir nach Hause kamen, befanden wir uns in einem Zustand der Fassungslosigkeit und des Schocks. Ich muss zugeben, dass uns der Verlust des Hauses wirklich an die Nieren ging. Noch Monate später fragte ich mich manchmal, warum ausgerechnet wir solches Pech haben mussten. Wie konnte Gott nur so etwas zulassen?

Damit könnte ich meine Geschichte enden lassen. Aber dann würden Sie nie von dem Wunder erfahren, das am selben Tag geschah. In der Tat habe ich selbst es erst acht Monate später entdeckt.

Bei einer geschäftlichen Besprechung stellte mir einer meiner Kollegen eine scheinbar harmlose Frage:

»Hat dir deine Frau eigentlich erzählt, dass sie und meine Frau am Tag des Lawinenunglücks beinahe mit dem Auto zusammengestoßen wären?«

»Nein«, erwiderte ich. »Was ist denn passiert?«

»Nun, meine Frau und unsere Jungs verbrachten ein paar Tage in unserem Ferienhaus in Sundance. Wegen der

Schneefälle beschlossen sie, früher als geplant nach Hause zu fahren. Vor ihrer Abfahrt schlug einer der Jungen vor, für eine sichere Heimreise zu beten. Sie senkten die Köpfe, sprachen ihr kurzes Gebet und machten sich dann auf den Weg über die schmale Straße hinunter ins Tal. Deine Frau kam ihnen entgegen. Sie sah meine Frau und die Jungs in unserem Suburban. Als meine Frau bremste, blieb der Wagen nicht stehen, sondern geriet ins Rutschen. Auf der glatten, abschüssigen Strecke wurde er immer schneller. Sie konnte nichts dagegen tun. Bevor es zum Zusammenstoß kam, riss sie im letzten Moment das Steuer herum, sodass sich die Front des Suburban in die Schneebank auf der einen und das Heck in die auf der anderen Straßenseite bohrte. Sie stellte sich vor deiner Frau regelrecht quer. Über eine Stunde lang versuchten sie, den Wagen wieder frei zu bekommen, aber dann mussten sie doch Hilfe aus dem Ort holen.«

»Das ist ja ein Ding!«, meinte ich. »Meine Frau hat mir gar nichts davon erzählt.«

Wir machten uns noch eine Weile über den »Unfall« lustig, bevor jeder wieder seiner Wege ging. Erst dann wurde mir die Sache mit einem Schlag klar. Hätte es nicht diese »Beinahe-Kollision« gegeben, wären meine Frau und mein Sohn zweifellos in der Lawine ums Leben gekommen!

Ich habe oft über diesen »Unfall« nachgedacht. Ich stelle mir vor, wie meine Frau genervt in ihrem Wagen saß, als der Suburban ihr den Weg zu unserem Ferienhaus versperrte. Ich habe die Frau meines Freundes vor Augen, der die Sache bestimmt ziemlich peinlich gewesen ist. Ich sehe ihre Söhne, die sicher aufgeregt waren und sich vielleicht fragten, ob Gott die Gebete der Menschen wirklich erhört.

Die ganze Zeit über schimpfte wohl jeder der Beteiligten

innerlich darüber, in was für eine blöde Situation er da geraten war. Und doch zeigt sich aus der Distanz, dass sie alle – ohne es zu wissen – an einem Wunder teilhaben durften.

Seither spreche ich nicht mehr so schnell von einer »Katastrophe«, wenn in meinem Leben ab und zu etwas schief läuft. Habe ich später mehr Informationen in der Hand und kann die Sache im Gesamtzusammenhang betrachten, stelle ich oftmals fest, dass wieder einmal ein Wunder geschehen ist. Wenn ein »Unglück« passiert, versuche ich mich zu fragen: »Welches Wunder versucht Gott aus diesem Unglück zu schmieden?«

Und anstatt zu fragen: »Warum ausgerechnet ich, Gott?«, sage ich einfach: »Danke, Gott!«

Und dann warte ich ab, bis ich alle Teile zu dem Puzzle in der Hand halte.

Robert G. Allen

Du sehr gut… du sehr schnell

Ich lebte damals in der Bay Area von San Francisco und meine Mutter war für ein paar Tage zu Besuch gekommen. Am letzten Tag ihres Aufenthalts machte ich mich gerade fertig, um eine Runde zu laufen. An meinem Arbeitsplatz herrschte ein ziemlich raues Betriebsklima und da tat mir das allmorgendliche Jogging mehr als gut. Kaum war ich zur Tür hinaus, rief mir meine Mutter nach: »Ich glaube nicht, dass Laufen so gut ist – dieser berühmte Läufer ist doch gestorben.«

Ich hatte auch schon von Jim Fixx gelesen und wusste, dass das Laufen ihm wahrscheinlich ein wesentlich längeres Leben beschert hatte, als es jedem anderen aus seiner Familie vergönnt war, aber was würde es schon bringen, mit meiner Mutter darüber zu diskutieren.

Während ich meine Lieblingsstrecke entlanglief, merkte ich, dass ich die Bemerkung meiner Mutter einfach nicht abschütteln konnte. Sie hatte mich derart mutlos gemacht, dass ich kaum laufen konnte. In mir machte sich der Gedanke breit: »Warum läufst du überhaupt? In den Augen von richtig guten Läufern gibst du doch nur eine lächerliche Figur ab! Du könntest unterwegs mit einem Herzanfall zusammenbrechen – dein Vater ist mit fünfzig Jahren an einem Infarkt gestorben und er schien fitter zu sein als du.«

Die Worte meiner Mutter lasteten wie eine bleischwere Decke auf mir. Statt zu joggen, schlich ich, und ich fühlte mich völlig niedergeschlagen. So war es also um mich bestellt. Mit Ende vierzig lechzte ich immer noch nach der Anerkennung meiner Mutter und gleichzeitig ärgerte ich mich über mich selbst, weil ich immer auf eine Bestätigung hoffte, obwohl ich sie ja doch nie bekommen würde.

Kurz vor der Zwei-Meilen-Marke, an der ich umkehren wollte (ich war inzwischen so erschöpft, wie seit Jahren nicht mehr), kam mir auf der anderen Seite des Weges ein älterer chinesischer Herr entgegen. Ich hatte ihn schon öfter um diese Zeit hier spazieren gehen sehen und ihn stets mit einem »Guten Morgen« begrüßt, woraufhin er mir immer lachend zugenickt hatte. An diesem Tag aber kam er auf meine Seite des Weges herüber und stellte sich mir in den Weg, sodass ich stehen bleiben musste. Jetzt reichte es mir langsam. Zuerst hatte mir meine Mutter die Stimmung mit ihrem Kommentar (und all den anderen ähnlichen Kommentaren, die ich ein Leben lang von ihr zu hören bekommen hatte) verdorben und jetzt blockierte mir auch noch dieser Mann den Weg.

Ich trug ein T-Shirt, das mir eine Freundin aus Hawaii zum Chinesischen Neujahrsfest geschickt hatte. Es war vorne mit drei chinesischen Schriftzeichen und auf der Rückseite mit einer Ansicht von Honolulus Chinatown bedruckt. Es war das Hemd, das ihm aufgefallen war und ihn dazu veranlasst hatte, mich anzusprechen. Er deutete auf die Buchstaben und fragte in gebrochenem Englisch: »Du sprechen?«

Ich erklärte ihm, dass ich kein Chinesisch spräche und dass mir eine Freundin aus Hawaii das T-Shirt geschenkt habe. Ich hatte das Gefühl, dass er kaum verstand, was ich sagte, doch dann sagte er mit geradezu überschwänglicher Begeisterung: »Jedes Mal ich dich sehen... du sehr gut... du sehr schnell.«

Nun, ich bin weder sehr gut noch sehr schnell, aber als ich nach diesem kurzen Gespräch weiterlief, federte mein Schritt mit neuem Elan. Ich kehrte nicht um, wie ich es aus meiner düsteren Laune heraus beschlossen hatte, sondern legte noch sechs Meilen drauf, und ich muss sagen, ich war sehr gut an jenem Morgen. Im Geist und im Herzen lief ich sehr schnell.

Wegen dieses kleinen Zuspruchs trainierte ich weiter und vor kurzem lief ich meinen vierten Marathon in Honolulu. Dieses Jahr habe ich mir vorgenommen, den New Yorker Marathon zu schaffen. Ich weiß, dass ich nie ganz oben auf dem Siegertreppchen stehen werde, aber wann immer ich ein negatives Urteil bekomme, denke ich an den freundlichen Herrn, der wirklich glaubte, was er mir sagte: »Du sehr gut... du sehr schnell.«

Kathi M. Curry

Wünsch dir was

Ich werde den Tag nie vergessen, an dem mich meine Mutter *zwang*, zu einer Geburtstagsparty zu gehen. Ich war bei Mrs. Black in der dritten Klasse in Wichita Falls, Texas, und brachte eine Einladung mit nach Hause, die von diversen Erdnussbutterflecken geziert war.

»Ich gehe da nicht hin«, verkündete ich. »Das ist die Neue in unserer Klasse. Sie heißt Ruth. Bernice und Pat gehen auch nicht hin. Sie hat die ganze Klasse eingeladen. Alle sechsunddreißig.«

Als sich meine Mutter die handgeschriebene Einladung ansah, wirkte sie sonderbar traurig. Dann sagte sie: »Nun, du wirst doch hingehen! Ich kaufe morgen ein Geschenk.«

Ich konnte es nicht glauben. Meine Mutter hatte mich noch nie dazu gezwungen, zu einer Party zu gehen! Ich würde eher sterben als dorthin gehen. Aber wie hysterisch ich mich auch gebärdete, meine Mutter blieb hart.

Als der Samstag gekommen war, trieb mich meine Mutter aus dem Bett und hieß mich das hübsche rosarote Perlglanzset mit Spiegel und Bürste in Geschenkpapier einpacken, das sie für zwei Dollar achtundneunzig erstanden hatte.

Dann fuhr sie mich in ihrem gelb-weißen 1950er Oldsmobile hin. Ruth kam zur Tür und führte mich durch das steilste, Furcht einflößendste Treppenhaus, das ich je gesehen hatte.

Als ich die Wohnung betrat, war ich völlig erleichtert. Der Parkettboden des sonnendurchfluteten Wohnzimmers glänzte. Schneeweiße Schondeckchen lagen über den Arm- und Rückenlehnen der abgenutzten Sofagarnitur. Auf dem Tisch stand der wohl größte Kuchen, den ich je gesehen hatte. Zur Verzierung trug er neun rosa Kerzen, ein krakeliges »Happy Birthday Ruthie« und etwas, das wahrscheinlich Rosenknospen sein sollten.

Sechsunddreißig mit selbst gemachten Karamellbonbons gefüllte Pappbecher standen neben dem Kuchen – ein jeder mit einem Namen beschriftet.

Na ja, so schlimm wird es schon nicht werden, wenn erst einmal die anderen hier sind, dachte ich.

»Wo ist deine Mutter?«, fragte ich Ruth.

Sie senkte den Blick und antwortete: »Sie ist… sie ist krank.«

»Ach so. Und dein Vater?«

»Der ist weg.«

Es folgte eine Stille, die nur gelegentlich von einem heiseren Husten durchbrochen wurde, das durch eine geschlossene Tür drang. Eine Viertelstunde verging… dann noch einmal zehn Minuten – bis ich auf einmal mit Schrecken erkannte: *Es würde niemand kommen!* Wie konnte ich hier bloß rauskommen? Als ich gerade in Selbstmitleid zu versinken drohte, hörte ich ein unterdrücktes Schluchzen. Ich sah auf und blickte in Ruths tränenüberströmtes Gesicht. Sogleich war mein achtjähriges Herz voll des Mitgefühls für Ruth und schäumte vor Zorn auf meine fünfunddreißig egoistischen Klassenkameraden.

Ich sprang auf meine in weißen Wildlederschuhen steckenden Füße und rief voller Inbrunst: »Wer braucht denn schon die anderen?«

Ruths traurige Miene wich sogleich einem Ausdruck der begeisterten Aufregung. Und da waren wir – zwei kleine Mädchen und ein dreistöckiger Kuchen, sechsunddreißig Becher mit Karamellbonbons, Eiskrem bis zum Abwinken, literweise Limonade, drei Dutzend Wundertüten und dazu allerhand Partyspiele mit den dazugehörigen Preisen...

Zuerst nahmen wir uns den Kuchen vor. Wir konnten keine Streichhölzer finden und Ruthey (ich nannte sie längst nicht mehr einfach nur Ruth) wollte ihre Mutter nicht stören. Also taten wir nur so, als ob wir sie anzünden würden. Ich sang »Happy Birthday«, während Ruthey sich etwas wünschte und die imaginären Flammen auspustete.

Die Zeit verging in Windeseile und schon stand meine Mutter mit dem Wagen vor der Tür und hupte. Ich sammelte all meine Süßigkeiten und Preise ein, dankte Ruthey mehrmals und rannte zum Auto. Meine Worte überschlugen sich:

»Ich habe *alle* Spiele gewonnen! Na, genau genommen war Ruthey beim Topfschlagen Erste, aber sie meinte, es ist nicht fair, wenn das Geburtstagskind den Preis bekommt, und so hat sie ihn mir gegeben. Und bei den Wundertüten haben wir halbe-halbe gemacht. Sie hat sich so über die Bürste und den Spiegel gefreut. Ich war die Einzige, die da war – aus der ganzen dritten Klasse. Ich kann gar nicht abwarten, den anderen zu erzählen, was für eine tolle Party sie da verpasst haben!«

Meine Mutter fuhr an den Straßenrand, hielt an und umarmte mich ganz fest. Mit Tränen in den Augen sagte sie: »Ich bin ja so stolz auf dich.«

An jenem Tag habe ich gelernt, dass es wirklich etwas ganz Besonderes ist, wenn man auch nur einen einzigen Menschen bei sich hat. Es war doch etwas ganz Besonderes, dass Ruthey mich an ihrem neunten Geburtstag hatte, und es war etwas ganz Besonderes für mich, dass ich in meinem Leben meine Mutter hatte.

LeAnne Reaves

Der Unfall

*Das Segensreiche begegnet uns oftmals
in Form von Schmerzen, Verlusten
und Enttäuschungen; aber haben wir
Geduld, zeigt es uns bald sein wahres
Gesicht.*

JOSEPH ADDISON

In jenem Jahr fiel der Weihnachtsabend auf einen Sonntag.
Aus diesem Anlass sollte aus dem üblichen sonntäglichen
Jugendtreffen in der Kirche ein großes Fest werden. Die
Mutter zweier Mädchen fragte mich nach der Morgenmesse,
ob ich jemanden wüsste, der ihre beiden Töchter am Abend
abholen könnte. Sie war geschieden und ihr Ex-Ehemann
war aus der Stadt fortgezogen. In der Nacht Auto zu fahren
war ihr ein Gräuel, zumal der Wetterbericht Eisregen ange-
kündigt hatte. Ich versprach ihr, die Mädchen selbst zu
chauffieren, und so saßen die beiden am Abend auf dem
Weg zur Kirche neben mir im Wagen. Als wir über eine Stra-
ßenkuppe kamen, sahen wir auf einmal, dass es an einer Ei-
senbahnüberführung unmittelbar vor uns eine Massenka-
rambolage gegeben hatte. Es hatte zu frieren begonnen und
die Straße war so glatt, dass auch wir nicht mehr rechtzeitig
zum Stehen kommen konnten und auf das Heck eines anderen Autos auffuhren. Gerade wollte ich schauen, ob alles in
Ordnung war, als das Mädchen, das direkt neben mir saß, zu
schreien anfing. »Ooooo, Donna!« Ich beugte mich vor, um
zu sehen, was mit ihrer Schwester, die den Fensterplatz
hatte, passiert war. Damals gab es noch keine Sicherheits-
gurte. Sie war mit dem Gesicht direkt durch die Windschutzscheibe geschleudert worden. Als sie in den Sitz zu-

rückschnellte, hatte sie sich an dem zerbrochenen Glas der Scheibe zwei tiefe Schnitte in der linken Wange zugezogen. Sie war blutüberströmt. Es sah entsetzlich aus.

Glücklicherweise hatte einer der anderen Fahrer einen Erste-Hilfe-Kasten im Wagen und konnte die Blutung mit einer Kompresse stillen. Der Polizeibeamte, der die Untersuchung leitete, meinte, dass der Unfall unvermeidbar gewesen sei und keine Strafe erhoben würde, aber ich fühlte mich dennoch elend bei dem Gedanken, dass ein hübsches sechzehnjähriges Mädchen ein Leben lang mit Narben im Gesicht würde herumlaufen müssen. Und es war passiert, als ich die Verantwortung für sie trug.

In der Notaufnahme des Krankenhauses wurde Donna sofort in ein Behandlungszimmer gebracht, um die Wunden zu nähen. Es dauerte eine schier endlos lange Zeit. Ich befürchtete, dass es Komplikationen gegeben hätte, und so wandte ich mich schließlich an eine Krankenschwester. Sie erklärte mir, dass der Dienst habende Arzt zufällig plastischer Chirurg sei. Er würde viele winzige Stiche machen und das dauerte eben sehr lange. Dafür würde sich aber auch nur sehr wenig Narbengewebe bilden. Vielleicht hatte Gott in dieser scheußlichen Situation ja doch seine Hand im Spiel.

Ich hätte mich am liebsten davor gedrückt, Donna im Krankenhaus zu besuchen, denn ich fürchtete, sie könnte wütend auf mich sein und mir Vorwürfe machen. Wegen der Weihnachtstage hatte man viele der Patienten vorzeitig nach Hause geschickt und alle Operationen, die nicht dringend waren, verschoben. Aus diesem Grund war Donnas Etage relativ schwach belegt. Ich fragte die Stationsschwester, wie es dem Mädchen gehe. Sie lächelte und meinte, es gehe ihr prächtig. Ja, sie sei ein wahrer Sonnenschein. Sie mache einen zufriedenen Eindruck und würde viele Fragen zu ihrer Behandlung stellen. Da nur wenige Patienten zu versorgen waren, hätten die Krankenschwestern mehr Zeit als sonst, vertraute mir die Frau an, und sie würden jede Gelegenheit nutzen, in Donnas Zimmer hineinzuschauen, um ein Schwätzchen mit ihr zu halten!

Ich sagte Donna, wie Leid es mir tue, dass das Ganze passiert sei. Sie wischte meine Entschuldigung mit der Bemerkung beiseite, dass sie die Narben überschminken würde. Und dann erzählte sie mir voller Begeisterung, was die Krankenschwestern alles gemacht hatten und warum sie es getan hatten. Die Schwestern standen rings ums Bett und freuten sich. Donna wirkte mehr als glücklich. Sie war zum ersten Mal im Krankenhaus und völlig fasziniert.

Später in der Schule stand Donna im Mittelpunkt der Aufmerksamkeit und musste immer wieder von dem Unfall und ihrem Krankenhausaufenthalt berichten. Ihre Mutter und ihre Schwester machten mir keine Vorwürfe wegen dem, was geschehen war. Im Gegenteil, sie bedankten sich sogar dafür, dass ich mich so gut um die beiden gekümmert hätte. Was Donna anbelangt, so war ihr Gesicht nicht entstellt, und wenn sie die Narben mit ein wenig Make-up überschminkte, war so gut wie nichts davon zu sehen. Das tröstete mich zwar, aber immer noch tat es mir Leid, dass sie überhaupt Narben im Gesicht hatte. Ein Jahr später zog ich in eine andere Stadt und verlor den Kontakt zu Donna und ihrer Familie.

Fünfzehn Jahre später wurde ich von der dortigen Kirche eingeladen, einige Messen zu halten. Am letzten Abend entdeckte ich Donnas Mutter in der Schlange von Leuten, die sich von mir verabschieden wollten. Ich erschauderte bei der Erinnerung an den Unfall, das viele Blut und die Narben. Aber als Donnas Mutter vor mir stand, strahlte sie übers ganze Gesicht. Verschmitzt fragte sie mich, ob ich wüsste, was aus Donna geworden sei. Nein, das wisse ich nicht. Ob ich mich noch erinnern könne, wie sehr sie sich für die Arbeit der Krankenschwestern interessiert habe? O ja, das konnte ich. Und dann fuhr ihre Mutter fort:

»Nun, Donna entschied sich, Krankenschwester zu werden. Sie schloss ihre Ausbildung mit Auszeichnung ab, bekam eine gute Stelle in einem Krankenhaus, traf dort einen jungen Arzt, die beiden verliebten sich ineinander, heirateten und haben nun zwei wunderbare Kinder. Sie hat mich gebeten, Ihnen auszurichten, dass der Unfall das Beste war, was ihr je passiert ist.«

Robert J. McMullen Jr.

Aus dem Munde eines kleinen Jungen

1992 fuhren mein Mann und ich zu einem Freundschaftstreffen nach Deutschland, wo wir bei drei überaus sympathischen Familien zu Gast waren. Wir freuten uns sehr, als eines der Ehepaare, die wir auf unserer Reise kennen gelernt hatten, uns in Iowa besuchte.

Unsere Freunde Reimund und Toni leben in einer Stadt im Ruhrgebiet, die von den Bombenangriffen im Zweiten Weltkrieg schwer in Mitleidenschaft gezogen wurde. An einem Abend während ihres einwöchigen Aufenthalts bei uns bat sie mein Mann, der Geschichtslehrer ist, uns von ihren Kindheitserlebnissen während des Krieges zu berichten. Reimund erzählte uns eine Geschichte, die uns zu Tränen rührte.

Kurz vor Kriegsende hatte Reimund eines Nachmittags

mit angesehen, wie sich zwei Männer aus einem angeschossenen feindlichen Flugzeug mit dem Fallschirm retteten. Wie viele andere neugierige Bürger, die die Fallschirmspringer ebenfalls gesehen hatten, machte sich der damals Elfjährige auf den Weg zum Marktplatz, denn er wusste, dass die Polizei die Kriegsgefangenen dorthin bringen würde. Schließlich wurden zwei Briten von zwei Polizisten vorgeführt. Sie warteten auf dem Platz auf das Fahrzeug, das sie in das Gefängnis in der Nachbarstadt bringen sollte, in dem die Kriegsgefangenen interniert wurden.

Beim Anblick der beiden Männer wurden in der Menge wütende Schreie laut: »Bringt sie um! Bringt sie um!« Zweifellos dachten sie an die schweren Bombenangriffe, die die Briten und ihre Verbündeten gegen die Stadt geflogen hatten. Und sie meinten es ernst, denn sie waren nicht mit leeren Händen gekommen. Viele der Leute hatten im Garten gearbeitet, als sie den Feind vom Himmel fliegen sahen, und sie hatten Mistgabeln, Schaufeln und andere Geräte dabei.

Reimund betrachtete die Gesichter der beiden britischen Gefangenen. Sie waren noch sehr jung, vielleicht neunzehn oder zwanzig Jahre. Er sah, welche Angst sie hatten. Er sah auch, dass die beiden Polizisten, denen die Bewachung der beiden Kriegsgefangenen oblag, machtlos gegen die aufgebrachte, mit Gabeln und Schaufeln bewaffnete Menge waren.

Er wusste, dass er handeln musste, und zwar schnell. Er rannte nach vorn zu den Gefangenen, wandte sich der Menge zu und schrie, sie sollten aufhören. Niemand wollte dem Jungen wehtun und so wichen die Leute für einen Moment zurück. Lange genug, um Reimund sprechen zu hören:

»Seht euch diese Gefangenen an. Das sind ja noch Kinder!

Sie sind nicht anders als eure eigenen Söhne. Sie tun nur, was eure eigenen Söhne tun – sie kämpfen für ihr Land. Wenn eure Söhne in einem fremden Land vom Himmel geschossen würden und in Gefangenschaft gerieten, würdet ihr auch nicht wollen, dass sie von den Leuten dort erschlagen werden. Bitte, tut ihnen nichts!«

Reimunds Landsleute hörten zu – zuerst staunend, dann peinlich berührt. Schließlich erhob eine Frau die Stimme: »Es musste erst ein kleiner Junge daherkommen, um uns zu sagen, was richtig und was falsch ist.« Dann löste sich die Menge auf.

Reimund wird nie vergessen, wie viel Erleichterung und Dankbarkeit aus den Gesichtern der beiden jungen britischen Flieger sprach. Er wünscht ihnen ein langes, glückliches Leben und hofft, dass sie nie den kleinen Jungen vergessen, der sie damals rettete.

Elaine McDonald

Der Rand

In der Nacht bevor ich nach Israel aufbrach, führten wir dieselben Gespräche, wie wir sie schon die ganze Woche über geführt hatten. »Warum ausgerechnet nach Israel?«, fragte mein Vater in demselben Tonfall, in dem er »Warum China?«, »Warum Russland?« oder »Warum« irgendein anderes Land gefragt hatte, in das ich reisen wollte. »Du weißt doch, dass da Krieg herrscht«, fügte er hinzu. »Ja, ich weiß, Vater. Überall auf der Welt gibt es Kriege«, antwortete ich. Dann wollte er wissen, warum ich bereit sei, mich solchen Gefahren auszusetzen. Und schließlich bekam ich die Worte zu hören, die ich mein Leben lang gehört hatte: »Du hast mir noch nie zugehört. Warum sollte ich davon ausgehen, dass du mir diesmal zuhörst?« Und in der für ihn so typischen Art schloss er die Augen, seufzte tief und schüttelte den Kopf.

Wann immer wir eine dieser »Diskussionen« hatten, versuchte meine Schwester Kristy die Spannung zu lösen. Obwohl sie schon lange erkannt hatte, dass sie damit kein Glück haben würde, versuchte sie es dennoch jedes Mal aufs Neue. »Warum fährst du nicht nach England zur Sommerakademie, Kath?«, schlug sie vor. »Da ist es nicht gefährlich.« Sie hatten wie immer nichts verstanden.

In meiner Familie hat mich nie jemand wirklich verstanden. Ich entsprach einfach nicht der Vorstellung, die sie von meinem Leben hatten. England war mir nicht aufregend genug. Ich wollte irgendwohin, wo ich etwas *anderes* erleben konnte. Meine Seele war immer rastlos und sehnte sich danach, unbekanntes Territorium zu erkunden. Meine Mutter meinte, ich hätte etwas von einem »Zigeuner« im Blut.

Altersmäßig liegen meine Schwester und ich dreieinhalb Jahre auseinander, aber zwischen ihrer und meiner Art zu leben liegen Welten. Sie ist konservativ und in sich gekehrt. Ich gehe zu viele Risiken ein und richtig still bin ich nur, wenn ich schlafe. Seit ich erwachsen bin, habe ich die meiste Zeit damit zugebracht, mich bei meiner Schwester und der übrigen Familie dafür zu entschuldigen, dass ich anders bin, weil ich sie wieder einmal mit der Art, mich zu kleiden, zu reden oder zu handeln blamiert habe.

Ich bin so eine Frau, die mit einem Hut voller Obst und einem leuchtend bunten Kleid aufzutauchen wagt, wo alle anderen in Schwarz herumlaufen. Ich bin so eine, die bei einer Abendgesellschaft den falschen Witz erzählt. Oder die bei einem alten, schnulzigen Film im Kino losheult. Wie überaus peinlich für die anderen! Jemand hat mir einmal gesagt, dass er mich nicht um meine Aufgabe beneidet, die Emotionen für die gesamte Familie ausleben zu müssen.

Weil meine Schwester so anders ist als ich – oder weil ich so anders bin als sie –, sind wir uns nicht besonders nahe. Je älter wir werden und je mehr wir zu tun haben, desto seltener sehen wir uns, obwohl wir nicht einmal einen Kilometer voneinander entfernt wohnen. Wenn wir uns dann doch einmal sehen, spüre ich, wie sie die Luft anhält und nur darauf wartet, dass ich etwas »Falsches« tue oder sage, während ich auf glühenden Kohlen laufe und darum bete, dass ich es nicht tun möge, um es dann unweigerlich doch zu tun.

Nachdem sich meine Schwester am wenigsten über meine Reisepläne für diesen Sommer aufzuregen schien, bat ich sie demütig, mich zum Flughafen zu bringen. »Kein Problem«, meinte sie und fügte beiläufig hinzu: »Aber sag Vater nichts davon!« Ich stimmte lächelnd zu. Nicht, dass unser Vater ein Tyrann wäre. Wir wissen, dass er uns über alles liebt. Das lässt sich allein an all den Opfern ablesen, die er für uns erbracht hat. Ich hätte nicht Jura studiert, wenn er nicht gewesen wäre. Er macht sich einfach nur Sorgen und es fällt ihm schwer, Sorgen und Liebe auseinander zu halten.

Am nächsten Tag auf dem Weg zum Flughafen war meine Schwester schweigsam wie immer. Aber zum ersten Mal, seit ich mich zu dieser Reise entschlossen hatte, fragte sie mich nach meinen Plänen: Wo ich hinwolle, wo ich bleiben würde. Sie schien wirklich interessiert.

In meiner Familie sind emotionale Abschiedsszenen nicht üblich und so machte sich meine Schwester mit einem »Mach's gut« und einem schnellen »Ich mag dich auch« aus dem Staub. Ich war traurig, weil ich das Gefühl hatte, dass sie mich einfach nicht verstand. Ich wünschte mir in diesem

Augenblick, dass sie mit mir käme, wusste aber gleichzeitig, dass sie das niemals tun würde.

Nach dem Einchecken suchte ich mir meinen Platz und machte es mir gemütlich. Als ich meine Handtasche aufmachte, die meine Schwester vor der Abfahrt zum Flughafen im Kofferraum verstaut hatte, fand ich neben meinem Pass, den Traveller-Schecks und anderen wichtigen Dingen einen kleinen weißen Umschlag, auf dem in der Handschrift meiner Schwester »Kath« geschrieben stand. Ich machte ihn auf und zog eine Gute-Reise-Grußkarte heraus. Der Cartoon auf der Vorderseite war wirklich witzig. Meine Familie liebte diese lustigen Karten, und diese hier war nichts anderes – das war zumindest mein erster Eindruck.

Aber als ich die Karte aufgeklappt und gelesen hatte, erkannte ich, dass meine Schwester – von der ich gerade noch geglaubt hatte, dass sie mich einfach nicht verstehen könnte – mich eben doch verstand. Es schien mir, als wünschte sich ein kleiner Teil von ihr, hier bei mir zu sein; vielleicht war es jener kleine Teil, der immer gern mit mir getauscht hätte. Im Inneren der Karte hatte sie auf einer Seite geschrieben:

Ich bewundere dich dafür, dass du das Leben in so vollen Zügen genießen kannst. Ich liebe dich.

Deine Schwester
Kristy

Und auf der Rückseite stand:

Apollo stand hoch oben auf der Klippe;
»Kommt an den Rand«, sagte er.
»Wir können nicht«, sagten die anderen. »Es ist zu steil.«
»Kommt an den Rand«, sagte er.

»Wir können nicht«, sagten die anderen. »Es ist zu steil.«
»Kommt an den Rand«, sagte er.
»Wir können nicht«, sagten die anderen. »Wir würden in die
Tiefe stürzen.«
Und sie kamen und er schubste sie
und sie flogen.

An jenem Tag zeigte mir meine Schwester für einen kleinen Augenblick eine höchst schätzenswerte Seite von sich, eine Seite, die sie mir noch nie zuvor gezeigt hatte. Oder vielleicht hatte ich nie genau genug hingesehen. Mit tränenüberströmtem Gesicht sah ich durch das Fenster zum Terminal hinüber. Und da stand meine Schwester am Aussichtsfenster und winkte mir zu. Als das Flugzeug vom Gate zurücksetzte, sah ich, wie sich ihre Lippen bewegten. Sie sagten: »Ich liebe dich.« Ich erwiderte ihr Lachen, weil ich zum ersten Mal wusste, dass sie es wirklich meinte.

Kathleen Louise Smiley

»Keine Sorge, Mama. Ich pass schon auf.«

Nachdruck mit Genehmigung von Dave Carpenter.

6

Eine Frage der Einstellung

Die Bedeutung der Dinge liegt nicht in ihrem
Wesen, sondern in unserer Einstellung ihnen
gegenüber.

ANTOINE DE SAINT-EXUPÉRY

Was uns am meisten Angst macht

Am meisten Angst macht uns nicht unsere Unzulänglichkeit. Am meisten Angst macht uns unsere maßlose Kraft.

Es ist unser Licht und nicht unsere Schatten, vor dem wir uns am meisten fürchten.

Du magst dich fragen, wie könnte ausgerechnet ich brillant, wunderbar, begabt und unwiderstehlich sein?

Dabei stellt sich eher die Frage, wie du es NICHT sein könntest.

Du bist ein Kind Gottes. Die Welt hat nichts davon, wenn du dich klein machst.

Es steckt nichts Erleuchtetes darin, dich zu ducken, damit sich die anderen Menschen in deiner Gegenwart nicht unsicher fühlen.

Wir wurden geboren, um die uns innewohnende Herrlichkeit Gottes zum Ausdruck zu bringen.

Sie ist nicht in einigen von uns; sie ist in jedem von uns. Wenn wir unser Licht leuchten lassen, erlauben wir den anderen unbewusst, es uns gleichzutun.

Befreien wir uns von unserer eigenen Angst, wirkt unsere Gegenwart automatisch befreiend auf andere.

Marianne Williamson aus »A Return to Love«

So ein Unglück ist schon etwas Großartiges!

Wenn dein Haus in Flammen steht,
dann wärme dich daran.

SPANISCHES SPRICHWORT

Thomas Edisons Labor brannte im Dezember 1914 buchstäblich bis auf die Grundmauern ab. Es entstand ein Schaden von über zwei Millionen Dollar, doch die Brandversicherung deckte nur einen Bruchteil, nämlich einen Betrag von 230 000 Dollar ab, da es sich um einen Betonbau gehandelt hatte, der als absolut brandsicher galt. Ein Großteil von Edisons Lebenswerk ging in jener Nacht auf spektakuläre Weise in Flammen auf.

Als die Feuersbrunst gerade ganz besonders heftig tobte, suchte Edisons vierundzwanzigjähriger Sohn Charles zwischen Rauchschwaden und Trümmern verzweifelt nach seinem Vater. Schließlich fand er ihn. Er stand etwas abseits und betrachtete die Szene in aller Gemütsruhe, den roten Widerschein der Flammen im Gesicht, sein weißes Haar im Wind.

»Beim Gedanken an seine Situation krampfte sich mir das Herz zusammen«, berichtete Charles rückblickend. »Er war siebenundsechzig – also nicht mehr ganz jung – und sein gesamtes Hab und Gut wurde von den Flammen geraubt. Als er mich sah, rief er: ›Charles, wo ist deine Mutter?‹ Ich wusste es nicht. ›Such sie‹, drängte er. ›Bring sie her. So etwas wird sie ihr Leben lang nicht noch einmal zu Gesicht bekommen.‹«

Am nächsten Morgen betrachtete sich Edison die Ruinen seines Hauses und meinte: »So ein Unglück ist schon etwas Großartiges! All unsere Fehler und Irrtümer gehen dabei in

Flammen auf und wir sind in der glücklichen Lage, noch einmal ganz von vorne beginnen zu können.«

Drei Wochen nach dem Brand stellte Edison seinen ersten Fonografen vor.

Aus »The Sower's Seeds«

Gute Nachrichten

Nachdem der berühmte argentinische Golfspieler Robert de Vincenzo wieder einmal ein Turnier gewonnen, seinen Scheck entgegengenommen und für die Pressefotografen posiert hatte, machte er sich auf den Weg zum Clubhaus, um seine Sachen zu packen. Als er kurz darauf zum Parkplatz ging, wurde er von einer jungen Frau angesprochen. Sie gratulierte ihm zu seinem Sieg und dann erzählte sie ihm von ihrem Kind; es sei lebensgefährlich erkrankt und sie wisse nicht, wie sie die Arzt- und Krankenhausrechnungen bezahlen solle.

De Vincenzo war so gerührt, dass er seinen Stift zückte und den soeben erhaltenen Scheck mit seiner Siegerprämie auf die Frau übertrug. »Bereiten Sie Ihrem Baby eine paar gute Tage«, mit diesen Worten übergab er ihr den Scheck.

In der darauf folgenden Woche saß der Argentinier gerade beim Mittagessen in einem Country-Club, als ein Funktionär des Profigolfverbands zu ihm an den Tisch kam: »Ein paar von den Jungs auf dem Parkplatz haben mir erzählt, dass Sie dort nach Ihrem Turniersieg eine junge Frau getroffen haben.« De Vincenzo nickte. »Nun«, fuhr der Mann fort. »Ich muss Ihnen etwas sagen. Sie ist eine Betrügerin. Sie hat gar kein krankes Baby. Sie ist noch nicht einmal verheiratet. Sie hat Sie übers Ohr gehauen, mein Freund.«

MISTER BOFFO

By Joe Martin

»Wollen Sie damit sagen, es gibt gar kein Baby, das im Sterben liegt?«, erkundigte sich De Vincenzo.

»Ja, das stimmt«, bestätigte der Mann.

»Das sind die besten Nachrichten, die ich diese Woche bekommen habe!«, freute sich De Vincenzo.

Aus »The Best of Bits & Pieces«

Rollen – und wie wir sie spielen

Wann immer ich mit meiner Lebenssituation hadere, halte ich einen Moment lang inne und denke an den kleinen Jamie Scott. Jamie hatte sich für eine Rolle bei der Schultheateraufführung beworben. Seine Mutter meinte, er wolle sie unbedingt bekommen, aber sie fürchtete, dass man ihn nicht nehmen würde. An dem Tag, an dem die Rollen vergeben worden waren, begleitete ich sie, um ihren Sohn von der Schule abzuholen. Als Jamie auf sie zurannte, leuchteten seine Augen vor Stolz und Begeisterung: »Weißt du was, Mama?«, rief er. Und die Worte, die dann folgten, werden mir immer eine Lehre sein: »Ich bin ausgewählt worden, um Beifall zu klatschen und die anderen anzufeuern!«

Marie Curling

Johnny

Wir werden allseits herausgefordert, in unserem Lebenswerk unermüdlich nach Vortrefflichkeit zu streben. Nicht alle Menschen sind dazu bestimmt, in fachlich qualifizierten Berufen zu arbeiten; noch weniger steigen in die genialen Höhen der Künste und Wissenschaften auf; viele sind zur Arbeit in Fabriken, auf Feldern und Straßen berufen. Aber keine Verrichtung ist unbedeutend. Jede Arbeit, die der Menschheit zugute kommt, hat ihre Würde und Bedeutung und sollte mit allergrößter Sorgfalt ausgeführt werden. Ist ein Mensch dazu berufen, Straßenkehrer zu sein, sollte er kehren, so wie Michelangelo malte, wie Beethoven komponierte oder Shakespeare dichtete. Er sollte die Straßen so gut kehren, dass die himmlischen Heerscharen und die Menschen auf Erden dereinst sagen mögen: »Hier lebte ein großer Straßenkehrer, der seine Arbeit gut gemacht hat.«

MARTIN LUTHER KING JR.

Im letzten Herbst hielt ich einmal vor dreitausend Angestellten einer großen Supermarktkette im Mittelwesten der Vereinigten Staaten einen Vortrag über die Verbesserung von Kundentreue und Arbeitsmoral.

Dabei betonte ich unter anderem, für wie wichtig ich es hielt, der eigenen Arbeit eine persönliche Note zu verleihen. Angesichts des allgemeinen Trends zur Personalverschlankung, zur Reorganisation und technischen Revolutionierung und des wachsenden Stresses am Arbeitsplatz halte ich es für unabdingbar, dass jeder von uns einen Weg zur Zufriedenheit mit sich selbst und seiner Arbeit findet. Dies wird am ehesten gelingen, wenn wir eine Möglichkeit entdecken, um uns in unserem Handeln von all den anderen abzuheben, die die gleiche Arbeit verrichten wie wir.

Ich verwies auf das Beispiel eines Piloten bei United Airlines, der sich – sobald im Cockpit alles läuft – an den Computer setzt, nach dem Zufallsprinzip einige Leute aus der Bordcrew auswählt und sich bei ihnen in einem kleinen handgeschriebenen Brief für ihre gute Arbeit bedankt. Ein Grafiker, mit dem ich einmal gearbeitet habe, legt all seinen Kundenschreiben einen Streifen zuckerfreien Kaugummi bei, damit keiner seine Post in den Papierkorb wirft!

Ein Gepäckarbeiter bei Northwest Airlines verlieh sich seine »besondere Note«, indem er anfing, die Namensschilder, die sich von Kundengepäckstücken gelöst hatten und die im Normalfall im Müll gelandet wären, zu sammeln, in seiner Freizeit an die Besitzer zurückzuschicken und sich bei ihnen dafür zu bedanken, mit Northwest geflogen zu sein. Ein leitender Manager, mit dem ich einmal gearbeitet habe, machte es sich zur Gewohnheit, allen Schreiben an Mitarbeiter, deren Inhalt weniger erfreulich war, ein Papiertaschentuch beizulegen.

Ich trug noch eine Reihe weiterer Beispiele von Menschen vor, die sich an ihrem Arbeitsplatz einen individuellen Touch gegeben haben, und forderte dann das Publikum auf, selbst kreativ zu werden und sich eine Möglichkeit zu überlegen, ihrer Arbeit eine ganz persönliche Note zu verleihen.

Etwa drei Wochen nach meinem Vortrag klingelte eines Nachmittags das Telefon. Es meldete sich ein junger Mann namens Johnny, der in einem der Supermärkte an der Kasse stand und den Kunden beim Einpacken der gekauften Waren half. Er litt, wie er mir berichtete, am Down-Syndrom. »Es hat mir gut gefallen, was Sie gesagt haben!«, lobte er mich und erzählte mir, wie er am Abend nach meinem Vortrag nach Hause gegangen war und seinen Vater gebeten hatte, ihm die Bedienung des Computers zu erklären.

Er lernte, ein Schreibprogramm zu benutzen, und wenn er abends nach Hause kommt, tippt er einen »Spruch des Tages« ein. Wenn ihm einmal kein guter einfällt, so seine Worte, dann »denke ich mir eben einen aus«! Er vervielfältigt seinen Spruch, druckt ihn aus, schneidet die Zettel zu und setzt jeweils auf die Rückseite seinen Namenszug. Wenn er dann den Kunden am nächsten Tag beim Einpacken ihrer Waren hilft, legt er jedem Einkauf einen seiner Tagessprüche bei und gibt seiner Arbeit somit auf höchst kreative und spaßige Weise eine persönliche und überaus menschliche Signatur.

Einen Monat später rief mich der Leiter der Supermarktfiliale an. Er meinte: »Sie werden kaum glauben, was heute passiert ist. Als ich heute Morgen in den Verkaufsraum kam, standen an Johnnys Kasse drei Mal so viele Leute wie an den anderen. In typischer Chefmanier fing ich an zu brüllen: ›Macht mehr Kassen auf! Wir brauchen mehr Leute hier draußen!‹ Aber da unterbrach mich einer der Kunden: ›Nein, das ist nicht nötig. Wir stehen bewusst bei Johnny an. Wir möchten seinen Tagesspruch haben!‹«

Eine Frau, so berichtete der Manager weiter, habe gemeint: »Früher bin ich immer nur einmal in der Woche zum Einkaufen gegangen. Jetzt schaue ich herein, wann immer ich in der Gegend vorbeikomme, nur um den Spruch zu kriegen!« (Man bedenke nur, wie sich das auf den Umsatz auswirkt!) Und er schloss mit den Worten: »Wer, glauben Sie, ist die *wichtigste Person* in unserem ganzen Laden? Johnny, natürlich!«

Drei Monate später rief er mich noch einmal an: »Sie und Johnny haben unsere Filiale völlig umgekrempelt! Wenn jetzt in der Blumenabteilung eine Blume abbricht oder ein Sträußchen übrig bleibt, halten die Angestellten im Verkaufsraum nach einer älteren Dame oder einem kleinen Mädchen Ausschau, dem sie es anstecken könnten. Einer unserer Fleischverkäufer ist Snoopy-Fan. Also hat er fünfzigtausend Snoopy-Aufkleber gekauft, und auf jedes

Fleischpaket klebt er einen davon auf. Uns macht das Ganze viel Spaß und die Kunden sind hellauf begeistert!«

Na, wenn das keine gute Arbeitsmoral ist!

Barbara A. Glanz

7

Hindernisse überwinden

Hindernisse können mich nicht aufhalten;
Entschlossenheit bringt jedes Hindernis zu Fall.
LEONARDO DA VINCI

Die leidenschaftliche Verfolgung des Möglichen

*Ehre deine Visionen und Träume, denn
sie sind die Kinder deiner Seele –
die Entwürfe für deine höchsten
Errungenschaften.*

NAPOLEON HILL

Vor vielen Jahren entdeckte ein Archäologe bei der Ausgrabung eines ägyptischen Grabes einige Samenkörner, die in einem Holzgefäß aufbewahrt waren. Sie wurden in die Erde gesteckt und entfalteten nach über dreitausend Jahren ihr Potenzial! Kann es im Leben eines Menschen derart entmutigende und niederschmetternde Umstände geben, dass er ungeachtet seines Potenzials zu einem Dasein der Fehlschläge und stillen Verzweiflung verdammt ist? Oder stecken auch in ihm die Samen des Möglichen – ein Entfaltungsdrang, der stark genug ist, um auch die härteste Kruste der Widrigkeiten zu durchdringen?

Am 23. Mai 1984 wurde über das Netz von Associated Press folgende Geschichte verbreitet:

Mary Groda hatte als Kind weder lesen noch schreiben gelernt. Die Fachleute stuften sie als geistig zurückgeblieben ein. Als Jugendliche bekam sie noch einen weiteren Stempel aufgedrückt. Da wurde sie als »schwer erziehbar« für zwei Jahre in eine Besserungsanstalt geschickt.

Ironischerweise machte sich Mary hier – hinter hohen Mauern und geschlossenen Türen – daran, sich der Herausforderung des Lernens zu stellen. Um ihr Ziel zu erreichen, arbeitete sie bis zu sechzehn Stunden täglich. Ihr Fleiß hat sich gelohnt: Sie schaffte ihren Highschool-Abschluss.

Aber Mary Groda blieb vom Pech nicht verschont. Nach ihrer Entlassung aus dem Heim wurde sie schwanger. Der Vater des Kindes machte sich aus dem Staub. Zwei Jahre später erlitt sie während einer weiteren Schwangerschaft einen Schlaganfall, der sie ihrer so hart erarbeiteten Lese- und Schreibfähigkeiten beraubte. Mit der Hilfe und Unterstützung ihres Vaters kämpfte Mary und sie gewann zurück, was sie verloren hatte.

Zur Überbrückung finanzieller Durststrecken war Mary auf Sozialhilfe angewiesen. Dann aber nahm sie sieben Pflegekinder auf, um allein über die Runden zu kommen. Gleichzeitig belegte sie Kurse in einem Erwachsenen-College. Nachdem sie dort den Abschluss geschafft hatte, bewarb sie sich mit Erfolg um einen Studienplatz für Medizin an der Albany Medical School.

Im Frühjahr 1984 nahm Mary Groda Lewis – sie war inzwischen verheiratet – im akademischen Ehrengewand ihre Doktorwürde entgegen. Wir können nur ahnen, was in ihr vorging, als sie dieses beredte Zeugnis ihres unerschütterlichen Glaubens an sich selbst in Händen hielt – dieses Diplom, das aller Welt verkündete: Hier auf diesem kleinen Fleckchen Erde steht ein Mensch, der das Unmögliche zu träumen wagte, ein Mensch, der der lebende Beweis für das Göttliche in uns ist. Hier steht Mary Groda Lewis, Doktor der Medizin.

James E. Conner

Wir sagten ihm nie, dass er es nicht schaffen würde

Sie können es, weil sie glauben, es zu können.

VERGIL

Als mein Sohn Joey geboren wurde, waren seine Füße nach oben gedreht, sodass die Fußsohlen am Bauch anlagen. Er war mein erstes Kind und es erschien mir zwar seltsam, aber ich wusste nicht recht, was es eigentlich zu bedeuten hatte. Es bedeutete, dass Joey mit zwei Klumpfüßen zur Welt gekommen war. Die Ärzte versicherten uns, dass er mit der entsprechenden Behandlung einmal gehen könnte; nur das schnelle Laufen würde wohl immer schwierig sein. Joeys erste drei Lebensjahre bestanden aus Operationen, Gipsverbänden und Stützapparaten. Seine Beine wurden massiert, bearbeitet und durch ständige Übungen aktiviert, sodass man ihm zu seinem siebten oder achten Lebensjahr beim Gehen kaum noch ansah, dass er einmal Probleme damit gehabt hatte.

Nur wenn längere Strecken zu Fuß zu bewältigen waren, zum Beispiel bei Ausflügen in Vergnügungsparks oder bei Zoobesuchen, klagte er, dass seine Füße müde waren oder wehtaten. Dann machten wir eine Pause, tranken eine Limo oder aßen ein Eis und redeten darüber, was wir gesehen hatten oder noch sehen wollten. Wir sagten ihm nie, warum ihm die Beine wehtaten oder warum sie schwach waren. Wir sagten ihm nicht, dass dies etwas damit zu tun hatte, dass er mit einer Fehlbildung zur Welt gekommen war. Wir sagten es ihm nicht und so wusste er es nicht.

Die Kinder in unserer Nachbarschaft rannten beim Spielen umher, wie Kinder es nun einmal tun. Wenn Joey sie sah, sprang er natürlich auch auf und rannte hin, um mitzuspielen. Wir sagten ihm nie, dass er wahrscheinlich nicht so gut würde laufen können wie die anderen Kinder. Wir sagten ihm nicht, dass er anders sei. Wir sagten es ihm nicht und so wusste er es nicht.

Als er in der siebten Klasse war, beschloss er, sich der Langstreckenlauf-Mannschaft anzuschließen. Er trainierte täglich. Es schien, als würde er härter arbeiten und mehr laufen als die anderen in seiner Mannschaft. Vielleicht spürte er instinktiv, dass sich ihm die Fähigkeiten, die anderen womöglich in den Schoß fielen, nicht ganz so leicht erschlossen. Wir sagten ihm nicht, dass er – selbst wenn er laufen konnte – in seiner Mannschaft wahrscheinlich immer das Schlusslicht bilden würde. Wir sagten ihm nicht, dass er nicht erwarten dürfe, ins »Team« aufzurücken. Zum Team gehören nur die sieben besten Läufer der Schule. Auch wenn die gesamte Mannschaft läuft, sind es doch nur diese sieben, die das Potenzial dazu haben, Punkte für die Schule zu holen. Wir sagten ihm nicht, dass er wohl nie ins Team aufrücken würde, und so wusste er es nicht.

Er lief etwa vier bis fünf Meilen. Jeden Tag. Ich werde nie vergessen, wie er einmal fast vierzig Fieber hatte. Er konnte nicht zu Hause bleiben, weil er Lauftraining hatte. Ich sorgte mich den ganzen Tag und wartete jeden Moment darauf, dass mich die Schule anrufen und bitten würde, ihn vorzeitig abzuholen. Das Telefon blieb stumm.

Nach Schulschluss fuhr ich zum Sportplatz. Vielleicht, so dachte ich, würde er das Training doch ausfallen lassen, wenn er mich dort sah. Als ich auf das Gelände kam, lief er gerade ganz allein eine Allee entlang. Ich fuhr an den Straßenrand und ließ den Wagen langsam rollen, sodass er mit mir Schritt halten konnte. Ich fragte ihn, wie es ihm ginge. »Gut«, sagte er. Er hatte nur noch zwei Meilen vor sich. Der Schweiß lief ihm übers Gesicht und seine Augen waren glasig vom Fieber. Trotzdem war sein Blick geradeaus gerichtet und er lief weiter. Wir hatten ihm nie gesagt, dass er mit fast vierzig Fieber keine vier Meilen laufen konnte. Wir haben es ihm nie gesagt und so wusste er es nicht.

Zwei Wochen später – am Tag vor dem vorletzten Rennen der Saison – wurden die Namen des Teams bekannt gegeben. Joey stand als Nummer sechs auf der Liste. Die anderen sechs Mitglieder des Teams waren alle in der achten Klasse. Wir hatten ihm nie gesagt, dass er wohl nie ins Team aufrücken würde. Wir hatten ihm nie gesagt, dass er es nicht schaffen könnte … So hat er es nicht gewusst. Er hat es einfach getan.

Kathy Lamancusa

Kampfgeist

Meine zehnjährige Tochter Sarah zeigt uns immer wieder, was Kampfgeist heißt. Von Geburt an fehlt ihr ein Muskel im Fuß, und sie muss ständig einen Stützapparat tragen. Eines wunderbaren Frühlingstags kam sie nach Hause und erzählte mir, dass sie beim Sportfest mitgemacht hatte – eine Veranstaltung, bei der die verschiedensten Rennen und andere Wettkämpfe ausgetragen werden.

Als ich an ihren Stützapparat dachte, fingen meine Gedanken an zu rasen. Ich suchte krampfhaft nach ermunternden Worten für meine kleine Sarah – nach irgendetwas, das ich ihr sagen könnte, um sie über ihre Enttäuschung hinwegzutrösten, irgendetwas, das die berühmten Trainer ihren Schützlingen sagen, wenn sie eine Niederlage einstecken mussten – aber noch bevor ich den Mund aufmachen konnte, sah sie mich an und meinte: »Stell dir vor, Papa, ich habe zwei Rennen gewonnen!«

Ich konnte es einfach nicht glauben. Und dann fuhr Sarah fort: »Ich hatte einen Vorteil.«

Ahhh. Ich hatte es ja gleich gewusst! Sie hatten ihr einen Vorsprung gegeben… sie irgendwie bevorzugt. Aber auch diesmal kam sie meinen Worten zuvor: »Sie haben mir keinen Vorsprung gegeben. Mein Vorteil war, ich musste mich mehr anstrengen!«

Na, wenn das kein Kampfgeist ist! Typisch Sarah!

Stan Frager

Vierzehn Stufen

> *Erst durch Widrigkeiten lernt sich der Mensch selbst kennen.*
>
> VOLKSMUND

Eine Katze, so heißt es, habe neun Leben, und ich halte das für durchaus möglich, bin ich doch selbst schon beim dritten Leben angelangt – und dabei bin ich noch nicht einmal eine Katze.

Mein erstes Leben begann an einem klaren, kalten Novembertag im Jahr 1904, als ich als sechstes von acht Kindern eines Farmerehepaars das Licht der Welt erblickte. Mein Vater starb, als ich fünfzehn war, und wir mussten hart kämpfen, um uns über Wasser zu halten. Meine Mutter blieb zu Hause und kochte Kartoffeln, Bohnen, Maisbrei und Gemüse, während wir anderen loszogen, um mit Gelegenheitsjobs ein bisschen Geld zu verdienen – viel ist es nie gewesen.

Später dann heirateten meine Geschwister einer nach dem anderen, sodass am Ende außer mir nur noch eine Schwester übrig blieb, um für meine Mutter zu sorgen, die in ihren letzten Lebensjahren gelähmt war und mit noch nicht einmal siebzig Jahren starb. Kurz darauf heiratete meine Schwester, und ich folgte ihrem Beispiel noch im selben Jahr.

Ab diesem Zeitpunkt fing ich an, mein erstes Leben zu genießen. Ich war glücklich, gesund und körperlich ziemlich fit. Meine Frau und ich bekamen zwei wunderbare Töchter. Ich hatte einen guten Job in San José und ein schönes Haus auf der Halbinsel vor San Carlos.

Das Leben war wie ein schöner Traum.

Dann ging der Traum zu Ende und wich einem dieser schrecklichen Albträume, die einen mitten in der Nacht schweißgebadet aufwachen lassen. Ich litt unter einer schleichenden Nervendegeneration, die erst meinen rechten Arm und mein rechtes Bein beeinträchtigte und sich dann an der anderen Körperseite bemerkbar machte.

Dann fing mein zweites Leben an…

Ungeachtet meiner Krankheit fuhr ich weiterhin tagtäglich zur Arbeit, nachdem mein Wagen entsprechend umgerüstet worden war. Und es gelang mir, meine körperliche Fitness und meinen Optimismus zumindest zu einem gewissen Grad zu bewahren; dass dies so ist, verdanke ich vierzehn Stufen.

Das klingt verrückt? Keineswegs!

Unser Haus hat zwei Ebenen, und von der Garage zur Küchentür führt eine Treppe mit vierzehn Stufen. Diese Stufen waren mein Maßstab. Sie waren die Herausforderung, die ich brauchte, um weiterzuleben. Wenn ich eines Tages nicht mehr in der Lage sein würde, den einen Fuß auf die nächste Treppenstufe zu setzen und dann den zweiten unter Schmerzen hinterherzuziehen – und das Ganze vierzehnmal zu wiederholen, bis ich völlig erschöpft oben angekommen war –, dann, so hatte ich beschlossen, würde ich mich geschlagen geben, mich ins Bett legen und sterben.

Und so blieb ich am Ball und bezwang diese Stufen. Darüber verging die Zeit. Die Mädchen gingen aufs College und heirateten, und meine Frau und ich blieben allein in unserem schönen Haus mit den vierzehn Stufen zurück.

Vielleicht stellen Sie sich jetzt vor, es hier mit einem Mann zu tun zu haben, der die ganze Zeit über vor Mut und Kraft nur so strotzte. Doch da irren Sie sich! Dieser Mann war ein verbitterter, enttäuschter Krüppel – ein Mann, der sich an vierzehn elende Treppenstufen zwischen Garage und Küchentür klammerte, um nicht den Verstand zu verlieren; um seine Frau und sein Zuhause nicht aufzugeben.

Während ich Fuß um Fuß über diese Stufen hochzog – langsam, unter großen Schmerzen, mit vielen Pausen dazwischen –, ließ ich gelegentlich meine Gedanken zu den Jahren zurückschweifen, in denen ich Ball gespielt, gegolft, im Fitnessstudio trainiert hatte und gewandert, geschwommen, gelaufen und gesprungen war. Und jetzt war ich kaum mehr in der Lage, ein paar Treppenstufen hochzukommen.

Mit zunehmendem Alter wurde ich immer verbitterter und frustrierter. Ich bin sicher, meine Frau und meine Freunde hatten es nicht leicht mit mir, wenn ich ihnen wieder einmal Einblick in meine Lebensphilosophie gewährte. Ich hielt mich für den einzigen Menschen auf der Welt, der zum Leiden auserkoren war. Ich hatte mein Kreuz mittlerweile neun Jahre lang getragen und dachte, ich müsste es wohl so lange weitertragen, wie ich noch die vierzehn Stufen hinaufkommen konnte.

Ich beschloss, die tröstenden Worte aus dem ersten Brief an die Korinther zu ignorieren: »Plötzlich, in einem Augenblick... werden wir verwandelt werden.« (1.Kor. 15,52) Und so verbrachte ich mein erstes und mein zweites Leben hier auf Erden.

Dann, an einem düsteren Abend im August 1971, begann mein drittes Leben. Als ich an jenem Morgen das Haus verließ, hatte ich keine Ahnung, dass mir eine solch dramatische Veränderung bevorstand. Ich wusste nur, dass es an diesem Tag schwerer als sonst gewesen war, die Treppe *hinunter*zukommen. Mir grauste schon bei dem Gedanken, sie abends wieder hinaufklettern zu müssen.

Als ich mich auf den Heimweg machte, goss es in Strömen. Windböen trieben den Regen schwallweise gegen die Windschutzscheibe, als ich langsam eine wenig befahrene Straße entlangfuhr. Plötzlich verriss es mir das Steuer, und das Auto brach nach rechts aus. Gleichzeitig hörte ich den gefürchteten Knall eines platzenden Reifens. Nur mit Mühe konnte ich den Wagen auf dem regenglatten Seitenstreifen zum Stehen bringen. Erst dann wurde mir klar, in welch furchtbare Lage ich geraten war. Wie sollte ich den Reifen wechseln?! Ich konnte es einfach nicht!

Den Gedanken, dass vielleicht ein anderer Autofahrer anhalten würde, verwarf ich sofort. Warum sollte irgendjemand stehen bleiben? Ich wusste, dass das keiner tun würde! Dann fiel mir ein, dass ein Stück weiter die Straße entlang ein Haus stand. Ich startete den Motor und holperte im Schritttempo voran. Dabei hielt ich mich so gut es ging auf dem Seitenstreifen, bis ich zu der Einfahrt kam. Dankbar bog ich ein. Die beleuchteten Fenster schienen mich willkommen zu heißen, und so fuhr ich vor das Haus und drückte auf die Hupe.

Die Tür ging auf und eine kleines Mädchen stand da und schaute zu mir herüber. Ich kurbelte das Fenster hinunter und rief ihr zu, dass ich einen Platten hätte und Hilfe zum Reifenwechseln bräuchte, weil ich an Krücken ging und es allein nicht könnte.

Sie ging ins Haus und kam kurz darauf, in Regenmantel und Hut gut vermummt, wieder heraus. In ihrem Gefolge war ein Mann, der mich freundlich grüßte.

Ich saß bequem im Trockenen und als der Mann und das Mädchen im Regen schufteten, taten sie mir richtig Leid. Nun, ich würde sie dafür bezahlen. Der Regen ließ ein wenig nach, und so kurbelte ich das Fenster ganz hinunter, um ihnen zuzusehen. Es schien mir, als wären die beiden furchtbar langsam, und ich wurde allmählich ungeduldig. Ich hörte ein metallisches Klappern von hinten und dann die deutliche Stimme des Mädchens: »Hier ist der Wagenheber, Opa.« Der Mann murmelte eine Antwort und ich spürte, wie sich das Auto beim Anheben etwas zur Seite neigte.

Dann folgten über längere Zeit hinweg Geräusche, Gerüttel und leise Gespräche am Wagenheck. Schließlich war es geschafft. Ich fühlte, wie das Auto mit einem Satz auf dem Boden landete, als der Wagenheber entfernt wurde. Dann wurde der Kofferraum zugeschlagen und schließlich tauchten die beiden an meinem Seitenfenster auf.

Der Mann war alt und gebeugt und in seiner Öljacke wirkte er zerbrechlich. Das kleine Mädchen war schätzungsweise zwischen acht und zehn. Sie lächelte mich strahlend an.

Der Mann sagte: »Nicht gerade der ideale Abend für eine Autopanne. Aber jetzt ist alles wieder in Ordnung!«

»Danke«, sagte ich. »Danke. Was bin ich Ihnen schuldig?«

Er schüttelte den Kopf. »Nichts. Cynthia hat mir gesagt, dass Sie behindert sind. Dass Sie an Krücken gehen. Ich habe Ihnen gern geholfen. Ich weiß, dass Sie für mich das Gleiche tun würden. Das kostet nichts, mein Freund.«

Ich hielt ihm eine Fünfdollarnote entgegen. »Nein. Es ist mir lieber, wenn ich etwas zahlen kann.«

Er unternahm nichts, um ihn entgegenzunehmen. Das kleine Mädchen trat näher ans Fenster heran und flüsterte: »Mein Opa kann das nicht sehen.«

Ein paar Sekunden lang war ich wie erstarrt vor Scham und Entsetzen. Es war mir so übel wie noch nie in meinem Leben. Ein blinder Mann und ein Kind! Die mit kalten, klammen Fingern in der Dunkelheit nach Schrauben und Werkzeug tasteten – in einer Dunkelheit, die für den Mann wahrscheinlich bis zum Tode andauern würde.

Sie hatten mir einen Reifen gewechselt – bei Wind und Wetter. Und ich hatte die ganze Zeit bequem mit meiner Krücke im warmen Auto gesessen. Ich mit meiner Behinderung. Ich weiß nicht mehr, wie lange ich noch so dasaß, nachdem sich die beiden von mir verabschiedet hatten und ins Haus zurückgegangen waren – aber lange genug, um in mich zu gehen und einige Züge an mir zu entdecken, die mir gar nicht gefielen.

Ich erkannte, dass ich geradezu überquoll vor Selbstmitleid, Egoismus, Gedankenlosigkeit und Gleichgültigkeit den Bedürfnissen anderer gegenüber.

Ich saß da und betete. In aller Demut betete ich um Kraft, ein besseres Verständnis, eine schärfere Selbstwahrnehmung und den Glauben, meine Unzulänglichkeiten durch tägliche Gebete um spirituellen Beistand überwinden zu können.

Ich betete um Segen für den blinden Mann und seine Enkeltochter. Und dann fuhr ich weiter, innerlich aufgerüttelt und von einem neuen Gefühl der Demut beseelt.

»Alles, was ihr also von anderen erwartet, das tut auch ihnen! Darin besteht das Gesetz und die Propheten.« (Matt. 7,12)

Heute, Monate später, ist diese Ermahnung für mich mehr als nur ein Bibelspruch. Sie ist eine Lebensweise – eine Lebensweise, der ich gerecht zu werden versuche. Das ist nicht immer einfach. Manchmal ist es frustrierend, und gelegentlich kostete es mich viel Zeit und Geld, aber es lohnt sich auf jeden Fall.

Heute versuche ich nicht nur, jeden Tag die vierzehn Treppenstufen hinaufzukommen, sondern auf meine bescheidene Weise auch anderen zu helfen. Eines Tages werde ich vielleicht einem blinden Mann den Reifen wechseln – jemandem, der so blind ist, wie ich es einmal war.

Hal Manwaring

Die Schönheit bleibt, der Schmerz vergeht

Obwohl Henri Matisse fast achtundzwanzig Jahre jünger als Auguste Renoir war, verband die beiden großen Künstler eine innige Freundschaft, und sie verbrachten viel Zeit miteinander. Als Renoir in den letzten zehn Jahren seines Lebens an sein Haus gefesselt war, besuchte Matisse ihn täglich. Renoir, der von einer Arthritis praktisch gelähmt war, gab ungeachtet seiner Beschwerden das Malen nicht auf. Als Matisse eines Tages wieder einmal mit ansah, wie sich sein Freund bei der Arbeit in seinem Atelier bei jedem Pinselstrich mit Schmerzen quälte, rief er: »Aber Auguste, warum malst du denn immer noch, wo es dir doch solches Leid bereitet?«

Renoir antwortete einfach: »Die Schönheit bleibt, der Schmerz vergeht.« Und so stand der Maler fast bis zu seinem letzten Tag an der Leinwand. Eines seiner berühmten Gemälde, *Die Badenden*, wurde nur zwei Jahre vor seinem Tod vollendet – vierzehn Jahre nach dem Beginn seiner lähmenden Krankheit.

Aus »The Best of Bits & Pieces«

Die technische Meisterleistung

Die Brooklyn Bridge, die Manhattan mit Brooklyn verbindet, ist eine technische Meisterleistung. Die Idee zu seinem spektakulären Projekt hatte der begabte Ingenieur John Roebling im Jahre 1883. Doch das Urteil der Brückenbauexperten war einhellig: Er solle seinen Plan vergessen. Er ließe sich einfach nicht verwirklichen. Roebling aber überzeugte seinen Sohn Washington, der sich selbst als Ingenieur einen Namen gemacht hatte, dass man die Brücke bauen konnte. Und so machten sich die beiden daran, ein Konzept zu entwickeln und aufzuzeigen, wie man das Werk vollbringen und alle Hindernisse überwinden könne. Irgendwie gelang es ihnen, Bankiers für die Finanzierung des Projekts zu gewinnen. Voller Begeisterung und Tatendrang rekrutierten sie die notwendigen Leute und machten sich daran, sich ihren Traum von einer Brücke zu erfüllen.

Das Projekt lief erst ein paar Monate, als John Roebling bei einem tragischen Baustellenunfall ums Leben kam. Sein Sohn wurde ernstlich verletzt. Er trug einen schweren Gehirnschaden davon und konnte weder sprechen noch lau-

fen. Alle gingen davon aus, dass das Projekt nun ad acta gelegt würde, da keiner außer den Roeblings verstand, wie die
Brücke zu bauen war.

Auch wenn Washington Roebling sich weder bewegen
noch sprechen konnte, hatte sein Verstand nichts von seiner
Brillanz eingebüßt. Als er in seinem Krankenhausbett lag,
hatte er eines Tages eine Idee, wie er sich verständlich machen könnte. Er konnte nur einen einzigen Finger bewegen,
und mit diesem Finger berührte er den Arm seiner Frau.
Und mit eben diesen Berührungen seines Fingers teilte er ihr
mit, was sie den Ingenieuren zu sagen hatte, damit der Brü-
ckenbau weitergehen konnte. Dreizehn Jahre lang gab Washington seine Anweisungen mit diesem einen Finger, bis
die spektakuläre Brooklyn Bridge schließlich vollendet war.

Aus »A Fresh Packet of Sower's Seeds«

Der Traum vom Fliegen

*Je größer das Hindernis, desto größer
ist der Ruhm bei seiner Überwindung.*
MOLIÈRE

*Wenn es dunkel genug ist, kannst du
die Sterne sehen.*
CHARLES A. BEARD

Seine Hände waren schweißnass. Er musste sie mit einem
Handtuch abtrocknen, um nicht abzurutschen. Ein Glas Eis-
wasser vermochte zwar seinen Durst, nicht aber seine fie-
bernde Anspannung zu ändern. Der Kunstrasen, auf dem er
saß, war ebenso heiß wie der Wettkampf, dem er an jenem
Tag bei der nationalen Jugendolympiade entgegensah. Die

Latte lag bei siebzehn Fuß (knapp fünf Meter zwanzig). Das war drei Zoll (gut sieben Zentimeter) höher als seine persönliche Bestleistung. Michael Stone stand vor der bis dahin größten Herausforderung seiner Karriere als Stabhochspringer.

Auf den Rängen drängten sich etwa zwanzigtausend Zuschauer, obwohl der Endlauf eine Stunde zuvor stattgefunden hatte. Der Stabhochsprung ist in der Tat das Glanzstück eines jeden Leichtathletikwettbewerbs. Er vereint die Anmut eines Kunstturners mit der Kraft eines Bodybuilders. Und er beinhaltet ein Element des Fliegens – beim Zuschauen drängt sich förmlich das Bild eines Menschen auf, der sich in die Lüfte emporschwingt und im Flug einen Bogen beschreibt, unter dem immerhin ein zweistöckiges Gebäude Platz hätte. Diesmal aber ging es im Leben von Michael Stone nicht nur um Traum oder Realität – es ging um die Verwirklichung seiner tiefsten Sehnsucht.

Solange er denken konnte, hatte Michael vom Fliegen geträumt. Seine Mutter hatte ihm unzählige Geschichten darüber vorgelesen – jene Art von Geschichten, in denen das Land aus der Vogelperspektive geschildert wird. Ihre Begeisterung und Liebe zum Detail ließen Michaels Vision in den schönsten Farben erstrahlen. Er hatte immer wieder einen Traum: Er rannte einen Feldweg entlang. Deutlich spürte er Steine und Erdklumpen unter seinen Füßen. Wie er an den golden wogenden Weizenfeldern vorbeilief, war er stets schneller als die Lokomotive, die auf den neben dem Weg verlegten Gleisen fuhr. Und dann an dieser Stelle seines Traumes atmete er jedes Mal tief ein und hob vom Boden ab. Er segelte wie ein Adler durch die Lüfte.

Über welchen Ort er hinwegflog, hing immer von der Geschichte ab, die ihm seine Mutter an jenem Abend erzählt hatte. Doch wo immer es ihn hintrug, er tat es mit der scharfen Beobachtungsgabe und dem freien Geist seiner liebevollen Mutter. Sein Vater nämlich war alles andere als ein Träumer. Bert Stone war ein unverbesserlicher Realist. Er glaubte daran, dass man sich etwas im Schweiße seines Angesichts hart erarbeiten musste. Sein Motto lautete: *Wenn du etwas erreichen willst, dann musst du etwas dafür tun!*

Von seinem vierzehnten Lebensjahr an folgte Michael eben diesem Leitspruch. Er begann mit einer sorgfältig zusammengestellten und genau ausgewogenen Arbeit mit Gewichten. In zweitägigem Rhythmus absolvierte er abwechselnd ein Hantel- und ein spezielles Lauftraining. Seine Arbeit wurde bis ins Detail von Michaels Betreuer, Trainer und Vater überwacht. Der Eifer, die Entschlossenheit und Disziplin des Jungen waren etwas, wovon jeder Trainer nur träumen kann. Er war nicht nur ein Einserschüler und Einzelkind, sondern half seinen Eltern zudem auch bei der Arbeit auf der familieneigenen Farm. Sein hartnäckiges Streben nach Perfektion zeugte nicht nur von Besessenheit, sondern auch von Leidenschaft.

Mildred Stone, Michaels Mutter, wünschte sich manches Mal, dass er sich ein wenig mehr Freizeit gönnte und wieder zu dem kleinen, verträumten Jungen würde. Einmal versuchte sie, mit ihm und seinem Vater darüber zu reden, doch der Vater unterbrach sie lachend mit den Worten: »*Wenn du etwas erreichen willst, dann musst du etwas dafür tun!*«

Die Leistungen, die Michael an jenem Tag erbrachte, schienen seine Mühen zu belohnen. Ob er überrascht, begeistert oder selbstgefällig reagierte, als er die Siebzehn-Fuß-Marke passierte, konnte niemand sagen. Kaum war er auf der Schaumstoffmatte gelandet, bereitete er sich unter dem stürmischen Beifall der Menge auf den nächsten Versuch vor, sich einen Traum vom Fliegen zu erfüllen. Die Tatsache, dass er soeben seine persönliche Bestleistung um drei Zoll übertroffen hatte und damit als einer der beiden letzten Springer im Wettbewerb stand, schien nicht zu ihm durchgedrungen zu sein.

Auch als die Latte bei siebzehn Fuß zwei Zoll und siebzehn Fuß vier Zoll liegen blieb, zeigte er keinerlei emotionale Regung. Konsequente Vorbereitung und Entschlossenheit waren Teil seiner Vision. Als er auf dem Rücken im Gras lag und das Aufstöhnen der Menge hörte, wusste er, dass der andere Springer die Latte gerissen hatte. Er wusste auch, dass es nun Zeit für seinen letzten Sprung war. Da sein Konkurrent weniger Fehlversuche gemacht hatte, musste Michael diesen Sprung schaffen, wenn er gewinnen wollte. Gelang es ihm nicht, würde er Zweiter werden. Sicher kein Anlass, sich zu schämen, aber Michael gestand sich nicht zu, an etwas anderes als den Sieg zu denken.

Er rollte sich auf den Bauch und begann mit seinem Ritual: drei Liegestütze auf drei Fingern; drei Liegestütze im Stil der »Marines«. Dann griff er nach seinem Stab, stand auf und betrat die Anlaufbahn, an deren Ende die größte Herausforderung seines siebzehnjährigen Lebens auf ihn wartete.

Die Laufbahn fühlte sich irgendwie anders an. Einen kurzen Moment verunsicherte ihn das. Dann traf ihn die Erkenntnis wie ein nasser Strohsack: Die Latte lag neun Zoll über seiner bisherigen persönlichen Bestleistung. Das ist nur ein Zoll weniger als der nationale Rekord, dachte er. Der Gedanke war so überwältigend, dass er unruhig wurde. Er versuchte, sich die Anspannung aus dem Körper zu schütteln. Es gelang ihm nicht. Er verspannte sich nur noch mehr. Warum musste ihm das ausgerechnet jetzt passieren?, dachte er. Er wurde langsam nervös. Oder besser gesagt: Er hatte Angst. Was sollte er nur tun? Derartige Gefühle waren ihm bis dahin fremd gewesen. Dann auf einmal stieg aus den tiefsten Tiefen seiner Seele das Bild seiner Mutter vor ihm auf. Warum ausgerechnet jetzt? Was hatte seine Mutter in einem solchen Augenblick in seinen Gedanken zu suchen? Ganz einfach. Seine Mutter hatte ihm früher immer gesagt: Wenn du dich angespannt fühlst, unruhig bist oder vor etwas Angst hast, dann atme einige Male tief durch.

Und das tat er. Während er seine Beine schüttelte, um sie zu lockern, legte er den Stab sachte auf den Boden. Er streckte die Arme und den Oberkörper. Das kühle Lüftchen, das kurz zuvor noch geweht hatte, war verschwunden. Er spürte, wie ihm der kalte Schweiß über den Rücken lief. Behutsam nahm er seinen Stab auf. Er konnte sein eigenes Herz klopfen hören. Er war sich sicher, dass sogar die Zuschauer es hörten. Es war so still, dass man eine Stecknadel hätte fallen hören. Als er das Zwitschern der vorbeifliegenden Rotkehlchen vernahm, wusste er, dass es Zeit zum Fliegen war.

Als er über die Anlaufstrecke sprintete, fühlte sich das auf wundersame Weise anders und doch vertraut an. Es war ihm, als hätte er jenen Feldweg unter den Füßen, von dem er früher immer geträumt hatte. Er spürte wieder die Steine und Erdklumpen und auch das goldene Weizenfeld hatte er vor Augen. Und als er tief Atem holte, geschah es. Michael Stone erhob sich mühelos in die Lüfte. Dann flog er, wie er in seinem Kindheitstraum immer geflogen war. Nur diesmal wusste er, dass er nicht träumte. Das hier war real. Alles schien in Zeitlupe abzulaufen. Die Luft ringsum kam ihm so rein und klar vor, wie er sie noch nie gespürt hatte. Mit der majestätischen Eleganz eines Adlers glitt Michael durch die Lüfte.

Der tosende Applaus der Zuschauer und das Geräusch,

mit dem er auf der Schaumstoffmatte landete, holten Michael auf die Erde zurück. Wie er so auf dem Rücken lag und die wunderbare heiße Sonne im Gesicht spürte, stellte er sich das strahlende Gesicht seiner Mutter vor. Er wusste, dass auch sein Vater begeistert war. Es war eine typische Eigenart von Bert, wenn er sich über etwas besonders freute, erst das Gesicht zu einem breiten Grinsen zu verziehen, bevor ein knappes, heiseres Lachen aus ihm herausbarst. Was Michel nicht wusste, war, dass seinem Vater die Tränen über die Wangen liefen, während er seine Frau umarmte. Ja, ganz recht! Bert, der Mann mit dem Leitspruch »*Wenn du etwas erreichen willst, dann musst du etwas dafür tun!*«, schluchzte wie ein Baby in den Armen seiner Frau. Er heulte, wie Mildred es noch nie erlebt hatte. Sie wusste, dass er die allergroßartigsten Tränen vergoss, die man vergießen kann: Tränen des Stolzes. Es dauerte nicht lange, da war Michael von unzähligen Leuten umringt, die ihn umarmten und ihm zur großartigsten Leistung seines Lebens gratulierten. Noch am selben Tag passierte er bei einem weiteren Sprung siebzehn Zoll sechseinhalb Fuß und stellte damit einen nationalen und internationalen Jugendolympia-Rekord auf.

Das Medieninteresse, die sich eröffnenden Fördermöglichkeiten und die nicht enden wollende Schar von Gratulanten ließen erkennen, dass in Michaels Leben nichts mehr so sein würde wie früher. Das hatte nicht nur mit seinem Sieg bei der nationalen Jugendolympiade und seinem neuen Weltrekord zu tun. Und es lag auch nicht daran, dass er an jenem Tag seine persönliche Bestleistung um neuneinhalb Zoll – das sind gut vierundzwanzig Zentimeter! – übertroffen hatte. Es lag schlicht und einfach daran, dass Michael Stone blind ist.

David Naster

Kaum zu glauben!

Der fantastische Reichtum menschlicher Erfahrungen würde etwas von seinem schimmernden Glanz verlieren, wenn es keine Hindernisse gäbe. Die Stunde auf dem Gipfel wäre nur der halbe Genuss, wenn keine dunklen Täler zu überwinden wären.

HELEN KELLER

Es ist schon unglaublich:

- Der Skilehrer Pete Seibert wurde für verrückt erklärt, als er zum ersten Mal von seinem Traum sprach, einen Wintersportort zu errichten. Er stand auf einem Berggipfel der Gore Range in Colorado, als er die Vision beschrieb, die er seit seinem zwölften Lebensjahr hatte, und er stellte sich der schwierigen Herausforderung, andere von ihrer Realisierbarkeit zu überzeugen. Seiberts Traum wurde Wirklichkeit. Er heißt Vail und ist einer der meistbesuchten Wintersportorte in den Rocky Mountains.

- Dr. Ignatius Piazza, ein junger Arzt, wollte sich nach Abschluss seiner chiropraktischen Ausbildung in der herrlichen Gegend von Monterey Bay in Kalifornien niederlassen. Die örtliche chiropraktische Vereinigung ließ ihn wissen, dass es in dieser Region eine regelrechte Schwemme von Chiropraktikern gab und es nicht genug potenzielle Patienten gäbe, um eine weitere Praxis zu tragen. In den darauf folgenden vier Monaten war Piazza zehn Stunden am Tag auf den Beinen, um von Tür zu Tür zu gehen und sich bei den Einwohnern der Stadt als neuer chiropraktischer Arzt vorzustellen. Er klopfte an 12 500

Türen, sprach mit 6500 Menschen und lud sie zu seinem Tag der offenen Tür ein. Als Lohn für seine Beharrlichkeit und Mühen kamen im ersten Monat zweihundertdrei-unddreißig Patienten in seine Praxis, und er verdiente die Rekordsumme von 72 000 Dollar in einem Monat!

- Während des ersten Jahres nach der Firmengründung verkaufte Coca-Cola nur vierhundert Flaschen von seinem Getränk.

- Der Basketball-Superstar Michael Jordan flog aus dem Basketballteam seiner Highschool.

- Mit siebzehn Jahren war Wayne Gretzky ein hervorragender Athlet und fest entschlossen, als Fußballer oder Eishockeyspieler Karriere zu machen. Eishockey war seine erste Liebe, aber als er sich bei den Profis bewarb, sagte man ihm: »Du wiegst nicht genug. Mit deinen achtundsiebzig Kilo wiegst du über zwanzig Kilo weniger als der Durchschnitt. Du hast im Ring nicht die geringste Überlebenschance!«

- Sheila Holzworth verlor im frühen Alter von zehn Jahren das Augenlicht. Die kieferorthopädische Kopfhalterung, die an ihren Zahnösen befestigt war, brach und bohrte sich ihr in die Augen. Obwohl sie blind war, wurde sie eine Sportlerin von Weltrang. Eine ihrer Leistungen war die Bezwingung des eisigen Gipfels des Mount Rainier im Jahre 1981.

- Rafer Johnson, der Weltmeister im Zehnkampf, wurde mit einem Klumpfuß geboren.

- Das erste Kinderbuch von Dr. Seuss, *And to Think that I Saw It on Mulberry Street*, wurde von siebenundzwanzig Verlagen abgelehnt. Der achtundzwanzigste, Vanguard Press, verkaufte sechs Millionen Exemplare davon.

- Richard Bach verließ das College bereits nach einem Jahr

und ließ sich dann bei der Air Force zum Kampfpiloten ausbilden. Zwanzig Monate nach der Überreichung der Pilotennadel quittierte er den Dienst. Anschließend wurde er Herausgeber eines Luftfahrtmagazin, das Pleite machte. Als er *Die Möwe Jonathan* schrieb, fiel ihm kein richtiger Schluss ein. Das Manuskript lag acht Jahre in der Schublade, bevor er wusste, wie die Geschichte enden sollte. Und dann wurde es von achtzehn Verlagen abgelehnt. Als das Buch aber dann doch herauskam, wurden sieben Millionen Exemplare in vielen verschiedenen Sprachen verkauft, und Richard Bach avancierte zu einem Schriftsteller von Weltruhm.

- Der Autor William Kennedy hatte mehrere Manuskripte verfasst, die allesamt von zahlreichen Verlagen abgelehnt wurden, bevor er mit seinem Roman *Ironweed* quasi über Nacht erfolgreich wurde. Auch dieser Roman war von dreizehn Verlegern abgelehnt worden, bevor er endlich zur Veröffentlichung gelangte.

- Als wir *Chicken Soup for the Soul* – die amerikanische Originalfassung von »Hühnersuppe für die Seele« – zusammenstellten, erhielten wir Absagen von dreiunddreißig Verlegern, bevor Health Communications sich zur Veröffentlichung entschloss. Alle großen New-Yorker Verlage waren einhellig der Meinung: »Das ist zu kitschig« und »Keiner will ein Buch mit kurzen Geschichten lesen.« Seither sind weltweit mehr als sieben Millionen Exemplare von *Chicken Soup for the Soul, A 2nd Helping of Chicken Soup for the Soul* und *Chicken Soup for the Soul Cookbook* verkauft worden, und die Bücher wurden in zwanzig Sprachen übersetzt.

- Als George Gershwins Klassiker *Porgy and Bess* im Jahre 1935 uraufgeführt wurde, bezeichnete der Rezensent der

New York Herald Tribune das Musical als »todsicheren Müll«.

- 1902 schickte der Lyrik-Redakteur des *Atlantic Monthly* die Gedichte eines achtundzwanzigjährigen Poeten mit folgendem Kommentar zurück: »In unserem Magazin ist kein Platz für Ihre kraftvollen Verse.« Bei dem Dichter handelte es sich um Robert Frost.
- Im Jahre 1889 erhielt Rudyard Kipling folgende Ablehnung vom *San Francisco Examiner*: »Es tut uns Leid, Mr. Kipling, aber Sie haben schlichtweg keine Ahnung vom Umgang mit der englischen Sprache.«
- Als junger Schriftsteller bekam Alex Haley vier Jahre lang wöchentlich ein Ablehnungsschreiben. Irgendwann im Laufe dieser Zeit gelangte er an einen Punkt, an dem er bereit war, sein Buch *Roots* und sich selbst aufzugeben. Nach neunjähriger Arbeit an dem Projekt war er so frustriert, dass er sich mitten im Pazifischen Ozean von einem Frachter stürzen wollte. Als er an Deck stand, ins Kielwasser starrte und mit dem Gedanken spielte zu springen, hörte er die Stimmen all seiner Vorfahren: »Du wirst das tun, was du tun musst, weil sie dir alle von da oben aus zuschauen. Gib nicht auf! Du kannst es schaffen. Wir zählen auf dich!« In den darauf folgenden Wochen floss ihm die endgültige Manuskriptversion von *Roots* nur so aus der Feder.
- John Bunyan schrieb sein Werk *Die Pilgerreise*, als er in Bedford wegen seiner religiösen Anschauungen in einer Gefängniszelle saß. Sir Walter Raleigh schrieb seine Weltgeschichte während seiner dreizehnjährigen Kerkerhaft. Und Martin Luther übersetzte die Bibel während seiner Gefangenschaft auf der Wartburg.

Eines der Geheimnisse des Erfolgs ist, sich nicht von vorüberge-
henden Rückschlägen anfechten zu lassen.

Mary Kay

- Nachdem Thomas Carlyle erfahren hatte, dass der Diener
  des Freundes, dem er sein Manuskript *Die Französische
  Revolution* geliehen hatte, das Papierbündel aus Unwissenheit zum Feuermachen benutzt hatte, machte er sich
  still an die Arbeit und schrieb das Ganze noch einmal auf.
- Im Jahre 1962 planten vier junge Frauen eine Karriere als
  Profisängerinnen. Sie begannen mit Auftritten in der Kirche und bei kleinen Konzerten. Dann nahmen sie ihre erste Platte auf. Sie wurde ein Flop. Sie nahmen eine zweite
  auf. Der Verkauf war gleich null. Auch mit ihrer dritten,
  vierten, fünften… und schließlich neunten Schallplatte
  ernteten sie nichts als Misserfolg. Anfang 1964 wurden sie
  für die *Dick Clark Show* engagiert. Er zahlte ihnen kaum
  genug, um die Ausgaben zu decken, und aus ihrem nationalen Auftritt ergaben sich keine nennenswerten Ver-
  träge. Im Sommer jenes Jahres nahmen sie »*Where Did Our
  Love Go?*« auf. Das Lied eroberte die Hitparaden. Diana
  Ross und die Supremes erlangten internationale Anerkennung und wurden überall als musikalische Sensation
  gefeiert.
- Winston Churchill wurde die Aufnahme in die prestige-
  trächtigen Universitäten von Oxford und Cambridge verwehrt, weil er »Schwächen bei den Klassikern« zeigte.
- James Whistler, einer der berühmtesten amerikanischen
  Maler, musste die Militärakademie West Point verlassen,
  nachdem er in Chemie durchgefallen war.
- Im Jahre 1905 lehnte die Universität von Bern eine Dok-
  torarbeit mit der Begründung ab, sie sei belanglos und ab-

sonderlich. Der Verfasser, ein Physikstudent namens Albert Einstein, war zwar enttäuscht, gab sich aber nicht geschlagen.

Jack Canfield und
Mark Victor Hansen

Gelegenheiten

Wenn du die Gelegenheit nicht
anklopfen hörst, dann such dir eine
andere Tür.
VERFASSER UNBEKANNT

Jede Faser meines kleinen, siebenjährigen Körpers bebte vor Angst, als wir an der Zollkontrolle standen. »Urlaub in Miami«, gab meine schwangere Mutter als Grund für unsere Reise an, während ich mich an ihrem Kleid festklammerte. Ich hörte ihre Worte und wusste doch, dass wir unsere Heimat nie wieder sehen würden.

Der Kommunismus zog eilig die Schlinge um den Hals der freien Marktwirtschaft Kubas zu, und mein Vater hatte als erfolgreicher Unternehmer beschlossen, sich und seine Familie in Sicherheit zu bringen und in ein Land zu gehen, das weiterhin Freiheit und uneingeschränkte Möglichkeiten versprach. Rückblickend erscheint es mir als die mutigste Entscheidung, die ich je einen Menschen habe treffen sehen.

Castros Regime beobachtete meinen Vater auf Schritt und Tritt, und so musste meine Mutter zuerst meinen Bruder und mich außer Landes bringen. Mein Vater sollte einige Wochen später nachkommen. Der Flughafen von Miami überwältigte mich. Alle sprachen in einer fremden Sprache, die keinen Sinn für mich machte. Wir hatten kein Geld, keine Verwandten – nichts außer den Kleidern, die wir am Leibe trugen.

Einige Monate später, im Winter jenes Jahres 1961, der in die Annalen der Geschichte eingegangen ist, traten wir mit einem von der Kirche finanzierten Flug die Weiterreise über Chicago nach Joliet in Illinois an. Als wir aus dem Terminal ins Freie traten, schlug uns eisige Luft entgegen. Es hatte gut einen Meter Neuschnee gegeben, und in den Verwehungen wartete ein junger Priester neben einem großen Kombi auf uns, um uns zu unserem neuen Zuhause zu bringen. Für einen kubanischen Jungen, der noch nie in seinem Leben Schnee gesehen hatte, war dies einfach unfassbar.

Mein Vater war ein cleverer Mann, der in Kuba eine Tankstellenkette und eine Autovertretung besessen hatte. Er konnte zwar kein Englisch, stellte sich aber schnell auf die veränderte Situation ein und fand eine Stelle als Mechaniker. Die Gemeinde von St. Patricks vermittelte uns eine gemütliche, wenn auch kleine Wohnung in einer Gegend, wo überwiegend Leute aus der Mittelschicht lebten. Wir hatten nicht viel, aber wir hatten uns, jede Menge guten Willen und den glühenden Ehrgeiz meines Vaters, es zu etwas zu bringen.

Während dieser Zeit lehrte mich mein Vater, seine zerlesene spanische Ausgabe von Dale Carnegies Buch *Wie man Freunde gewinnt* in der Hand, eine der wichtigsten Lektionen meines Lebens. Immer und immer wieder sagte er mir: »Es kommt nicht darauf an, wer du bist, wo du herkommst oder welche Hautfarbe du hast. Du kannst alles erreichen, was du dir vornimmst.« Aus diesen Worten bezog ich Trost und Kraft, als ich mich gemeinsam mit meinem Bruder Ed in den großen Schmelztiegel Chicago stürzte.

Mein Bruder und ich hatten Probleme in der Schule, weil wir kein Englisch sprachen. Es war an der Tagesordnung, dass man uns »Spic« schimpfte, bei der Teamauswahl stehen ließ oder uns unsere klapprigen Fahrräder klaute, aber die Worte meines Vaters blieben mir immer im Gedächtnis. Wir lernten auch einige wunderbare Menschen kennen, die uns bei der schwierigen Aufgabe halfen, uns in unserer neuen Umgebung einzugewöhnen. Viele davon sind heute noch meine besten Freunde.

Als ich vierzehn war, hatte mein Vater längst begonnen, mich in den wichtigen Prinzipien des freien Wettbewerbs zu unterrichten. Er zahlte mir achtzehn Dollar für das Reinigen und Schleifen eines Zylinderkopfes und der entsprechenden Ventile (wir nannten das »Ventil-Job«). Später lehrte er mich, Leute anzustellen, die diese Arbeit für mich verrichteten. Und ich machte mich auf den Weg, um neue Kunden zu gewinnen und Geld einzutreiben – im Grunde ließ er mich das gesamte Geschäft führen. Was wusste ich damals davon, dass er mir das Rüstzeug zum Unternehmer mitgab? Amerika war wirklich ein Gelobtes Land.

Ich hatte das Glück, dass ich in eine musikalische Familie hineingeboren wurde, und ich erinnere mich noch gut an die wunderschönen spanischen Lieder, die meine Mutter mir als Kind immer vorsang. Diese Lieder waren es, die mich dazu brachten, selbst als Kindersopran im Kirchenchor zu singen, und sie waren es auch, die meinen Bruder Ed dazu bewegten, sich einer Rockband anzuschließen. Ich war bei jeder Bandprobe dabei und abends feilten wir gemeinsam mit meiner Mutter an den Harmonien. Später konnte ich mir mit einem Job im Steinbruch und einem Stipendium ein Musik- und Opernstudium an der Southern Illinois University finanzieren. Nach zwei Jahren am College arbeitete ich noch einmal im Steinbruch. Mit dem verdienten Geld wollte ich gen Westen nach Kalifornien ziehen.

Ich hatte mir vorgenommen, dort ins Musikgeschäft einzusteigen und selbst Platten aufzunehmen. Es dauerte nicht lang, bis die Realität mich einholte. Um mich finanziell über Wasser zu halten, musste ich neue Mitglieder für einen Fitnessclub werben. Die Depression griff um sich. Ich war pleite und wusste nicht, was ich tun sollte. Dann begegnete ich Tom Murphy, einem der Besitzer des Fitnessclubs.

Mein Vater hatte mir immer gesagt: »Wenn du reich sein möchtest, musst du das machen, was die Reichen tun.« Und so fragte ich Mr. Murphy, ob er mir nicht bei einer Tasse Kaffee sein Erfolgsgeheimnis verraten wolle. Ich erfuhr, dass Mr. Murphy einer der Geschäftspartner von Tom Hopkins war – eines der bedeutendsten Verkaufstrainer des Landes. Und so empfahl er mir natürlich, Verkaufstrainings zu besuchen, Bücher über Persönlichkeitsentwicklung zu lesen und mir Kassetten über Verkaufsförderung anzuhören. Gleichzeitig legte er mir die Bücher von erfolgreichen Geschäftsmännern und -frauen ans Herz. Ich war derart erfolgshungrig, dass ich mich innerhalb kürzester Zeit zum Top-Verkäufer des Unternehmens hocharbeitete. Aber das reichte mir nicht. Ich sparte mir jeden Penny vom Mund ab und investierte das Geld in einen eigenen Fitnessclub. Am Ende besaß ich neun der erfolgreichsten Fitnessclubs und sportmedizinischen Anlagen der Vereinigten Staaten. Aber mein Ziel, eine eigene Schallplatte aufzunehmen, hatte ich immer noch nicht erreicht.

Die Aufnahme meiner ersten Demo war eine aufregende Sache, aber eine Schallplattenfirma nach der anderen damit abklappern zu müssen, war alles andere als ermutigend. Jedes Mal erhielt ich eine Abfuhr. Doch ich ließ mich nicht unterkriegen, nahm das gleiche Lied noch einmal auf Spanisch auf und spielte es denselben Plattenfirmen vor – mit dem gleichen Ergebnis. Ich war kurz davor aufzugeben und beschloss, den Rat meines Vaters einzuholen. »Finanziell geht es dir doch ziemlich gut, Omar?«, erkundigte er sich. Ich nickte. »Warum kaufst du nicht eine Plattenfirma und nimmst dann deine Musik auf?!«

Um mein Ego zu retten, ging ich noch einmal zu der Plattenfirma, die ich zu kaufen beabsichtigte, und fragte die Leute ein letztes Mal, ob sie nicht doch eine Aufnahme mit mir machen wollten. Sie meinten: »Omar, wir können nichts für dich tun. Geh an den Broadway. Da passt du wunderbar hin.« Sie hätten ihre Gesichter sehen sollen, als ich ihnen sagte, dass ich demnächst ihren ganzen Laden übernehmen würde.

Und so ging ich daran, meine erste spanische Platte zu finanzieren, aufzunehmen und zu produzieren. Von da aus führte mich mein Weg zu Ehrentiteln und Preisen wie »Bester männlicher Latino-Interpret«, »Entertainer des Jahres« von 1986, 1987 und 1988, »CHIN de PLATA« und »OTTO«.

Heute bin ich erfolgreicher Vortragsredner und Trainer bei Tom Hopkins International. Es begeistert mich immer wieder, andere darin zu unterstützen, die wahren Chancen zur Verwirklichung ihrer Karriereziele zu entdecken und zu ergreifen. Glauben Sie mir, mein Vater hatte Recht: Man kann alles im Leben erreichen, was man sich vornimmt.

Omar Periu

Die Streiterin konnte ihre Augen nicht länger vor den Missständen verschließen

Hilf dir selbst, so hilft dir Gott.
BENJAMIN FRANKLIN

Sie war eine gewöhnliche Frau, die mit einem ungewöhnlichen Antrag bei der Gemeinde dafür sorgte, ein heruntergekommenes, von sozialen Problemen geprägtes Wohnviertel umzukrempeln und das Verhältnis zwischen der Stadt Roanoke in Virginia und ihren Bürgern auf ein neues Fundament zu stellen – und die möglicherweise sogar dazu beitrug, den Amerikanern eine andere Einstellung gegenüber ihren Behörden zu vermitteln.

Florine Thornhill, 73, hatte nicht beabsichtigt, so viel Aufhebens zu machen. Sie hatte lediglich beschlossen, einen kleinen Beitrag zu leisten, um das Leben in ihrem Viertel lebenswerter zu gestalten.

Und so marschierte sie zum Rathaus und fragte einen misstrauisch dreinblickenden Beamten, ob man ihr einen Rasenmäher leihen könne, um ein verwaistes, verwildertes Grundstück in Ordnung zu bringen.

Jahrelang war sie mit Scheuklappen durch das Elend gegangen – vorbei an verfallenden Häusern, Drogendealern und Aussteigern. Eines Sonntags im Jahr 1979 kam sie auf ihrem Weg zum Kirchenchor an einer Frau vorbei, die bewusstlos im Gestrüpp lag. Sie glaubte, es sei eine Drogenabhängige, und lief weiter. Aber diese Frau ging ihr nicht aus dem Kopf.

Was, so fragte sie sich, würde Jesus von ihr erwarten? Sie machte sich auf den Heimweg, bat ihren Sohn um Hilfe, und

245

die beiden brachten die Frau in Sicherheit. Mrs. Thornhill wird nie erfahren, wie sie hieß oder warum sie das Bewusstsein verloren hatte. Aber die Begegnung öffnete ihr die Augen für die Traurigkeit und Armut, die sie so lange aus ihrem Blickfeld ausgeklammert hatte.

So entschloss sich die Mutter von neun Kindern – darunter ein geistig behindertes –, ihren persönlichen Beitrag zu leisten. Sie lieh sich einen Rasenmäher aus und brachte ein Grundstück in Ordnung.

Erst wurden ihre Nachbarn neugierig, dann fingen sie an ihr zu helfen. An den Wochenenden waren schon bald fünfzehn Einwohner in mittleren oder auch reiferen Jahren eifrig damit beschäftigt, Müll einzusammeln und verlassene Grundstücke zu pflegen.

Im Rathaus merkte man, dass die einst so heruntergekommene Gegend auf einmal in neuem Glanz erstrahlte. Im Jahr 1980 fragten die städtischen Behörden von Roanoke bei Mrs. Thornhill und ihren Nachbarn an, ob sie sich gemeinsam mit den Einwohnern dreier weiterer Stadtviertel an einem Pilotprojekt beteiligen wollten. Dabei sollten sie Gelegenheit haben, die Stadt bei der Auflistung von Zielen zu unterstützen und den Beamten zu zeigen, wie in desolaten Stadtbezirken eine neue Atmosphäre geschaffen werden kann.

Mrs. Thornhill und anderen ganz gewöhnlichen Menschen wie ihr ist es zu verdanken, dass das Experiment glückte. Heute sind in dieser Organisation fünfundzwanzig Nachbarschaftsgruppen damit beschäftigt, Roanoke lebenswerter zu machen. Andere Städte in Virginia sind Roanokes Beispiel gefolgt. Das Modell von Roanoke findet in ganz Amerika überall dort Beachtung, wo nach Möglichkeiten zu mehr Bürgerengagement gesucht wird. Mrs. Thornhill und ihre Gruppe, die »Northwest Neighborhood Environmental

Organization«, wurde 1994 mit dem *Volunteer Action Award* ausgezeichnet, der von Präsident Clinton für besonders verdienstvolle ehrenamtliche Leistungen auf kommunaler Ebene verliehen wurde.

Dennoch beharrte Mrs. Thornhill darauf, ihr wahrer Maßstab für Erfolg sei nicht die Anerkennung durch das Weiße Haus. Ihr Blick gelte vielmehr den Kindern auf dem gut ausgestatteten Spielplatz, der sich genau an der Stelle befindet, wo früher am helllichten Tag Drogendealer ihre Geschäfte abwickelten; er gelte den Wohnungen, die ihre Gruppe dank der mit etwas städtischer Unterstützung aufgetriebenen Zuschüsse kaufen und renovieren konnte.

Er gelte den Angestellten, die sie mit günstigen Darlehen nach Gilmer zurücklocken konnten, und der Halbtagskraft, die sie zur Organisation von Nachbarschaftsaktivitäten und der Beschaffung von weiteren Geldern einstellen konnte. »Es ist einfach wunderbar mit anzusehen, wie die Kinder wieder hierher zurückkommen«, freut sich Mrs. Thornhill. »Ich weiß, dass ihnen das hier etwas bedeutet. Sie werden dieses Viertel auch dann noch intakt halten, wenn ich selbst schon lange unter der Erde bin.«

Toni Whitt

Die Kraft der Affirmation

Viele Dinge gehen verloren, weil
niemand nach ihnen verlangt.
ENGLISCHES SPRICHWORT

Als meine Tochter Janna im dritten Highschooljahr war, bekam sie einen Platz in einem Schüleraustauschprogramm mit Deutschland. Wir waren begeistert darüber, dass sie ausgewählt worden war und die Gelegenheit zu einem solch außergewöhnlichen Erlebnis erhalten sollte. Dann teilte uns die Austauschorganisation mit, dass wir einen Kostenanteil von viertausend Dollar zu übernehmen hätten. Die Zahlung war am 5. Juni fällig. Bis dahin blieben uns noch zwei Monate.

Ich war geschieden und hatte drei heranwachsende Kinder, der Gedanke, viertausend Dollar auftreiben zu müssen, erschien mir geradezu absurd. Finanziell konnte ich mich ohnehin nur knapp über Wasser halten. Über Ersparnisse oder Sicherheiten für einen Kredit verfügte ich ebenso wenig wie über Verwandte, die mir das Geld hätten leihen können. Zu Anfang kam mir das Unterfangen ebenso hoffnungslos vor, als ob ich vier Millionen Dollar hätte beschaffen müssen!

Glücklicherweise hatte ich kurz zuvor an einem von Jack Canfields Selbstbewusstseinstrainings in Los Angeles teilgenommen. Wenn du dir etwas wünschst, so hatte ich in dem Seminar gelernt, musst du drei Dinge tun: Du musst darum bitten, du musst entsprechende Affirmationen formulieren und du musst handeln.

Ich beschloss, diese neu entdeckten Prinzipien in die Pra-

248

xis umzusetzen. Zuerst brachte ich folgende Affirmation zu Papier: »Bis zum 1. Juni nehme ich für Jannas Reise nach Deutschland mit Freuden viertausend Dollar entgegen.« Eine Kopie dieser Affirmation klebte ich mir an den Badezimmerspiegel, eine weitere legte ich mir ins Portemonnaie, damit ich sie jeden Tag vor Augen hatte. Dann schrieb ich einen echten Scheck über viertausend Dollar und legte ihn im Auto aufs Armaturenbrett. Ich verbrachte täglich viel Zeit am Steuer, und dies war meine optische Erinnerung. Dann fotografierte ich eine Hundertdollarnote, vergrößerte das Bild und klebte es über Jannas Bett an die Decke, sodass sie es morgens als erstes und abends als letztes sah.

Janna war ein typischer südkalifornischer Teenager und konnte nur wenig Begeisterung für solche »schrägen« Ideen aufbringen. Ich erklärte ihr trotzdem, was es damit auf sich hatte, und schlug ihr vor, selbst eine Affirmation zu schreiben.

Nachdem der Punkt Affirmationen erledigt war, musste ich zum Handeln kommen und anfangen, um das zu bitten, was ich mir wünschte. Ich habe in meinem Leben stets großen Wert auf Eigenständigkeit und Unabhängigkeit gelegt und war nie auf die Hilfe anderer Menschen angewiesen. Es war schwierig für mich, meine Familie oder Menschen, die ich kannte, um Geld zu bitten, und bei Fremden fiel es mir noch schwerer. Ich beschloss aber, es dennoch zu tun. Was konnte ich schon verlieren?

Ich entwarf ein Blatt mit Jannas Foto und ihrer Begründung dafür, warum sie nach Deutschland reisen wollte. Unten gab es eine Leiste mit Spendencoupons über fünf, zwanzig, fünfzig und hundert Dollar, die die Leute abreißen und uns gemeinsam mit ihrem Scheck bis zum 1. Juni zuschicken sollten. Einen Coupon ließ ich frei, sodass jeder auch einen individuellen Betrag einsetzen konnte. Dieses Blatt verschickte ich an Freunde, Verwandte und alle Menschen, die ich auch nur im Entferntesten kannte. Ich verteilte Blätter an meiner Arbeitsstelle und schickte sie an die lokalen Zeitungen sowie an den Radiosender. Ich suchte die Adressen von dreißig gemeinnützigen Organisationen in unserer Gegend heraus und schickte auch dort jeweils ein Blatt hin. Ich schrieb sogar an die Fluggesellschaften und bat um ein Freiticket für den Flug nach Deutschland.

Die Zeitung brachte keinen Artikel, der Radiosender strahlte keine Sendung aus, die Fluggesellschaft lehnte mein Ansinnen ab, aber ich blieb am Ball und verschickte weiter meine Blätter. Janna fing an, von wildfremden Menschen zu träumen, die ihr Geld gaben. Im Verlauf der darauf folgenden Wochen trafen immer mehr Geldsendungen ein. Zuerst bekamen wir einen Brief mit fünf Dollar. Die größte Einzelspende betrug achthundert Dollar. Sie kam von Freunden und Verwandten. Aber die meisten Spenden lagen bei zwanzig oder fünfzig Dollar – manche kamen von Menschen, die wir kannten, andere von Fremden.

Janna fand auf einmal Gefallen an der Idee und glaubte langsam, dass das Ganze Erfolg haben könnte. Eines Tages fragte sie mich: »Glaubst du, dass mir das System auch bei der Fahrprüfung helfen kann?« Ich versicherte ihr, dass eine Affirmation auch in diesem Fall funktionieren würde. Sie versuchte es und bestand die Prüfung. Bis zum 1. Juni hatten wir »mit Freuden« 3750 Dollar eingenommen! Wir konnten es kaum fassen. Doch so unglaublich die ganze Sache war – ich hatte keine Ahnung, woher ich die noch fehlenden zweihundertfünfzig Dollar nehmen sollte. Bis zum fünften musste ich das Geld irgendwie auftreiben. Am dritten klingelte das Telefon. Am anderen Ende der Leitung war eine

Frau von einer der gemeinnützigen Organisationen in unserer Stadt. »Ich weiß, dass der Termin vorüber ist; bin ich zu spät dran?«, erkundigte sie sich. Ich verneinte.

»Nun, wir würden Janna sehr gern helfen, aber wir können nur zweihundertfünfzig Dollar beisteuern.«

Alles in allem waren es zwei Organisationen und dreiundzwanzig Einzelpersonen, die mit ihren Spenden dazu beitrugen, Jannas Traum Wirklichkeit werden zu lassen. Im Laufe des Jahres schrieb sie jedem dieser fünfundzwanzig Sponsoren mehrmals, um über ihre Erfahrungen zu berichten. Als sie zurückkehrte, hielt sie bei den beiden Organisationen einen Vortrag. Sie hatte die Zeit von Mai bis September als Austauschschülerin in *Viersen* verbracht und die Reise nach Deutschland war ein echtes Erlebnis für sie gewesen. Sie konnte ihren Horizont erweitern und zu einer neuen Sicht der Welt und ihrer Völker gelangen. Sie hatte Gelegenheit, einen Blick über die engen Grenzen ihrer südkalifornischen Heimat zu werfen. Seither hat sie ganz Europa bereist und in einem Sommer in Spanien und in einem weiteren in Deutschland gearbeitet. Sie hat das College mit Auszeichnung abgeschlossen, zwei Jahre bei VISTA in einem Aids-Projekt in Vermont gearbeitet und bereitet sich zurzeit auf ihr Master's Degree im Gesundheitswesen vor.

In dem Jahr nach Jannas Deutschlandreise lernte ich die Liebe meines Lebens kennen – auch diesmal mit Hilfe von Affirmationen. Wir begegneten uns bei einem Selbstbewusstseinstraining, heirateten und besuchten ein Paarseminar. Dort dachten wir uns gemeinsam eine Reihe von Affirmationen aus; eine davon bezog sich aufs Reisen. In den vergangenen sieben Jahren haben wir in mehreren Staaten der USA, darunter auch Alaska, gelebt und drei Jahre in Saudi-Arabien verbracht. Zurzeit leben wir im Orient.

Wie Janna habe auch ich meinen Horizont erweitert und mein Leben ist heute um so vieles Interessanter und faszinierender, weil ich gelernt habe, um das, was ich mir wünsche, zu bitten, entsprechende Affirmationen zu formulieren und zu handeln.

Claudette Hunter

Eine lebensverändernde Erfahrung

Ich habe gelernt das Wort »unmöglich«
mit äußerster Vorsicht zu gebrauchen.
WERNHER VON BRAUN

Vor einigen Jahren erlebte ich etwas, das meine Glaubenssätze so grundlegend revolutionierte, dass ich zu einer völlig neuen Weltsicht gelangte. Ich nahm damals an den Kursen einer Seminarorganisation namens LifeSpring teil. Mit fünfzig anderen Teilnehmern hatte ich ein dreimonatiges Führungstraining, das so genannte »Leadership Program«, belegt. Das Ganze begann, als die Kursleiter uns bei einem unserer wöchentlichen Treffen eine Aufgabe stellten. Wir sollten für tausend Obdachlose in Downtown Los Angeles ein Frühstück organisieren und außerdem Kleidung zum Weiterverschenken beschaffen. Und das Wichtigste: Wir durften dazu keinerlei Geld aus unserer eigenen Tasche verwenden.

Keiner von uns hatte einen Partyservice oder jemals auch nur annähernd etwas Ähnliches gemacht, und so war mein erster Gedanke: »Bis wir das auf die Beine gestellt haben, sind wir sicher alt und grau.« Doch noch bevor ich diesen Gedanken zu Ende gedacht hatte, erhielten wir eine weitere

Anweisung: »Übrigens, wir möchten, dass ihr das Ganze am Samstagmorgen über die Bühne bringt.« Es war Donnerstagabend, als sie uns das sagten, und so änderte ich meine Prognose kurzerhand ab: U-N-M-Ö-G-L-I-C-H! Ich glaube nicht, dass ich der Einzige war, der so dachte.

Als ich in die Runde blickte, stand in den Gesichtern ebenso wenig Begeisterung geschrieben wie auf einer frisch geputzten Tafel. Tatsache war, dass keiner von uns auch nur die leiseste Ahnung hatte, wie wir etwas Derartiges auf die Beine stellen sollten. Da aber keiner von uns zugeben wollte, dass wir der Herausforderung nicht gewachsen waren, nickten wir mit unbewegter Miene: »Na klar. Das schaffen wir schon. Kein Problem!«

Dann sagte einer: »Also, wir müssen uns in Teams aufteilen. Wir brauchen ein Team, das das Essen beschafft und ein weiteres, das die Kochgeräte organisiert.« Dann meinte ein anderer: »Ich habe einen Laster. Damit können wir die Geräte transportieren.«

»Toll!«, flöteten wir im Chor.

Ein anderer Teilnehmer meldete sich zu Wort: »Wir brauchen noch ein Team, das sich um das Unterhaltungsprogramm und um die Kleiderspenden kümmert.« Bevor ich wusste, wie mir geschah, hatte man mir die Leitung des Koordinationsteams aufs Auge gedrückt.

Um zwei Uhr nachts hatten wir eine Liste mit allen Aufgaben zusammengestellt, die uns eingefallen waren, und diese auf die jeweils zuständigen Teams verteilt. Dann machten wir uns auf den Heimweg, um wenigstens noch ein bisschen Schlaf zu bekommen. Als ich meinen Kopf aufs Kissen legte, dachte ich: »Mein Gott, ich habe nicht die leiseste Ahnung, wie wir das schaffen können... Aber wir werden unser Möglichstes tun!«

Um sechs Uhr morgens klingelte der Wecker, und ein paar Minuten später standen meine beiden Teamkollegen vor der Tür. Wir drei und die Leute von den anderen Teams hatten genau vierundzwanzig Stunden Zeit, um ein Essen für tausend Obdachlose zu realisieren.

Wir nahmen uns das Telefonbuch und machten uns daran, eine ganze Liste von Nummern durchzuklingeln, von denen wir uns irgendwie Hilfe erhofften. Mein erster Anruf galt der Firma Von's. Nachdem ich erklärt hatte, worum es ging, teilte man mir mit, dass ich unsere Bitte um Lebensmittel schriftlich einreichen sollte und dass wir mit ungefähr zwei Wochen Bearbeitungszeit rechnen müssen. Geduldig erklärte ich, dass wir keine zwei Wochen Zeit hätten, sondern das Essen noch am selben Tag, möglichst vor Feierabend, bräuchten.

Dann rief ich Western Bagel an und brachte mein Anliegen vor. Zu meiner Freude meinte der Besitzer: »OK!« Plötzlich hatten wir tausendzweihundert Bagels! Als ich gerade Zacky Farms an der Leitung hatte, um Hühnchen und Eier zu organisieren, blinkte die Rückruffunktion an meinem Telefon. Es war einer unserer Jungs, der mir mitteilen wollte, dass er bei Hansen's Juices vorbeigefahren war und man dort eine Lastwagenladung frisch gepresster Säfte – Karotte, Wassermelone und diverse Früchte – für uns hatte. Das war wirklich ein Volltreffer!

Der Regionalleiter der Firma Von's rief zurück und meinte, er habe alle möglichen Lebensmittel für uns aufgetrieben, darunter auch sechshundert Laib Brot! Zehn Minuten später bekam ich noch einen Anruf. Jemand aus unserem Team hatte fünfhundert Burritos organisiert. Beinahe alle zehn Minuten meldete sich jemand anderes aus unserem Team, um uns zu sagen, dass irgendjemand zu irgendeiner

Spende bereit sei. »Wow«, dachte ich. »Sollten wir es etwa doch schaffen?«

Um Mitternacht, nach achtzehn Stunden ununterbrochener Arbeit, stand ich schließlich bei Winchell's Donuts vor der Tür und stapelte vorsichtig achthundert Donuts auf die eine Seite der Ladefläche meines Kombis, sodass ich auch noch die tausendzweihundert Bagles unterbringen konnte, die ich um fünf Uhr morgens abholen sollte.

Nach ein paar Stunden dringend benötigter Ruhe sprang ich ins Auto, fuhr schnell bei Western Bagel vorbei, um die Ware einzuladen (in dem Wagen roch es mittlerweile wie in einer Bäckerei), und machte mich auf den Weg nach Downtown Los Angeles. Es war Samstagmorgen und ich war völlig überdreht. Als ich gegen 5:45 in den Parkplatz einbog, sah ich, wie Leute aus den Teams damit beschäftigt waren, riesige Industriegrills auszuladen, Heliumballons aufzublasen und die mobilen WCs zu installieren. (Wir hatten an alles gedacht.)

Ich sprang aus dem Wagen und fing an, Tüten mit Bagels und Kisten mit Donuts auszuladen. Um sieben Uhr standen die ersten Leute vor dem Parkplatz an. Als es sich in dem heruntergekommenen Viertel herumsprach, dass wir ein Frühstück mit Eiern und allen Schikanen servieren würden, kamen immer mehr Leute, bis die Schlange die Straße entlang und um einen ganzen Häuserblock herumreichte.

Gegen 7:45 schoben sich die ersten Männer, Frauen und sogar Kinder an den Buffets vorbei, den Teller mit gegrilltem Hühnchen, Rühreiern, Burritos, Bagels, Donuts und vielen anderen Köstlichkeiten voll beladen. Hinter ihnen lagerten viele Stapel mit sorgfältig gefalteten Kleidungsstücken, die im Laufe des Tages allesamt verteilt werden würden. Während der DJ die bewegenden Klänge von *We Are the World* über die Lautsprecher schickte, betrachtete ich das Meer von zufriedenen Menschen aller Hautfarben und Altersstufen, die sich genüsslich satt aßen. Als uns um elf Uhr vormittags das Essen ausging, hatten wir insgesamt 1140 Obdachlosen eine Mahlzeit serviert.

Als wir Gruppenteilnehmer und die Obdachlosen anschließend begannen zur Musik zu tanzen, kam eine ganz zwanglose festliche Stimmung auf. Während wir feierten, kamen zwei Obdachlose zu mir und meinten, das Frühstück sei das Allerschönste, das man je für sie gemacht hätte, und es sei das erste Mal, dass sie an einer Essensverteilung teilgenommen hätten und kein Streit ausgebrochen wäre. Während sie mir die Hand drückten, hatte ich einen Kloß im Hals. Wir hatten es geschafft. Wir hatten innerhalb von weniger als achtundvierzig Stunden ein Essen für über tausend Obdachlose organisiert. Das war eine Erfahrung, die mich tief beeindruckt hat. Wenn mir jetzt jemand sagt, er würde gern etwas tun, aber es sei wohl unmöglich, dann denke ich: »Ja, ich verstehe, was du meinst. Genauso habe ich auch einmal gedacht...«

Michael Jeffreys

Das Unmögliche dauert bloß ein wenig länger

*Soweit ich erkennen kann, gibt es
keinen, der genug weiß, um definitiv
sagen zu können, was möglich ist und
was nicht.*

HENRY FORD

Mit zwanzig war ich glücklicher als je in meinem Leben. Ich war sportlich aktiv, nahm an Wasserski- und Skiwettkämpfen teil, spielte Golf, Tennis, Raquetball, Basketball und Volleyball. Ich war sogar in einer Bowlingmannschaft. Fast jeden Tag joggte ich. Auch meine finanzielle Zukunft sah viel versprechend aus, denn ich hatte gerade eine Firma für Tennisplatzbau gegründet. Und ich war mit der schönsten Frau der Welt verlobt. Und dann geschah die Tragödie – so zumindest nannten es manche Leute:

Plötzlich riss mich ein Geräusch von knautschendem Blech und berstendem Glas aus dem Schlaf. So schnell, wie es gekommen war, wurde es wieder still. Als ich die Augen aufschlug, war die Welt ringsum dunkel. Als ich wieder zu mir kam, fühlte ich die Wärme von Blut auf meinem Gesicht. Dann kamen die Schmerzen. Sie waren kaum auszuhalten. Ich hörte Stimmen, die meinen Namen riefen, bevor ich wieder ohnmächtig wurde.

Ich hatte meine Familie an einem wundervollen Weihnachtsabend in Kalifornien zurückgelassen und mich mit einem Freund auf den Weg nach Utah gemacht. Dort wollte ich den Rest der Feiertage mit meiner Verlobten Dallas verbringen. Wir wollten die letzten organisatorischen Fragen für unsere Hochzeit klären, die in nur fünf Wochen stattfinden sollte. Ich fuhr die ersten acht Stunden. Dann wurde ich langsam müde und mein Freund, der sich die ganze Zeit über ausgeruht hatte, übernahm das Steuer. Ich machte es mir auf dem Beifahrersitz bequem, schnallte mich an, und mein Freund fuhr den Wagen durch die dunkle Nacht. Nachdem er etwa eineinhalb Stunden gefahren war, schlief er am Steuer ein. Das Fahrzeug prallte gegen einen Betonpfeiler, wurde in die Luft geschleudert, schoss darüber hinweg und überschlug sich mehrmals, bis es unten an der Böschung landete.

Als der Wagen endlich zum Stillstand kam, saß ich nicht mehr darin. Ich war herausgeschleudert worden und hatte mir beim Aufschlagen auf den Wüstenboden das Genick gebrochen. Von der Brust abwärts war ich gelähmt. Nachdem ich von einem Krankenwagen nach Las Vegas, Nevada, in die Klinik gebracht worden war, eröffnete mir der zuständige Arzt, dass ich vierfach gelähmt sei. Ich konnte weder Füße noch Beine bewegen. Meine Bauchmuskeln und zwei der drei Hauptbrustmuskeln waren nutzlos geworden. Mein rechter Trizeps sprach nicht mehr an. Ich hatte keine Kontrolle und Kraft in den Schultern und Armen. Und meine Hände konnte ich überhaupt nicht mehr bewegen.

Damit begann mein neues Leben.

Die Ärzte meinten, ich müsse künftig neue Träume träumen und neue Gedanken denken. Sie meinten, dass ich angesichts meiner körperlichen Verfassung nie wieder arbeiten könne – wenngleich meine Perspektiven diesbezüglich noch geradezu rosig aussahen. Immerhin arbeiteten nur dreiundneunzig Prozent der Menschen in meinem Zustand nicht. Sie sagten mir, ich könne nie mehr Auto fahren, und dass ich für den Rest meines Lebens völlig auf andere angewiesen sein würde, um zu essen, mich anzuziehen oder mich von A nach B zu bewegen. Sie erklärten mir, dass ich wohl kaum damit rechnen könne, zu heiraten, denn... wer würde mich schon wollen. Und zuletzt führten sie aus, dass ich nie wieder an irgendeiner Art von Sport oder Wettkampf würde teilnehmen können. Zum ersten Mal in meinem jungen Leben hatte ich wirklich Angst. Ich hatte Angst, dass sie wirklich Recht haben könnten.

Während ich in jenem Krankenhausbett in Las Vegas lag, fragte ich mich, was nun aus all meinen Hoffnungen und Träumen werden würde; ob ich je wieder gesund werden würde, ob ich arbeiten, heiraten, eine Familie gründen und einige der Dinge tun würde, die mir bis dahin so viel Freude bereitet hatten.

In dieser kritischen Zeit voller Zweifel und Ängste, in der meine Zukunft so schwarz aussah, setzte sich meine Mutter zu mir ans Bett und flüsterte mir ins Ohr: »Art, das Schwierige braucht seine Zeit... das Unmögliche dauert bloß ein wenig länger.« Da auf einmal drang in den dunklen Raum der Lichtstrahl der Hoffnung und Zuversicht darauf, dass es morgen besser sein würde.

Elf Jahre ist es nun her, dass ich diese Worte gehört habe. Heute bin ich Chef meiner eigenen Firma. Ich bin professioneller Vortragsredner und habe ein Buch veröffentlicht – *Some Miracle Take Time* (Wunder brauchen etwas länger). Ich lege mehr als zweihunderttausend Meilen im Jahr zurück, um die Botschaft von *The Impossible Just Takes a Little Longer*® ins Land zu tragen. Dabei halte ich Vorträge vor fünfhundert Firmen, Verbänden, Verkaufsvereinigungen und Jugendgruppen – manchmal vor über zehntausend Menschen. Im Jahr 1992 wurde ich vom Verband der Kleinunternehmer aus sechs Bundesstaaten zum Jungunternehmer des Jahres gekürt. 1994 bezeichnete mich das Magazin *Success* als einen der größten Comebacks des Jahres. Diese Träume haben sich für mich realisiert. Sie haben sich nicht trotz meines Zustandes, sondern vielleicht sogar deswegen verwirklicht.

Nach meinem Unfall habe ich wieder Auto fahren gelernt. Ich fahre, wohin ich will, und ich tue, was ich will. Ich bin völlig unabhängig und sorge selbst für mich. Seit jenem Tag ist ein wenig Gefühl in meinen Körper zurückgekehrt, und ich habe wieder etwas von der Kontrolle und Funktion meines rechten Trizeps zurückgewinnen können.

Anderthalb Jahre nach jenem schicksalhaften Tag habe ich die wunderschöne, wunderbare junge Frau von damals geheiratet. 1992 wurde Dallas, meine Frau, zur Mrs. Utah gekürt, und bei den Wahlen zur Miss USA belegte sie den dritten Platz! Wir haben zwei Kinder – eine dreijährige Tochter namens McKenzie Raeanne und einen neun Monate alten Sohn namens Dalton Arthur – sie sind der Sonnenschein in unserem Leben.

Ich bin auch in die Welt des Sports zurückgekehrt. Ich habe Schwimmen, Tauchen und Paragliding gelernt. Meines Wissens bin ich der erste vierfach Gelähmte, der jemals in einem Gleitsegler geflogen ist. Ich habe gelernt, Ski zu fahren. Und ich habe gelernt Rugby zu spielen. Das liegt vielleicht daran, dass die anderen mir nicht mehr wirklich wehtun können! Darüber hinaus nehme ich mit dem Rollstuhl an 10K- und Marathonwettbewerben teil. Am 10. Juli 1993 gelang es mir als erstem vierfach gelähmtem Menschen der Welt, das Zweiunddreißig-Meilen-Rennen zwischen Salt Lake City und St. George Utah in sieben Tagen zu bewältigen – das war sicher nicht meine intelligenteste, zweifellos aber eine meiner schwierigsten Leistungen.

Warum ich all das getan habe? Weil ich vor langer Zeit auf die Stimme meiner Mutter und meines Herzens gehört und nicht auf den Chor der Andersdenkenden – darunter auch die Ärzte – geachtet habe. Ich beschloss, mich von meinem körperlichen Zustand nicht dazu zwingen zu lassen, meine Träume aufzugeben. Ich schöpfte wieder Hoffnung. Ich lernte, dass Träume niemals von äußeren Umständen zerstört werden. Träume werden im Herzen und im Geiste geboren, und wenn überhaupt, können sie nur dort sterben. Wenn das Schwierige seine Zeit braucht, dauert das Unmögliche bloß ein wenig länger.

Art E. Berg

Der Tag, an dem ich Daniel traf

> *Ein Leben voller Hingabe ist ein lebenswertes Leben.*
> ANNIE DILLARD

> *Jeder Mensch hat sein eigenes Schicksal; die einzige Forderung lautet, ihm zu folgen und es zu akzeptieren, ganz gleich, wohin es ihn führt.*
> HENRY MILLER

> *Mit ganzem Herzen vertrau auf den Herrn, bau nicht auf eigene Klugheit; such ihn zu erkennen auf all deinen Wegen, dann ebnet er selbst deine Pfade.*
> SPRÜCHE 3, 5–6

Es war ein für den Monat Mai ungewöhnlich kalter Tag. Der Frühling hatte Einzug gehalten, und alles erstrahlte in leuchtenden Farben. Doch eine Kaltluftfront aus dem Norden hatte winterliche Temperaturen nach Indiana zurückgebracht.

Ich saß mit zwei Freunden am Fensterplatz eines gemütlichen Restaurants just um die Ecke vom Stadtplatz. Sowohl das Essen als auch die Gesellschaft waren besonders gut an jenem Tag. Während wir sprachen, wurde meine Aufmerksamkeit von einem Mann auf der anderen Straßenseite angezogen, der hier – mitten in der Stadt – all seine weltlichen Besitztümer auf dem Rücken zu tragen schien. Ein Schild verkündete: »Ich biete Arbeit gegen Essen.«

Der Anblick berührte mich. Ich machte meine Freunde auf den Mann aufmerksam und merkte, dass auch einige andere Gäste in dem Lokal ihr Besteck hatten sinken lassen, um ihn zu beobachten. Sie betrachteten ihn mit einer Mischung aus Traurigkeit und Ungläubigkeit. Wir aßen weiter, doch das Bild blieb mir im Gedächtnis haften.

Nachdem meine Freunde und ich mit dem Essen fertig waren, trennten sich unsere Wege. Ich hatte noch einige Besorgungen zu machen und eilte rasch los. Halbherzig ließ ich meinen Blick über den Stadtplatz schweifen, um zu sehen, ob der sonderbare Fremde noch dort war. Ich war beunruhigt, denn ich wusste, dass irgendeine Form der Reaktion gefragt war, wenn ich ihn noch einmal sehen sollte.

Dann machte ich mich auf den Weg durch die Stadt, ohne dass ich den Mann zu Gesicht bekommen hätte. Ich erledigte ein paar Einkäufe und kehrte dann zu meinem Wagen zurück. Tief in meinem Inneren sprach der Geist Gottes zu mir: »Fahr erst noch einmal um den Block, bevor du wieder ins Büro gehst.«

Und so lenkte ich nach einem gewissen Zögern den Wagen zurück in Richtung Stadt. Nach der dritten Straßenecke entdeckte ich ihn. Er stand auf der Treppe vor der Natursteinkirche und wühlte in seinen Sachen. Ich hielt an und sah ihm zu. Einerseits war ich versucht, ihn anzusprechen, andererseits wäre ich am liebsten weitergefahren. Der freie Parkplatz an der Straßenecke erschien mir wie ein Zeichen Gottes: eine Einladung, den Wagen abzustellen. Ich parkte ein, stieg aus und ging auf den jüngsten Besucher der Stadt zu.

»Suchen Sie nach dem Pastor?«, fragte ich.

»Nein, eigentlich nicht«, entgegnete er. »Ich ruhe mich nur aus.«

»Haben Sie heute schon was gegessen?«

»Ja, heute Morgen habe ich etwas gegessen.«

»Möchten Sie mit mir zu Mittag essen?«

»Haben Sie irgendeine Arbeit für mich?«

»Arbeit habe ich keine«, erwiderte ich. »Ich komme von außerhalb und arbeite lediglich in der Stadt, aber ich würde Sie gerne zum Essen einladen.«

»Also gut«, nickte er freudestrahlend. Während er seine Sachen zusammensuchte, stellte ich ihm ein paar oberflächliche Fragen.

»Wo wollen Sie hin?«

»Nach St. Louis.«

»Und wo kommen Sie her?«

»Von überall und nirgends. Sagen wir, Großraum Florida.«

»Wie lange sind Sie schon unterwegs?«

»Seit vierzehn Jahren«, lautete seine Antwort.

Ich spürte, dass ich es mit einem ungewöhnlichen Menschen zu tun hatte.

Bald saßen wir uns in demselben Restaurant gegenüber, das ich erst ein paar Minuten zuvor verlassen hatte. Er hatte langes, glattes Haar und einen sorgfältig geschnittenen dunklen Bart. Seine Haut war von der Sonne gegerbt und mit seinem ledrigen Gesicht wirkte er älter als die achtunddreißig, die er war. Seine Augen waren dunkel, aber klar, und er war überraschend redegewandt. Als er seine Jacke auszog, kam darunter ein leuchtend rotes T-Shirt mit der Aufschrift »Jesus ist die unendliche Geschichte« zum Vorschein.

Dann erzählte mir Daniel seine Geschichte. Er hatte eine harte Jugend hinter sich. Eine Reihe falscher Entscheidungen hatte ihm entsprechende Konsequenzen eingebracht. Vor vierzehn Jahren war er während einer Backpackertour an den Strand von Daytona gelangt. Bei ein paar Männern, die gerade dabei waren, ein großes Zelt aufzuschlagen und diverse Ausrüstungsgegenstände zu installieren, fragte er um Arbeit nach. Er dachte, dass es sich um die Vorbereitungen für ein Konzert handele. Er bekam den Job, doch das Zelt war nicht für ein Konzert, sondern für einen Wiederauferstehungsgottesdienst gedacht. Bei diesen Gottesdiensten sah er auf einmal seinen Lebensweg sehr viel klarer vor sich. So kam es, dass er sich Gott verschrieb.

»Seither ist nichts, wie es einmal war«, erzählte er weiter. »Ich fühlte, dass Gott mich aufforderte weiterzuziehen, und das tat ich – etwa seit vierzehn Jahren bin ich jetzt unterwegs.«

»Haben Sie nie daran gedacht, irgendwo sesshaft zu werden?«, erkundigte ich mich.

»Doch, schon. Wenn ich das Gefühl habe, dass es mir zu anstrengend wird. Aber Gott hat mich gerufen. Ich verteile Bibeln. Der ganze Sack ist voll davon. Ich arbeite, um Essen und Bibeln zu kaufen, und ich gebe sie den Menschen, zu denen Gott mich führt.«

Ich konnte nur staunen. Mein heimatloser Freund war wohl doch nicht heimatlos. Er hatte eine Mission und lebte ganz bewusst auf diese Weise. Die Frage brodelte erst eine Weile in mir, bevor ich sie stellte:

»Und wie ist das so?«

»Was?«

»Na, in eine Stadt zu kommen, mit all Ihren Sachen auf dem Rücken, und sich zu erkennen zu geben?«

»Oh, zu Anfang war es ziemlich erniedrigend. Die Leute starrten mich an und redeten über mich. Einer warf mir ein Stück angebissenes Brot hin und deutete mir mit einer Geste an, dass ich alles andere als willkommen bin. Aber als ich erkannte, dass mit meiner Hilfe Gott seine Hand nach den Menschen ausstreckte, um ihre Einstellungen gegenüber meinesgleichen zu verändern, wurde ich demütig.«

Auch meine Einstellung veränderte sich.

Wir löffelten unser Dessert aus und suchten seine Sachen zusammen. Vor der Tür blieb er stehen und wandte sich mir zu: »»Komm her, der du von meinem Vater gesegnet bist, nimm das Reich in Besitz, das seit der Erschaffung der Welt für dich bestimmt ist. Denn ich war hungrig, und du hast mir zu essen gegeben; ich war durstig, und du hast mir zu trinken gegeben; ich war fremd, und du hast mich aufgenommen.‹«

Ich fühlte mich, als stünde ich auf heiligem Boden.

»Könnten Sie noch eine Bibel gebrauchen«, fragte ich. Er meinte, er selbst würde am liebsten in einer ganz bestimmten Übersetzung lesen. Das Exemplar sei weit gereist und nicht allzu schwer. Es sei sein Lieblingsstück.

»Ich habe sie vierzehn Mal von Anfang bis Ende gelesen«, erklärte er mir.

»Ich weiß nicht, ob wir so eine haben, aber wir könnten bei unserer Kirche halten und nachsehen.«

Ich konnte für meinen neuen Freund tatsächlich eine Bibel finden, die ihm gefiel, und er schien sehr dankbar.

»Wohin geht es jetzt weiter?«, erkundigte ich mich.

»Ich hab da eine kleine Karte auf der Rückseite der Eintrittskarte von so einem Vergnügungspark.«

»Versuchen Sie, dort für eine Weile Arbeit zu finden?«

»Nein, ich habe nur das Gefühl, dass ich dahin sollte. Ich denke, da ist jemand, der eine Bibel braucht, und so mach ich mich auf den Weg dorthin.«

Er lächelte und in seiner Herzenswärme schwang die Ernsthaftigkeit seiner Mission. Ich fuhr ihn an die Stelle zurück, an der wir uns zwei Stunden zuvor begegnet waren. Unterwegs fing es auf einmal an zu regnen. Nachdem ich geparkt hatte, luden wir gemeinsam seine Sachen aus.

»Würden Sie mir etwas in mein Autogrammalbum schreiben?«, fragte er. »Ich sammle darin Sprüche von Leuten, denen ich begegnet bin.«

Ich schrieb in sein kleines Buch, dass es mich zutiefst berührt hätte, mit welcher Ernsthaftigkeit er sich seiner Berufung widmete. Ich wünschte ihm Kraft. Und ich gab ihm einen Bibelspruch mit auf den Weg, Jeremiah 29, 11: »Denn ich, ich kenne meine Pläne, die ich für euch habe, sprach der Herr, Pläne des Heils und nicht des Unheils; denn ich will euch eine Zukunft und eine Hoffnung geben.«

»Danke«, sagte er. »Ich weiß, wir haben uns gerade erst kennen gelernt und eigentlich sind wir uns fremd, aber ich liebe Sie.«

»Ich weiß«, nickte ich. »Ich liebe Sie auch.«

»Der Herr ist gut.«

»Ja, das stimmt. Wie lange ist es her, dass Sie das letzte Mal jemand umarmt hat?«, fragte ich.

»Schon ziemlich lange«, erwiderte er.

Und so standen mein neuer Freund und ich an einer belebten Straßenecke im Nieselregen und umarmten uns. Und tief in meinem Inneren fühlte ich mich verwandelt.

Er lud sich seine Habseligkeiten auf den Rücken, schenkte mir sein gewinnendes Lächeln und meinte: »Bis bald im himmlischen Jerusalem.«

»Ich komme bestimmt!«, versprach ich.

Und damit machte er sich wieder auf die Reise. Bei jedem Schritt baumelte das Schild, das er an seiner Schlafmatte und dem Sack mit den Bibeln befestigt hatte. Er blieb noch einmal stehen und wandte sich zu mir: »Wenn Sie irgendwas an mich erinnert, beten Sie dann für mich?«

»Aber klar«, rief ich ihm zu.

»Gott segne Sie.«

»Gott segne Sie.«

Und damit verschwand er.

Spätabends, als ich aus dem Büro kam, wehte ein starker Wind. Die Kaltfront hatte die Stadt fest im Griff. Ich zog meinen Mantelkragen hoch und eilte zu meinem Wagen. Als ich mich in meinen Sitz fallen ließ und nach der Handbremse griff, sah ich sie – ein paar abgenutzte, braune Arbeitshandschuhe, die sorgfältig über den Griff gelegt waren. Ich nahm sie in die Hand, dachte an meinen Freund und fragte mich, ob er in dieser Nacht auch ohne sie warme Hände haben würde. Dann fielen mir seine Worte ein: »Wenn Sie irgendwas an mich erinnert, beten Sie dann für mich?«

Heute liegen seine Handschuhe auf meinem Schreibtisch im Büro. Sie helfen mir, die Welt und die Menschen in einem neuen Licht zu betrachten. Und sie erinnern mich an die zwei Stunden, die ich mit meinem ganz besonderen Freund verbracht habe, und daran, für ihn und seine Mission zu beten.

»Bis bald im himmlischen Jerusalem«, hatte er gesagt.

Ja, Daniel, ich weiß, dass wir uns dort sehen werden.

Richard Ryan

8

Allgemeine Weisheiten

Weisheit erlangen wir eher durchs Leben als
durchs Lernen.

Volksmund

Was Gott so alles macht

Der achtjährige Danny Sulton schrieb in der dritten Sonntagsschulklasse folgenden Aufsatz über Gott:

Eine der wichtigsten Aufgaben Gottes ist, Menschen zu machen. Er macht sie, damit er Ersatz hat, wenn jemand stirbt, denn sonst wären nicht genug Leute da, um hier auf der Erde alles zu regeln. Er macht keine Erwachsenen. Er macht nur Babys. Ich glaube, das liegt daran, dass sie kleiner sind und sich leichter machen lassen. Dann muss er nicht seine wertvolle Zeit damit verbringen, ihnen Laufen und Sprechen beizubringen. Das kann er dann einfach den Müttern und Vätern überlassen.

Die zweitwichtigste Aufgabe Gottes ist, den Menschen beim Beten zuzuhören. Da hat er eine Menge zu tun, weil manche Leute, Pfarrer und so, nicht nur vor dem Schlafengehen beten. Meine Oma und mein Opa beten jedes Mal vor den Mahlzeiten, nur nicht wenn sie zwischendurch was essen. Gott hat darum überhaupt keine Zeit, Radio zu hören oder fernzusehen. Weil Gottes Ohren alles hören, muss da drin schrecklicher Krach sein, wenn er sich nicht was überlegt hat, um den Ton leiser zu stellen.

Gott sieht und hört alles und er ist überall. Er hat also ziemlich viel zu tun. Darum sollte man nicht seine Zeit verschwenden und um Dinge bitten, die nicht wirklich wichtig sind. Und man sollte sich nicht über die Eltern hinwegsetzen und um etwas bitten, von dem sie gesagt haben, dass man es nicht bekommen kann. Außerdem würde das sowieso nicht funktionieren.

Dan Sutton, Christuskirche St. Michael's, Maryland
eingereicht von Vanessa Hewko

Die Weisheit des Wortes

Ein einziges Gespräch mit einem
weisen Menschen ist so viel wert
wie einen Monat Bücherlesen.
CHINESISCHES SPRICHWORT

Ist es nicht faszinierend, wie ein einziger Mensch, der uns zur rechten Zeit und am rechten Ort einen Gedanken vermittelt, unseren künftigen Lebensweg verändern kann? Mir ist es auf jeden Fall so ergangen. Als ich vierzehn war, fuhr ich einmal per Autostopp von Houston, Texas nach Kalifornien. Ich verwirklichte mir damit einen Traum – ich hatte schon immer davon geträumt, dem Lauf der Sonne zu folgen. Auf Grund von Lernschwierigkeiten hatte ich eine Auszeit von der Highschool bekommen und mir vorgenommen, auf den höchsten Wellen der Weltmeere zu reiten – zuerst in Kalifornien und dann auf Hawaii, wo ich später einmal hinziehen wollte. Unterwegs machte ich Zwischenstopp in El Paso und dort begegnete ich einem alten Mann, einem Penner. Er stand an einer Straßenecke und als er mich sah, sprach er mich an. Er wollte wissen, ob ich von zu Hause weggelaufen sei. Ich muss wohl noch ziemlich jung ausgesehen haben. »Ganz und gar nicht«, protestierte ich. Schließlich hatte mich mein Vater höchstpersönlich in Houston bis zum Freeway gebracht und mir seinen Segen gegeben. »Es ist wichtig, dir deinen Traum zu verwirklichen und der Stimme deines Herzens zu folgen!«, hatte er mir zum Abschied gesagt.

Dann fragte mich der Penner, ob er mich zu einer Tasse Kaffee einladen könne. Ich schüttelte den Kopf. »Nein, aber zu einer Limo schon.« Wir gingen gemeinsam zu einem kleinen Ausschank und ließen uns auf den Drehhockern nieder, jeder mit seinem Getränk in der Hand.

Nachdem wir uns ein paar Minuten unterhalten hatten, bat mich der freundliche Penner, mit ihm zu kommen. Es gebe da etwas ganz Tolles, das er mir unbedingt zeigen wolle. Wir gingen ein paar Häuserblocks weit, bis wir schließlich zur Stadtbibliothek von El Paso kamen. Wir gingen die Eingangstreppe hinauf und gelangten zu einem kleinen Informationsschalter. Der Penner bat die freundliche alte Dame hinter der Theke, einen Augenblick auf meine Sachen aufzupassen, während wir beide in der Bibliothek waren. Und so ließ ich meine Habseligkeiten bei der großmütterlich wirkenden Frau zurück und wir betraten die herrliche Kathedrale des Wissens.

Zunächst führte mich der Penner an einen Tisch, deutete auf einen Stuhl und bat mich, einen Moment zu warten. Er wollte einige ganz besondere Dinge aus den Regalen holen. Kurz darauf kam er mit mehreren alten Büchern unter dem Arm zurück, die er auf den Tisch legte. Dann setzte er sich neben mich und fing an zu reden. Was er mir sagte, sollte mein Leben für immer verändern. Hier seine Worte:

»Es gibt zwei Dinge, die ich dich lehren möchte, mein Sohn: Erstens solltest du ein Buch nie nach seinem Umschlag beurteilen, denn der könnte dich in die Irre führen. Du denkst doch sicher, dass ich ein Penner bin, nicht wahr?«

»Em, ähh, ich glaube schon«, gab ich zurück.

»Nun, junger Mann, ich habe eine kleine Überraschung für dich. Ich bin einer der reichsten Männer der Welt. Ich habe alles, was sich ein Mensch nur wünschen kann. Meine Heimat ist der Nordosten und mir fehlt nichts von den Dingen, die man mit Geld kaufen kann. Aber vor einem Jahr ist meine Frau gestorben. Gott habe sie selig. Seitdem habe ich viel über das Leben nachgedacht. Dabei erkannte ich, dass ich in meinem Leben so manches noch nicht erlebt hatte – unter anderem hatte ich keine Ahnung, wie es sich als Penner auf der Straße lebt. Und so nahm ich mir vor, ein Jahr lang in eben diese Rolle zu schlüpfen. Seit einem Jahr bin ich nun auf diese Weise von Stadt zu Stadt gezogen. Also, beurteile nie ein Buch nach seinem Umschlag, denn der könnte dich in die Irre führen.

Zweitens solltest du das Lesen für dich entdecken. Denn es gibt nur eine Sache, die dir niemand wegnehmen kann, und das ist die Weisheit.« In diesem Augenblick griff er nach meiner rechten Hand und legte sie auf die Bücher, die er aus den Regalen geholt hatte. Es waren die Schriften von Platon und Aristoteles – unsterbliche Klassiker aus ferner Vergangenheit.

Schließlich führte er mich wieder zu der freundlichen alten Dame am Eingang, dann die Treppe hinunter und durch die Stadt zu der Stelle zurück, wo wir uns begegnet waren. Zum Abschied ermahnte er mich noch einmal, nur ja nicht zu vergessen, was er mir beigebracht hatte.

Ich habe es mir gut gemerkt.

Dr. John F. Demartini

Das Geheimnis von Himmel und Hölle

Der alte Mönch saß am Wegesrand. Mit geschlossenen Augen, gekreuzten Beinen und im Schoß gefalteten Händen saß er da. Er war tief in Meditation versunken.

Plötzlich wurde sein *Zazen* von der harschen, fordernden Stimme eines Samurai-Kriegers unterbrochen: »Alter

Mann! Lehre mich, was es mit Himmel und Hölle auf sich hat!«

Zunächst zeigte der Mönch keine Reaktion, gerade so, als hätte er die Frage nicht gehört. Doch allmählich öffnete er die Augen, und seine Mundwinkel verzogen sich zu einem kaum merklichen Lächeln, als er den Samurai in seiner ganzen Ungeduld vor sich stehen sah und spürte, wie dieser von Sekunde zu Sekunde immer unruhiger wurde.

Endlich brach der Mönch sein Schweigen: »Du möchtest etwas über die Geheimnisse von Himmel und Hölle erfahren? Du in deinem zerzausten Zustand? Du mit deinen schmutzigen Händen und Füßen? Du mit deinen ungekämmten Haaren, deinem übel riechenden Atem, deinem rostigen, verrotteten Schwert? So hässlich wie du bist? In den komischen Kleidern, in die dich deine Mutter gesteckt hat? Du willst von mir etwas über Himmel und Hölle wissen?«

Der Samurai stieß einen wilden Fluch aus. Dann zog er sein Schwert und erhob es. Während er ausholte, um dem Mönch den Kopf abzuschlagen, war sein Gesicht puterrot verfärbt, und am Nacken traten ihm die Venen in dicken Strängen heraus.

»Das ist die Hölle«, sagte der Mönch leise, als das Schwert niederzufahren begann.

Für den Bruchteil einer Sekunde war der Samurai überwältigt vor Staunen, Ehrfurcht, Mitgefühl und Liebe für dieses sanfte Wesen, das sein Leben aufs Spiel gesetzt hatte, um ihm eine solche Lehre zu erteilen. Gerade rechtzeitig konnte er das niedersausende Schwert abfangen. Tränen der Dankbarkeit standen ihm in den Augen.

»Und das«, sagte der Mönch, »das ist der Himmel.«

Fr. John W. Groff Jr.

Was es heißt, Mut zu haben

Ich weiß, was es heißt, Mut zu haben. Ich habe es vor sechs Jahren auf einer Flugreise erlebt, und selbst heute kann ich nicht darüber sprechen, ohne dass mir die Erinnerung Tränen in die Augen treibt.

Als unser Flug L1011 an jenem Freitagmorgen in Orlando startete, war eine ausgesprochen tatendurstige, energiegeladene Auswahl von Passagieren an Bord: In der Frühmaschine saßen überwiegend Geschäftsleute, die für einen oder zwei Tage in Atlanta zu tun hatten. Als ich meinen Blick über die Sitzreihen schweifen ließ, sah ich überdurchschnittlich viele Designeranzüge, Managerhaarschnitte, lederne Aktenkoffer sowie andere Insignien des Business-Jet-Sets. Ich machte es mir für den kurzen Flug mit einer leichten Lektüre bequem.

Unmittelbar nach dem Abheben wurde deutlich, dass irgendetwas nicht stimmte. Das Flugzeug flog holprig und wurde hin und her gerissen. Die flugerfahrenen Reisenden – so auch ich – lächelten einander zu. Mit viel sagenden Blicken gaben wir uns gegenseitig zu verstehen, dass wir alle schon einmal kleinere Probleme und Turbulenzen erlebt hatten. Wer viel fliegt, kann so manches erleben und lernt, mit cooler Gelassenheit zu reagieren.

Unsere Gelassenheit sollte jedoch nicht lange währen. Wenige Minuten nach dem Start nahm die Maschine eine markante Schräglage ein und eine Tragfläche war stark nach unten geneigt. Wir stiegen weiterhin, aber das trug nichts zur Beruhigung unserer Nerven bei. Rein gar nichts! Es dauerte nicht lange, da überbrachte uns der Pilot die Hiobsbotschaft:

»Es gibt Schwierigkeiten«, erklärte er. »Es scheint, als

müssten wir ohne Bugradsteuerung auskommen. Die Anzeigen melden den Ausfall eines hydraulischen Systems. Wir kehren unverzüglich nach Orlando zurück. Da die Hydraulik nicht funktioniert, ist nicht absehbar, ob das Fahrwerk einrasten wird. Das Kabinenpersonal wird Sie dementsprechend auf eine unsanfte Landung vorbereiten. Wenn Sie aus dem Fenster schauen, können Sie außerdem sehen, dass wir Treibstoff ablassen. Wir möchten so wenig wie möglich an Bord haben, falls wir hart aufsetzen.«

Mit anderen Worten, wir würden eine Bauchlandung machen. Kein Anblick war je so erschütternd wie der des Treibstoffes, der aus den Tanks der Maschine abgelassen wurde und an meinem Fenster vorbeiströmte – Hunderte und Aberhunderte von Litern. Die Stewardessen halfen den Passagieren, die korrekte Sitzposition einzunehmen, und redeten beruhigend auf die ein, die jetzt schon hysterisch reagierten.

Als ich meine Mitreisenden betrachtete, stellte ich fest, wie sehr sich ihr Ausdruck auf einmal verändert hatte. Vielen stand die Angst ins Gesicht geschrieben. Selbst die, die nach außen hin einigermaßen ruhig wirkten, hatten eine grimmige, aschfahle Miene. Ja, ihre Gesichter sahen regelrecht grau aus – so etwas hatte ich noch nie gesehen. Es gab keine Ausnahme. *Keiner sieht dem Tod ohne Angst ins Auge*, dachte ich. Auf die eine oder andere Weise verlor jeder die Fassung.

Ich fing an, unter den Passagieren nach dem einen Menschen Ausschau zu halten, der jene Art Ruhe und Frieden ausstrahlte, wie sie in solchen Situationen durch echten Mut oder großes Vertrauen entstehen. Ich sah keinen Einzigen.

Dann hörte ich ein paar Reihen vor mir zu meiner Linken die leise, gelassene Stimme einer Frau, die in völlig normalem Tonfall sprach. Es lag nicht das leiseste Zittern und auch keine Anspannung darin. Sie hörte sich wundervoll ausgeglichen an. Ich musste herausfinden, wem diese Stimme gehörte.

Ringsum schluchzten die Menschen. Viele heulten oder schrien. Manche der Männer bewahrten die Fassung, indem sie sich mit zusammengebissenen Zähnen an ihren Armlehnen festklammerten – aber auch sie waren reine Angstbündel.

Wenngleich mich mein Glaube davor bewahrte, die Nerven zu verlieren, hätte ich in diesem Moment niemals so ruhig und liebevoll sprechen können. Endlich entdeckte ich die Frau.

Mitten im allgemeinen Chaos saß eine Mutter, die nichts anderes tat, als mit ihrem Kind zu reden. Sie war Mitte dreißig und wirkte völlig unscheinbar, und sie sah ihrer Tochter, die etwa vier Jahre alt gewesen sein muss, direkt ins Gesicht. Das Kind hörte ganz genau zu. Es spürte wohl die Bedeutung dessen, was ihre Mutter ihr da sagte. Die Frau hielt das Kind mit ihrem Blick so sehr in Bann, dass es von dem Wehklagen und der Angst ringsum nichts mitzubekommen schien.

Ich erinnerte mich an ein anderes kleines Mädchen, das kurz zuvor einen schrecklichen Flugzeugabsturz überlebt hatte. Es hieß, die Mutter habe sich mit ihrem Körper über dem Kind festgeschnallt, um es zu schützen. Die Mutter kam ums Leben. Die Zeitungen hatten berichtet, dass die Kleine noch Wochen nach dem Absturz psychologisch betreut wurde, um Gefühle von Schuld und Unwürdigkeit aufzulösen, mit denen die Überlebenden von Katastrophen oftmals zu kämpfen haben. Man versicherte dem Kind immer und immer wieder, dass es keine Schuld am Tod seiner

Mutter trage. Ich hoffte, dass es diesmal nicht so ausgehen würde.

Angestrengt lauschte ich, um mitzubekommen, was die Frau ihrem Kind sagte. Ich musste es einfach wissen!

Ich lehnte mich zur Seite und wie durch ein Wunder konnte ich auf einmal hören, wie diese sanfte, feste Stimme immer und immer wieder dasselbe sagte: »Ich lieb dich so sehr. Weißt du auch ganz bestimmt, dass ich dich mehr als alles andere liebe?«

»Ja, Mama«, erwiderte das kleine Mädchen.

»Und denk daran, ganz gleich was passiert: Ich werde dich immer lieben. Und du bist ein liebes Mädchen. Wenn manchmal nicht alles so läuft, wie es soll, ist das nicht deine Schuld. Du bist trotzdem ein liebes Mädchen, und ich werde dich immer lieb haben.«

Dann beugte sich die Mutter über ihre Tochter, zog den Sicherheitsgurt über ihre beiden Körper fest und machte sich zur Notlandung bereit.

Gott sei Dank rastete das Fahrwerk wider Erwarten doch ein, und unsere Landung geriet nicht zu der Katastrophe, die sich abgezeichnet hatte. Der ganze Spuk war innerhalb weniger Sekunden vorbei.

Die Stimme, die ich an jenem Tag gehört hatte, bebte kein einziges Mal. Sie verriet keinerlei Zweifel und blieb auf eine Weise gleichmäßig und bestimmt, wie es emotional und physisch eigentlich unmöglich ist. Nicht einer von uns hartgesottenen Geschäftsleuten hätte ohne Zittern in der Stimme sprechen können. Nur der allergrößte Mut, wie er auf dem Boden einer noch größeren Liebe gedeiht, konnte dieser Mutter die Kraft geben, sich über das Chaos ringsum zu erheben.

Diese Mutter hat mir gezeigt, wie ein wahrer Held aussieht. Und ein paar Minuten lang hörte ich die Stimme des Mutes.

Casey Hawley

Ein Engel mit rotem Hut

Wenn ich es auch nie zugegeben hätte – ich hatte schreckliche Angst, als ich in der Cafeteria gegenüber der Mayo-Klinik saß. Am nächsten Tag sollte ich dort als Patientin aufgenommen werden, um mich einer Operation an der Wirbelsäule zu unterziehen. Das Risiko war groß, aber mein Glaube war stark. Nur wenige Wochen zuvor hatte ich bei der Beerdigung meines Vaters ein Stoßgebet zum Himmel geschickt: »Vater im Himmel, sende in dieser Zeit der Prüfung einen Engel zu mir herab.«

Als ich meinen Blick erhob und gerade gehen wollte, sah ich auf einmal eine ältere Frau, die ganz langsam auf die Orgel zuging. Ich stand hinter ihr und bewunderte ihre geschmackvolle und modische Art, sich zu kleiden – sie trug ein bunt bedrucktes Kleid in Rot- und Lilatönen, einen Schal, eine Brosche und einen leuchtend roten Hut. »Verzeihen Sie mir, wenn ich Sie anspreche, aber ich muss Ihnen einfach sagen, was für eine schöne Frau Sie sind. An einem Tag wie diesem sind Sie ein wahrer Lichtblick!«

Sie griff nach meiner Hand und sagte: »Mein liebes Kind, der Himmel möge Ihnen danken. Wissen Sie, ich habe eine Armprothese und im anderen Arm eine Metallplatte, und das eine Bein ist auch nicht mein eigenes. Ich brauche ziemlich lang, um mich anzuziehen. Ich tue mein Bestes, aber mit den Jahren habe ich immer mehr den Eindruck, dass kaum einer noch wirklich Wert darauf legt. Ihr Kompliment tut mir so gut! Möge Gott Sie schützen und segnen, denn Sie sind bestimmt einer von seinen kleinen Engeln.« Dann ging sie davon. Ich sprach kein Wort, denn sie hatte mich so tief in meinem Herzen berührt, wie es nur ein Engel tun kann.

Tami Fox

Es ist nie zu spät

Vor einigen Jahren erlebte ich während eines Kommunikationstrainings etwas wirklich Außergewöhnliches. Der Kursleiter bat uns, einmal all die Dinge aus unserer Vergangenheit aufzulisten, für die wir uns schämten, die uns Schuldgefühle machten, wegen derer wir uns unzulänglich fühlten oder die wir bedauerten. In den darauf folgenden Wochen gab er uns Gelegenheit, laut vorzulesen, was wir aufgeschrieben hatten. Das war eine ziemlich heikle Angelegenheit, aber wie immer gab es auch diesmal einige tapfere Seelen in der Gruppe, die sich freiwillig meldeten. Während die anderen ihre Listen vorlasen, wurde meine immer länger. Nach drei Wochen umfasste sie einhundertundeinen Punkt. Anschließend forderte uns der Kursleiter auf, nach Wegen der Wiedergutmachung zu suchen – etwa indem wir uns bei bestimmten Menschen entschuldigten oder uns überlegten, was zu tun sei, um den einen oder anderen Fehler wieder auszubügeln. Ich fragte mich ernsthaft, was das mit der Verbesserung meiner Kommunikationsfähigkeiten zu tun haben sollte. Bevor ich so etwas auf mich genommen hätte, hätte ich lieber einem Großteil der Menschen in meinem Leben den Rücken gekehrt.

In der darauf folgenden Woche meldete sich mein Sitznachbar und trug folgende Geschichte vor:

Als ich meine Liste zusammenstellte, fiel mir eine Begebenheit aus meiner Highschool-Zeit ein. Ich bin in einer kleinen Stadt in Iowa aufgewachsen. Es gab dort einen Sheriff, den keiner von uns Jugendlichen mochte. Eines Abends beschlossen zwei meiner Freunde und ich, Sheriff Brown einen Streich zu spielen. Nachdem wir schon ein paar Bier getrunken hatten, besorgten wir uns eine Dose rote Farbe, kletterten auf den Wasserturm im Zentrum der Stadt und pinselten in leuchtend roten Lettern darauf: »Sheriff Brown ist ein S. O. B. (shabby old bastard). Mit dem Anbruch des neuen Tages war unsere glorreiche Inschrift für jedermann deutlich zu sehen. Es dauerte keine zwei Stunden, bis Sheriff Brown uns in seine Amtsstube zitiert hatte. Meine Freunde gestanden, ich aber verleugnete meine Mittäterschaft. Die Wahrheit kam nie ans Licht.

Fast zwanzig Jahre später schrieb ich den Namen von Sheriff Brown auf meine Liste. Ich wusste noch nicht einmal, ob er überhaupt noch lebte. Am vergangenen Wochenende rief ich die Auskunft in meiner Heimatstadt an. Und tatsächlich, da gab es immer noch einen Roger Brown. Ich wählte seine Nummer. Nachdem es ein paar Mal geklingelt hatte, meldete sich eine Stimme. »Hallo?« »Sheriff Brown?«, fragte ich. Pause. »Ja.« »Also, ich bin Jimmy Calkins. Ich will Ihnen nur sagen, dass ich es getan habe.« Pause. »Ich habe es gewusst!«, brüllte er los. Dann lachten wir und unterhielten uns eine Weile angeregt miteinander. Zum Abschied meinte er: »Jimmy, du hast mir immer Leid getan, weil deine Freunde die Sache von der Seele hatten. Du dagegen musstest sie all die Jahre mit dir herumschleppen. Danke, dass du mich angerufen hast ... um deinetwillen!«

Jimmys Beispiel ermutigte mich, alle einhundertein Punkte von meiner Liste zu klären. Ich habe fast zwei Jahre dazu gebraucht, aber die Sache wurde zum Sprungbrett und der

Triebfeder meiner Karriere als Konfliktmediatorin. Wie schwierig eine Auseinandersetzung, Krise oder Situation auch sein mag, ich denke immer daran, dass es nie zu spät ist, mit der Vergangenheit ins Reine zu kommen und nach Lösungen zu *suchen*.

Marilyn Manning

Die Endstation

Irgendwo in den Tiefen unseres Unterbewusstseins verbirgt sich eine idyllische Vision. Wir sehen uns auf einer langen Reise, die den ganzen Kontinent umspannt. Wir sind mit dem Zug unterwegs. Am Fenster ziehen Landschaften vorbei, fahrende Autos, winkende Kinder an einem Bahnübergang, weidende Kühe auf einem entlegenen Hang, die rauchenden Schlote eines Kraftwerks, eine endlose Folge von Mais- und Weizenfeldern, von Ebenen und Tälern, von Bergen und Hügeln, Städten und Dörfern.

Ganz zuoberst in unserem Kopf aber ist das letztendliche Ziel. An einem bestimmten Tag zu einer bestimmten Stunde werden wir in die Endstation einfahren. Kapellen werden spielen und Flaggen wehen. Und sind wir erst einmal da, werden viele wunderbare Träume Wirklichkeit und es ist, als würden sich die Einzelteile unseres Lebens wie bei einem Puzzle zu einem Gesamtbild zusammenfügen. Wie rastlos wir in den Gängen hin- und hereilen, wie wir jede Verzögerung verfluchen, während wir warten, warten, warten, dass wir die Endstation endlich erreichen.

»Wenn wir unser Ziel erst einmal erreicht haben, dann ist alles gut!«, schreien wir. »Wenn ich achtzehn bin!« »Wenn ich einen neuen Mercedes Benz 450SL habe!« »Wenn ich das letzte Kind druchs College geschleust habe!« »Wenn ich die Hypothek abbezahlt habe!« »Wenn ich die Beförderung in der Tasche habe!« »Wenn ich erst einmal in Rente bin, dann kann ich endlich in Glück und Frieden leben!«

Früher oder später müssen wir erkennen, dass es keine Endstation gibt – keinen Ort, an dem wir ankommen und für immer bleiben. Die wahre Freude des Lebens liegt im Reisen an sich. Die Endstation ist nur ein Traum. Sie entzieht sich uns permanent.

»Genieße den Augenblick«, ist ein guter Leitspruch, besonders wenn wir ihn gemeinsam mit Psalm 118,24 betrachten: »Dies ist der Tag, den der Herr gemacht hat; wir wollen jubeln und uns an ihm freuen.« Es sind nicht die Bürden des heutigen Tages, die den Menschen um den Verstand bringen. Es ist das Hadern mit dem Gestern und die Angst vor dem Morgen. Bedauern und Furcht sind die beiden Diebe, die uns das Heute stehlen.

Hört auf, in den Gängen hin- und herzuhasten und die zurückgelegten Meilen zu zählen. Klettert stattdessen lieber öfter auf Berge, esst Eis, geht öfter barfuß, schwimmt in Flüssen, schaut euch Sonnenuntergänge an, lacht mehr und weint nicht so oft. Das Leben muss im Vorübergehen gelebt werden. Zur Endstation gelangen wir noch früh genug.

Robert J. Hastings

Danksagung

Diesen dritten Band von *Hühnersuppe für die Seele* zu schreiben, zusammenzustellen und zu redigieren, hat über ein Jahr in Anspruch genommen. Noch immer sind wir mit dem ganzen Herzen bei der Arbeit, und wir möchten folgenden Menschen für ihre Mithilfe danken, ohne die dieses Buch niemals hätte entstehen können:

Peter Vegso und Gary Seidler vom Verlag *Health Communications* für ihren ungebrochenen Glauben an die Vision und dafür, dass sie uns und dem Buch ihre volle Unterstützung gegeben haben.

Unseren Frauen Georgia und Patty sowie unseren Kindern Christopher, Oran, Kyle, Melanie und Elisabeth, die uns auch diesmal mit ihrer Liebe, ihrem moralischen Beistand, ihrer redaktionellen Hilfe und Geschichtenschreiberei unterstützt haben. Besonders dankbar sind wir immer dann für eure Hilfe, wenn es wieder einmal so aussieht, als ob das Ganze nie zu Stande käme, es dann aber dank eures Glaubens und eures Zuspruchs doch immer wieder klappt.

Patty Aubery, die auch diesmal wieder unzählige Stunden auf das Tippen und abermalige Tippen des Manuskripts und die Überwachung der endgültigen Produktionsphase des Buches verwandt hat. Patty, ohne dich hätten wir es nie geschafft!

Nancy Mitchell, die Stunde um Stunde damit zugebracht hat, jede der eingereichten Geschichten zu lesen, und mit der Einholung der Flut von Abdruckgenehmigungen, die für dieses Buch benötigt wurden, eine echte Herkulestat vollbracht hat.

Kim Wiele, die uns wie immer mit ihrer fundierten literarischen Meinung und ihren Verbesserungsvorschlägen zur Seite stand.

Angie Hoover, die viele der Geschichten tippte und in den letzten Tagen vor Fertigstellung dieses Buches einen Großteil der Arbeit in Jacks Büro übernahm.

Heather McNamara, die bei der Redaktion und Schreibarbeit sowie schließlich auch bei der Einholung der Genehmigungen half.

Kelle Apone, die viele der Geschichten tippte und redaktionell bearbeitete.

Larry und Linda Price, Laverne Lee und Michele Nuzzo, die nicht nur für einen reibungslosen Betrieb in Jacks *Foundation for Self-Esteem* sorgten, sondern auch das Projekt *Suppenküchen für die Seele* aufzogen und mit Erfolg über fünfzehntausend Exemplare von *Hühnersuppe für die Seele* an Strafgefangene, Obdachlose, Wohlfahrtsempfänger, gefährdete Jugendliche und andere Bedürftige in ganz Nordamerika verteilten.

Lisa Williams dafür, dass sie sich permanent um Marks Geschäft gekümmert hat, sodass er sich der Arbeit an diesem Buch widmen konnte.

Trudy von *Office Works*, Wanda Pate und Alyce Shuken, die die erste Fassung des Buches in Rekordzeit mit einem Minimum an Fehlern getippt haben. Herzlichen Dank!

Christine Belleris und Matthew Diener, unseren Lektoren bei *Health Communications*, für ihre unablässigen Bemühungen, diesem Buch zu seinem hohen Qualitätsstandard zu verhelfen.

Dotti Walters, die immer noch an uns glaubt und uns dauernd neue Leute vorstellt, die eine Geschichte für uns haben könnten.

Den über fünftausend Menschen, die Geschichten, Gedichte und andere Textvorschläge für dieses Buch eingereicht haben; Sie alle wissen selbst, wer Sie sind. Die meisten Einsendungen waren wunderbar, doch manche passten einfach nicht in das Konzept des Buches. Viele von ihnen werden jedoch in weiteren Ausgaben von *Hühnersuppe für die Seele* ihren Platz finden. Geplant sind Titel wie *Hühnersuppe für die Seele für Überlebende, Hühnersuppe für die Seele für Trauernde, Hühnersuppe für die Seele für Eltern, Hühnersuppe für die Seele für Jugendliche.*

Unser Dank gilt auch folgenden Menschen, die die ersten, noch sehr rudimentären Entwürfe von über zweihundert Geschichten gelesen, uns bei der endgültigen Auswahl geholfen und wertvolle Hinweise zur Verbesserung des Buches gegeben haben: Steve Andreas, Kelle Apone, Gerry Beane, Michael und Madonna Billauer, Marsha Blake, Rick Canfield, Taylor und Mary Canfield, Dominic und Linda Cirincione, Kate Driesen, Jim Dyer, Thales Finchum, Judy Haldeman, Patty Hansen, Jennifer Hawthorne, Kimberly Kirberger, Randi Larsen, Sandy und Phil Limina, Donna Loesch, Michele Martin, Hanoch und Meladee McCarty, Ernie Mendes, Linda Mitchell, Christan Hummel, Cindy Palajac, Dave Rabb, Martin Rutte, Marci Shimoff, Susan Sousa, Carolyn Strickland, Diana von Welanetz Wentworth, Dottie Walters, Lilly Walters, Harold Clive Wells (Jacks Co-Autor von *100 Ways to Enhance Self-Concept in the Classroom*), Kathy Wiele, Niki Wiele, Martha Wigglesworth und Maureen Wilcinski.

Und folgenden Menschen, die auf andere Weise einen wichtigen Beitrag geleistet haben: Tricia Serfas; John Hotz von *Economics Press*, der stets zur Stelle war, wenn wir ihn brauchten; Brian Cavanaugh, von dem wir viele der verwendeten Zitate bekommen haben; Trevor Dickinson für all die Zitate, die er uns zugesandt hat; Pam Finger, deren Rundbrief eine permanente Quelle der Inspiration für uns ist; Jillian Manus für die Informationen über Schriftsteller, deren Werke zunächst abgelehnt wurden, die schließlich aber doch berühmt wurden; Bob Proctor für die vielen Geschichten, die er bei uns eingereicht hat; Ruth Stotter für ihre wunderbare Sammlung von Zitaten über Geschichten und das Geschichtenerzählen; Dena Sherman von *BookStar* in Torrance, Kalifornien, dafür, dass sie immer für uns da war, wenn wir bei der Recherche Fragen hatten oder wenn es darum ging, die eine oder andere Kontaktadresse für die benötigten Genehmigungen aufzuspüren; sowie Arielle Ford und Kim Weiss, unsere Presseleute, die uns immer wieder ins Radio und ins Fernsehen gebracht haben, um die nötige Publizität für unser Projekt zu erlangen.

Angesichts des Umfangs dieses Projekts haben wir sicher den Namen des einen oder anderen Menschen, der uns wichtige Hilfestellung gegeben hat, ausgelassen. Ihr wisst selbst, wer ihr seid. Wir möchten uns an dieser Stelle für das Versehen entschuldigen und versichern, dass wir jedem Einzelnen von euch von ganzem Herzen für eure Unterstützung und Hilfe dankbar sind. Wir wissen all die vielen Hände zu schätzen, die dieses Buch möglich gemacht haben. Wir lieben euch alle!

Schreiben Sie uns

Viele der Geschichten und Gedichte, die Sie in diesem Buch gelesen haben, wurden von Lesern wie Sie nach der Lektüre der ersten beiden Ausgaben von *Hühnersuppe für die Seele* eingereicht. Wir würden uns freuen, wenn auch Sie uns eine Geschichte, ein Gedicht oder einen Artikel zusenden würden, von dem Sie meinen, dass er gut in eine künftige Ausgabe hineinpassen würde. Es kann ein Text aus Ihrer Lokalzeitung, einer Zeitschrift, einem Gemeindebrief oder einem Firmenrundschreiben sein. Es kann sich um eine Fax-Mitteilung handeln oder um Ihren Lieblingsspruch, den Sie an die Kühlschranktür gepinnt haben; um ein Gedicht, das Sie geschrieben haben, oder um die Schilderung eines persönlichen Erlebnisses, das Sie tief berührt hat. (Bitte nicht länger als 1200 Wörter.)

Bitte senden Sie Ihre Lieblingsgeschichte und andere Texte an folgende Anschrift:

Jack Canfield und Mark Victor Hansen
The Canfield Training Group
P. O. Box 30880 – Santa Barbara, CA 93130, USA
Fax 001-805-563-2945 – E-Mail: soup4soul@aol.com

Wir garantieren, dass bei einer Veröffentlichung sowohl Sie als auch der Autor genannt werden. Vielen Dank für Ihre Mitarbeit.

Suppenküchen für die Seele

Besonders faszinierend im Zusammenhang mit *Hühner-suppe für die Seele* war, welchen Anklang das Buch bei Wohl-fahrtsempfängern, Obdachlosen und Insassen von Strafan-stalten gefunden hat. Hier nur ein Auszug aus einem Brief von einem Häftling im Gefängnis von Billerica, Massachu-setts:

Ich habe einen Band von Chicken Soup *bekommen, als ich an einem zehnwöchigen Kurs über Alternativen zur Gewalt teilge-nommen habe. Seit ich dieses Buch gelesen habe, hat sich meine Einstellung zu den anderen Häftlingen von Grund auf geändert. Ich bin nicht mehr aggressiv und fühle anderen gegenüber keinen Hass mehr. Diese wunderbaren Geschichten haben mich zutiefst berührt. Ich kann Ihnen gar nicht genug danken.*

Herzlichst
Phil S.

Eine Jugendliche schrieb uns:

Ich habe gerade Ihr Buch Hühnersuppe für die Seele *gelesen. Seitdem habe ich das Gefühl, alles schaffen zu können.*

Wissen Sie, ich hatte eine Menge Träume begraben – die Welt zu bereisen, zum College zu gehen, zu heiraten und Kinder zu ha-ben –, aber seitdem ich dieses Buch gelesen habe, habe ich das Ge-fühl, alles und jedes schaffen zu können. Danke!

Erica Lynn P. (14 Jahre)

Auf Grund solcher Zuschriften haben wir das Projekt »Suppenküchen für die Seele« ins Leben gerufen. Inzwischen haben wir über fünfzehntausend Exemplare der Bücher *Hühnersuppe für die Seele* und *Noch mehr Hühnersuppe für die Seele* kostenlos abgegeben an Männer und Frauen in Gefängnissen, Übergangsheimen, Obdachlosenunterkünften, Frauenhäusern, Analphabetenkursen, Schulen in sozialen Brennpunkten, AIDS-Hospize, Kirchen und andere Organisationen, die sich für hilfsbedürftige Erwachsene und Jugendliche engagieren.

Wer ist Jack Canfield?

Jack Canfield ist einer der führenden US-amerikanischen Experten, wenn es um die Entfaltung des menschlichen Potenzials und der persönlichen Effizienz geht. Er ist ein brillanter Referent und viel beachteter Trainer. Jack hat die wundervolle Gabe, seinem Publikum Inhalte zu vermitteln und sie zu mehr Selbstvertrauen und Höchstleistungen zu inspirieren.

Er ist Autor und Sprecher zahlreicher Bestseller-Audio- und -Videokurse, darunter *Self-Esteem and Peak Performance. How to Build High Self-Esteem, Self-Esteem in the Classroom* und *Chicken Soup for the Soul – Live*. Er ist regelmäßig in Fernsehshows wie *Good Morning America, 20/20* und *NBC Nightly News* zu sehen. Jack ist Co-Autor zahlreicher Bücher, darunter die Reihe *Hühnersuppe für die Seele* sowie *Dare to Win* und *The Aladdin Factor* (jeweils gemeinsam mit Mark Victor Hansen), *100 Ways to Build Self-Concept in the Classroom* (gemeinsam mit Harold C. Wells) und *Heart at Work* (gemeinsam mit Jacqueline Miller).

Jack hält regelmäßig Vorträge auf Einladung von Berufsverbänden, Schulbezirksverwaltungen, Regierungsbehörden, Kirchen, Krankenhäusern, Verkaufsorganisationen und Firmen. Zu seinen Klienten gehören unter anderem: American Dental Association, American Management Association, AT&T, Campbell Soup, Clairol, Domino's Pizza, GE, ITT, Hartford Insurance, Johnson & Johnson, the Million Dollar Roundtable, NCR, New England Telephone, Re/Max,

Scott Paper, TRW und Virgin Records. Darüber hinaus lehrt Jack an der privaten Unternehmerschule Income Builders International.

Jack veranstaltet ein jährliches Acht-Tage-Trainingsprogramm für Seminarleiter, die Kurse zur Entfaltung des menschlichen Potenzials und der persönlichen Effizienz anbieten. Zu den Teilnehmern gehören Pädagogen, Berater, Leiter von Elternkursen, Firmentrainer, professionelle Vortragsredner, Pfarrer und andere, die an einer Weiterentwicklung ihrer Sprach- und Seminarleiterfähigkeiten interessiert sind.

Wenn Sie weitere Informationen über Jacks Bücher, Kassetten und Trainingsprogramme anfordern oder ihn für eine Veranstaltung buchen möchten, wenden Sie sich bitte an folgende Anschrift:

The Canfield Training Group

P. O. Box 30880 – Santa Barbara, CA 93130, USA

Tel. 001-800-237-8336 – Fax 001-805-563-2945

Internet: http://www.chickensoup.com

E-Mail: soup4soul@aol.com

Wenn Sie Informationen per E-Mail anfordern möchten: chickensoup@zoom.com

Wer ist Mark Victor Hansen?

Als professioneller Vortragsredner hat Mark Victor Hansen in den vergangenen zwanzig Jahren bei mehr als viertausend Veranstaltungen vor über zwei Millionen Menschen in zweiunddreißig Ländern gesprochen. Zu seinen Themenschwerpunkten gehören Verkaufsoptimierung und -strategien, Stärkung der Eigenverantwortlichkeit und Persönlichkeitsentwicklung sowie das Aufzeigen von Möglichkeiten, wie man dreimal so viel verdient, aber nur halb so viel arbeitet.

Mark hat sich sein Leben lang der Mission gewidmet, andere Menschen zu tief greifenden, positiven Veränderungen hinzuführen. Im Laufe seiner Karriere hat er Hunderttausende dazu angeregt, die Gestaltung ihrer Zukunft selbst in die Hand zu nehmen. Dabei hat er den Verkauf von Waren und Dienstleistungen im Wert von mehreren Milliarden Dollar ermöglicht.

Als versierter Schriftsteller ist Mark Autor von *Future Diary*, *How to Achieve Total Prosperity* und *The Miracle of Tithing* sowie Co-Autor der Serie *Hühnersuppe für die Seele* und der Werke *Dare to Win* und *The Aladdin Factor* (jeweils gemeinsam mit Jack Canfield) sowie *The Master Motivator* (gemeinsam mit Joe Batten).

Darüber hinaus hat Mark eine komplette Bibliothek von Audio- und Videokursen zur Stärkung der Eigenverantwortlichkeit produziert, die Wege zur Entfaltung der angeborenen Fähigkeiten und Talente im beruflichen und persönlichen Umfeld weisen. Seine Botschaft hat ihn in Radio und Fernsehen populär gemacht, und er ist in den Sendern ABS, NBC, CBS, HBO, PBS und CNN aufgetreten. Sein Porträt erschien auf dem Titel zahlreicher Zeitschriften, darunter *Success*, *Entrepreneur* und *Changes*.

Mark ist ein Mann mit Herz und Verstand – eine Inspiration für alle, die nach persönlicher Entwicklung streben.

Weitere Informationen über Mark erhalten Sie unter folgender Anschrift:

P. O. Box 7665
Newport Beach, CA 92658, USA
Tel. 001-714-759-9304 oder 001-800-433-2314
Fax 001-714-722-6912
Internet: http://www.chickensoup.com

Über die Autorinnen und Autoren

Viele der Texte in diesem Buch haben wir aus Büchern und Zeitschriften entnommen. In diesem Fall sind die Quellen im Abschnitt »Abdruckgenehmigungen« genannt. Manche der Geschichten und Gedichte wurden von Freunden beigetragen, die so wie wir als Vortragsredner tätig sind. Unter den nachfolgend genannten Adressen und Telefonnummern können Sie mit ihnen Kontakt aufnehmen, um sich über ihre Bücher, Kassetten und Seminare zu informieren.

Eine ganze Reihe von Beiträgen wurden uns auch von Lesern wie Ihnen zugeschickt, die bei der Lektüre der ersten beiden Bände von *Hühnersuppe für die Seele* auf die Idee kamen, eine Geschichte aus ihrem Leben zu erzählen. Auch über sie haben wir Informationen aufgenommen.

Richard R. (»Dick«) Abrahamson, Ph. D., ist Professor für Kinder- und Jugendliteratur an der pädagogischen Fakultät der Universität von Houston. Er hat über hundert Artikel über Kinderbücher und Lesemotivation verfasst und für seine herausragenden journalistischen Arbeiten in diesem Bereich wurde er mit dem Preis des amerikanischen Verbands für pädagogische Pressearbeit ausgezeichnet. Auf Schulbezirksebene ist er ein gefragter Berater und bei Veranstaltungen zum Thema Lesen und Lesemotivation ein viel beachteter Redner. Sie erreichen ihn unter folgender Anschrift: Department of Curriculum and Instruction, University of Houston, Houston, TX 77204-5872, USA.

M. Adams wurde in Russland geboren und emigrierte

1924 gemeinsam mit ihren Eltern und einem Großteil ihrer Familie nach Kanada. Sie ist Mutter von sieben Kindern – einem Sohn und sechs Töchtern. Ihr verstorbener Mann hat in beiden Weltkriegen gedient. Anderen zu helfen ist ihr stets wichtig gewesen, und sie hat ehrenamtlich in einem Veteranenhospital gearbeitet. Heute lebt sie im Kreise ihrer Familie in Manitoba.

Thea Alexander ist Autorin von *2150 A. D.* und *Macro Philosophy*, zweier Bücher, die Millionen von Menschen berührt haben. Außerdem hat sie die siebenbändige *Macro Study Series* veröffentlicht. Thea, die in *Marquis Who's Who* für ihr Engagement zur Verwirklichung einer besseren Welt gepriesen wird, hält Vorträge im In- und Ausland, schreibt eine Zeitschriftenkolumne und moderiert zwei TV-Interviewserien. Nach Abschluss ihrer Beraterausbildung (Phil Beta Kappa) hat sie eine neue Schnelltechnik – das so genannte Personal Evolution Tutoring – entwickelt, die Menschen in nur zwei bis sechs Stunden zur Entfaltung ihres Potenzials führt und die sie selbst nicht nur praktiziert, sondern auch lehrt. Sie erreichen Thea unter folgender Anschrift: P. O. Box 26880, Tempe, AZ 85285-6880, USA.

Robert G. Allen, Autor der Nr. 1 der New York Times-Bestsellerliste *Nothing Down* sowie von *Creating Wealth* ist einer der einflussreichsten Investitionsberater Amerikas. Tausende von Millionären verdanken ihren Erfolg Allens brillanten Ideen. Er ist ein gefragter Gast bei Radio- und Fernsehshows wie *Good Morning America* und *Larry King*. Berichte über ihn wurden im *Wall Street Journal*, der *Los Angeles Times*, in *Baron's* und im *Reader's Digest* veröffentlicht, um nur einige wenige zu nennen. Er lebt mit seiner Frau Daryl und ihren drei Kindern in San Diego.

Beth Ashley ist Kolumnistin und Redakteurin beim *Inde-*

pendent Journal im kalifornischen Marin County und hat unter dem Titel *Marin* ein Buch über diese Region veröffentlicht. Ihre Kolumne handelt von ihrem Job, ihrer Familie und der Vertracktheit des Alltags in den Neunzigerjahren. In ihren Artikeln befasst sie sich oft mit interessanten und erfolgreichen Persönlichkeiten aus ihrem Arbeitsumfeld, das sich – von San Francisco aus gesehen – auf der anderen Seite der Golden Gate Bridge befindet. Mit ihrer einundzwanzigjährigen Betriebszugehörigkeit gilt Ashley als Veteranin des *Independent Journal,* und sie hat schon in Paris, Berlin, Moskau und Peking gearbeitet. Sie erreichen sie unter ihrer Privatanschrift: 348 Bretano Way, Greenbrae, CA 94904, USA.

Art E. Berg ist Präsident von Invictus Communications Inc. und lebt in Highland Utah. Auf seinen Vortragsreisen legt er 200 000 Meilen im Jahr zurück, und insgesamt hat er vor über einer Million Menschen gesprochen. Art hat zwei Bücher veröffentlicht: *Some Miracles Take Time* und *Finding Peace in Troubled Waters.* Weitere Informationen über Art Berg erhalten Sie unter folgender Anschrift: P. O. Box 246, Highland, UT 84003, USA.

Br. Brian Cavanaugh ist Religionslehrer. Im Rahmen einer Tagebuch-Therapie begann er mit dem Sammeln von Zitaten, Anekdoten und Geschichten. Im Laufe der Jahre hat er über vierzig handgeschriebene Journale verfasst. Aus dieser Sammlung bezieht er den Stoff für *Apple Seeds*, einen monatlich veröffentlichten Zitatenschatz zur Motivation und Inspiration. Seine Journale bildeten zudem die Grundlage für vier Bücher, die bei Paulist Press erschienen sind: *The Sower's Seeds: One Hundred Inspiring Storys for Preaching, Teaching and Public speaking; More Sower's Seeds: Second Planting; Fresh Packet of Sower's Seeds: Third Planting* und *Sower's Seeds Aplenty: Fourth Planting.* Br. Brian ist Geschichtenerzähler und Prediger. Sie erreichen ihn unter folgender Anschrift: Franciscan University, Steubenville, OH 43952, USA.

Alan Cohen bringt tief greifende energetische Impulse in das spirituelle Erwachen. Er ist Autor von zehn populären Inspirationsbüchern, darunter der Klassiker *The Dragon Doesn't Live Here Anymore* sowie sein jüngster Bestseller *I Had It All the Time*, in denen er zeigt, mit welche beeindruckenden Ergebnissen sich spirituelle Prinzipien im Alltag anwenden lassen. Alans Kolumne *From the Heart* erscheint weltweit in den verschiedensten Magazinen des Neuen Denkens. Alan, der von James Redfield, dem Autor von *Die Prophezeiungen von Celestine*, einmal als eloquentester Redner des Herzens bezeichnet wurde, vereint in sich eine seltene Kombination von Weisheit, Humor, Intimität und Vision. Sie erreichen ihn unter folgender Anschrift: 430 Kukuna Road, Haiku, HI 96708, USA.

James E. Conner, Ed. D., ist Präsident von Possibilities Unlimited. Nach einer Karriere als Lehrer, Schulleiter, College-Professor und -Präsident, Studienberater, leitender Berater für Erziehungsfragen bei der US-amerikanischen Handelskammer, Kolumnist einer landesweit erscheinenden Erziehungszeitschrift und Redenschreiber eines Gouverneurs ist er derzeit als Freiberufler und Ghostwriter tätig. Sein Hauptinteresse gilt der Erforschung von Möglichkeiten, die Lernerfolge in amerikanischen Schulen drastisch zu verbessern und Menschen mit seinen Artikeln und Geschichten über den Triumph des menschlichen Geistes zu erfreuen. Sie erreichen ihn unter folgender Anschrift: 4505 Leaf Court, Raleigh, NC 27612, USA.

Valerie Cox ist Autorin von *Valerie's Verse*, einer Sammlung origineller, humorvoller und inspirierender Gedichte, Prosastücke und Limericks. Zurzeit arbeitet sie an ihrem zweiten Buch, *Hugs and Other Works of Heart*. Gemeinsam mit ihrem Mann Rich leitet Valerie Marketing- und Business-Trainingsseminare. Darüber hinaus singt sie die Solostimme im Chor zweier Heimkirchen. Valerie ist unter folgender Anschrift zu erreichen: 31849 Pacific Hwy. South, Suite 210, Federal Way, WA 98003, USA.

Kathi M. Curry hat am Chico State College im kalifornischen Chico ein Studium in Freizeitmanagement absolviert. Am 15. April 1996 erfüllte sie sich mit ihrer Teilnahme am einhundertsten Bostoner Marathon einen Lebenstraum. Kathi kommt aus Hawaii, lebt aber derzeit in Pleasant Hill, Kalifornien.

Beth Dalton ist Lehrerin und unterrichtet Drittklässler in Cookeville, Tennessee. Sie ist verheiratet, hat zwei Söhne (Ryan, 15, und Billy, 11) und Tanner, ihren ganz speziellen Engel. Nachdem sie bereits 1982 an der technischen Universität von Tennessee ihren Abschluss in Betriebswirtschaft gemacht hat, kehrte sie 1990 noch einmal auf die Schulbank zurück, um ihren Mastertitel und die Zulassung als Grundschullehrerin zu erwerben. Mit viel Glück bekam sie eine Stelle an der im August 1995 eröffneten Cane Creek Elementary School. Sie können Beth unter folgender Anschrift erreichen: 1150 Winterhille, Cookeville, TN 38501, USA.

Dr. John F. Demartini ist Wissenschaftler, Schriftsteller und Philosoph. Dank seiner Studien gilt er als einer der führenden Experten in Fragen der Persönlichkeitsentwicklung, Philosophie und Gesundheit. Mit seiner einfühlsamen, witzigen und informativen Art hat er eine angeborene Gabe, sein Publikum auf Neuland zu führen, zu motivieren und zu begeistern. In seine Vorträge flicht er immer wieder unterhaltsame Geschichten mit tiefgründigen Weisheiten und Einsichten ein. Dr. Demartini ist als Berater für Menschen der unterschiedlichsten Couleur tätig. Seine Klientel reicht vom Wallstreet-Financier und Mediziner bis hin zu Politikern, Hollywood-Stars und Sportgrößen.

Stan Frager arbeitet als Motivationstrainer und hält mitreißende Vorträge für Highschoolklassen, Eltern und Firmen. Er ist Autor von *The Champion Within You*. Sie erreichen ihn unter folgender Anschrift: Frager Associates, 3906 Dupont Square South, Louisville, KY 40207, USA.

Robert Gass, Ed. D., verfügt über breit gefächerte Kenntnisse in humanistischer Psychologie, Betriebswirtschaft, Bürgerrechtsfragen, Musik, Sterbebegleitung und Spiritualität. Er ist Veranstalter der bekannten *Opening the Heart*-Workshops. Über hunderttausend Menschen haben seine Seminare über Führerschaft, Heilung, persönliche Effizienz, Beziehungen und Spiritualität besucht. Als Betriebsberater arbeitet Robert auf höchster Ebene in Fortune-500-Unternehmen. Behörden wie dem EPA sowie gemeinnützigen oder sozial engagierten Gruppen. Als Platteninterpret, Komponist, Instrumentalist und Sänger hat er mit seiner Gruppe *On wings of Song* zwanzig Alben mit meditativer Musik herausgebracht. Robert lebt glücklich und zufrieden mit seiner Frau Judith und ihren drei Kindern in Boulder, Colorado.

Lynne C. Gaul ist rund um die Uhr ehrenamtlich als Chauffeuse, Trainerin, Finanzberaterin, technische Leiterin, Krankenschwester und Managerin der Familie Gaul tätig (alias »Mama«). Sie ist in Curwensville, Pennsylvania, aufgewachsen, hat an der Indiana-Universität von Pennsylvania ihr Bachelor's Degree in Kommunikationswissenschaften absolviert und lebt zurzeit mit ihrem Mann Tom und ihren beiden Söhnen Joshua und Stephen in Lancaster, Ohio.

Barbara A. Glanz genießt internationales Renommee als

Autorin, Referentin und Beraterin. Zu ihren Themenschwerpunkten gehören kreative Kommunikation, der Aufbau von Kundenloyalität und die Verbesserung des Arbeitsklimas. Sie ist Präsidentin von Barbara Glanz Communications und Autorin von Büchern über Kommunikation. Weitere Informationen erhalten Sie unter folgender Anschrift: 4047 Howard Avenue, Western Springs, IL 60558, USA.

Patty Hansen hat ihre Prioritäten klar gesetzt – Mutter zu sein steht auf Platz eins. Als andere Hälfte des Mark & Patty-Teams ist sie einerseits Finanzchefin und Mädchen für schwierige Fälle bei M. V. Hansen & Associates, Inc. und andererseits Rund-um-die-Uhr-Chauffeuse, Versorgerin und Hausaufgabenbetreuerin für ihre beiden Töchter Elisabeth und Melanie. Gern zwackt sie auch noch ein wenig Zeit für den Garten und die Hühnerzucht ab oder um am Strand zu spielen. Zurzeit arbeitet sie an ihrem ersten Buch. Sie erreichen sie unter folgender Anschrift: 711 W. 17th Street, #D2, Costa Mesa, CA 92627, USA.

Casey Hawley leitet Seminare für effizientes Texten im Beruf bei Top-Unternehmen wie Georgia Pacific, Equifax und anderen. Daneben gilt sie in den gesamten USA als eine der erfolgreichsten Verfasserinnen von Verkaufsangeboten, Unternehmensplänen und anderen wichtigen Unterlagen. Sie erreichen sie unter Tel. 001-770-419-7260.

Cindy Dee Holms hat zwei Master Degrees für das Lehramt erworben und arbeitet als Referentin, Trainerin und Beraterin. Im Rahmen ihrer Tätigkeit hat sie vor Tausenden von Schülern, Studenten, Lehrern und Eltern einen dynamischen AIDS-Aufklärungskurs gehalten. Neben ihrer Arbeit als Biologielehrerin, Schulberaterin und Mutter zweier Kinder entschloss sich Cindy vor fünfzehn Jahren zur Mitarbeit in der Arztpraxis ihres Mannes und begann, Programme zur

Krankheitsvorbeugung zu entwickeln. Ihr besonderes Augenmerk gilt dabei dem Schutz vor AIDS bei Kindern. Zurzeit ist Cindy als AIDS-Spezialistin und Koordinatorin für Drogen- und Alkoholpräventation an der Delaware County Intermediate Unit in Media, Pennsylvania tätig. Unlängst hat sie unter dem Titel *Red Balloons Go to Heaven* eine berührende Kindergeschichte über AIDS geschrieben. Sie können sie unter folgender Anschrift erreichen: 2709 Stoney Creek Road, Broomall, PA 19008, USA.

Janice Hunt ist seit zwanzig Jahren in Kalifornien und Hawaii als Schulpsychologin tätig. Mit ihren künstlerischen Arbeiten – vor allem ihren Aquarellen und Zeichnungen – hat sie sich landesweit einen Namen gemacht. Die durch ihren Sohn Court und seinen Freund Wesley inspirierte Geschichte »Mach dir keine Sorgen, alles wird gut« ist ihre erste Veröffentlichung. Sie können Janice erreichen unter: Orange Unified School District, Tel. 001-714-997-6314.

D. Trinidad Hunt arbeitet auf internationaler Ebene als Trainerin, Referentin, Autorin und Ausbilderin. In den vergangenen drei Jahren haben über vierzigtausend Kinder an dem von ihr erarbeiteten und gemeinsam mit dem Entertainer Frank Demila für die Schulbehörde Hawaiis produzierten witzigen Programm zur Stärkung des Selbstvertrauens teilgenommen.

Claudette Hunter besuchte vor zehn Jahren ihr erstes Seminar zur Förderung des Selbstvertrauens. Die Prinzipien, mit denen sie sich dabei vertraut machte, haben ihr Leben verändert. Fünf Jahre lang hat sie für Jack Canfield gearbeitet und bei seinen Seminaren assistiert. Nach dem Prinzip »bitten, Affirmationen formulieren, handeln« lernte sie Jim, ihren Mann fürs Leben, kennen. Gemeinsam mit ihm bereist sie jetzt die Welt. Derzeit organisiert sie Canfield's STAR-

Workshops in Saudi-Arabien, wo sie seit drei Jahren lebt. Ihr nächstes Ziel heißt STAR in Japan.

Michael Jeffreys ist Motivationstrainer und Autor von vier Büchern, darunter *Selling with Magic, Speaking with Magic* und sein neuester Titel *Success Secrets of the Motivational Superstars*. Darin hat er Interviews mit den vierundzwanzig erfolgreichsten Motivationstrainern der USA geführt, darunter Anthony Robbins, Zig Ziglar, Wayne Dyer, Barbara De Angelis, Brian Tracy, Denis Waitley, Jack Canfield und Mark Victor Hansen. Michael ist unter folgender Anschrift zu erreichen: Powerful Magic Publishing, 15165 Purdue Avenue #7, Los Angeles, CA 90025 USA.

Rud Rendall ist in Winnipeg, Manitoba, geboren. Er ist jahrelang als Trucker durch die entlegensten Gegenden Nordkanadas gefahren. Außerdem hat er als Öl- und Bergarbeiter, als Pipelinebauer und auf einer Reihe von Großbaustellen gearbeitet. Bei der kanadischen Marine hat er als Bootsmannsmaat gedient. Nachdem er eine Weile als Zeitungsreporter in Dawson Creek, B. C. (Meile 0 des berühmten Alaska Highway), tätig war, wurde er freiberuflicher Schriftsteller. Heute gehört ihm eine kleine Kommunikationsfirma in Langley, B. C.

Casey Kokoska lebt in Rosenberg, Texas. Sie ist erst sechzehn Jahre alt und hat bereits mehrere Geschichten geschrieben. Schreiben und Theaterspielen sind ihre Hobbys. Sie hat mehrere Preise und ein Stipendium für ihre Prosainterpretationen bei Rede- und Debattenwettbewerben gewonnen. Sie will Theaterwissenschaften studieren und schreibt gerade an ihrem ersten Roman. Ihr Ziel ist Bestsellerautorin und Schauspielerin zu werden.

Kathy Lamancusa ist eine mitreißende Persönlichkeit. Sie arbeitet als Vortragsrednerin, Autorin und Fernsehmoderatorin. Jedes Jahr unternimmt sie zahlreiche Vortragsreisen im In- und Ausland, wo viele Menschen sie live erleben können. Zu ihren Schwerpunktthemen gehören das Familienleben sowie Kreativität und Kreativtechniken. Weltweit wurden von ihren Büchern und Videos über eine Million Exemplare verkauft. Kathy schreibt Kolumnen für mehrere nationale und internationale Verbrauchermagazine. Sie können sie unter folgender Anschrift erreichen: Lamancusa Live! Kathy Lamancusa, P. O. Box 2717CHX, North Canton, OH 44720, USA.

Michelle Lawrence ist Wirtschaftspublizistin mit dem Spezialgebiet Public Relations. Sie arbeitet mit einer Vielzahl von Klienten und Werbeagenturen in Südkalifornien und überall in den USA zusammen. Mit ihrem Mann Ron, einem Werbefachmann und Schriftsteller, und ihren beiden wunderbaren Kindern, Almierose und Dylan, lebt sie glücklich und zufrieden im kalifornischen Bel Air.

Patricia Lorenz ist Autorin von Inspirationstexten, Kolumnistin, Lehrerin für kreatives Schreiben und Referentin. In über siebzig Zeitschriften – darunter *Reader's Digest, Guideposts, Working Mother* und *Single-Parent-Family* – hat sie vierhundert Artikel und Geschichten veröffentlicht. Sie können sie unter folgender Anschrift erreichen: 7547 S. Pennsylvania Avenue, Oak Creek, WI 53154, USA.

Julie A. Manhan stammt aus Reno, Nevada. Sie ist Vorsitzende der Religionsabteilung, Campuspriesterin und Retreatleiterin der St. Vincent de Paul Highschool im kalifornischen Petaluma. Ihr Studium hat sie an der Universität von Seattle absolviert. Auch wenn sie alle Altersstufen unterrichtet hat, arbeitet sie am liebsten mit Jugendlichen. Ihre Geschichten sind integraler Bestandteil ihres Lehr- und Retreatprogramms. Sie erreichen sie unter Tel. 001-707-763-1032.

Marilyn Manning, Ph. D., CSP, ist international als Referentin, Trainerin und Konfliktmanagerin tätig. Sie hat fünf Bücher veröffentlicht, darunter das auch auf Deutsch erschienene Buch *Führungstechniken für Frauen* (1991). Dr. Manning hält Vorträge über Konfliktmanagement und die Bewältigung von Veränderungen, über Team-Neuorganisation, die Nutzung von positivem Stress und die sieben Gesetze des Führens. Seit sechzehn Jahren leitet sie ein eigenes Beratungsunternehmen und sie war Präsidentin der *National Speakers Association* von Nordkalifornien. Sie können sie unter folgender Anschrift erreichen: 945 Mountain View Avenue, Mountain View, CA 94040, USA.

Elaine McDonald ist Mutter zweier Kinder. Die ehemalige Journalistin arbeitet heute als Rechtsanwältin in Des Moines, Iowa. Sie können sie unter folgender Anschrift erreichen: 4932 Ashley Park Drive, West des Moines, IA 50265, USA.

Robert J. McMullen Jr. ist presbyterianischer Geistlicher im Ruhestand. Nach seinem Einsatz als Pilot im Zweiten Weltkrieg im Luftkampf um Deutschland war er in verschiedenen Kirchen in West Virginia, den Vororten von Washington D. C., in Atlanta und Charlotte tätig. Seine Frau Becky und er haben drei Kinder, davon eines mit Gehirnlähmung. Der Umgang mit diesem Kind war für sie eine echte Lernaufgabe! Neben gelegentlichen Einsätzen als Prediger und Lehrer schreibt Robert für *Guideposts* und die örtliche Zeitung. Sie können ihn unter folgender Anschrift erreichen: 5150 Sharon Road, Charlotte, NC 28210, USA.

David Naster ist ein überall in den Vereinigten Staaten bekannter Komiker. Bei seinen zahlreichen Auftritten in großen Fernsehsendern und seinen Tourneen durchs ganze Land erfreut er Menschen aller Altersstufen und Couleurs mit seinem ansteckenden Witz. Sein Motto lautet: Mit Humor lässt sich alles meistern. Davids jüngste Passion ist das Schreiben von Kindergeschichten – die Veröffentlichung seines ersten Buches steht unmittelbar bevor. Sie können ihn unter folgender Anschrift erreichen: 12317 W. 79Th Place, Lenexa, KS 66215, USA.

Omar Periu ist erfolgreicher Vortragsredner, Trainer, Unternehmer, Verkaufsleiter, Lyriker, Musiker und Performancekünstler. Der Selfmademan ist Mitglied der *National Speakers Association* und wurde bereits mit 31 Jahren Millionär. Hunderttausende Verkäufer, Verkaufsmanager, Unternehmer, Führungskräfte und Geschäftsleute haben seine Kurse besucht und sich von ihm den Weg zum Geschäfts- und Verkaufserfolg weisen lassen. Omar hat selbst in seiner Karriere Unterstützung erfahren und so ist es ihm ein wichtigeres Anliegen, auch anderen dabei zu helfen, Großes zu erreichen. Sie können ihn unter folgender Anschrift kontaktieren: Tom Hopkins International, Inc., P. O. Box 1969, Scottsdale, AZ 85252, USA.

Kathleen Pdolsky ist Fotografin und ihre Werke wurden in den Vereinigten Staaten und in anderen Ländern ausgestellt. Auf Reisen quer durch die Welt, die sie gemeinsam mit ihrem Mann – einem Arzt und Schriftsteller – unternommen hat, ist sie mit verschiedenen Kulturen, Bräuchen und Traditionen in Berührung gekommen und hat sich zu einer profunden Kennerin verschiedenster Völker entwickelt. Viele ihrer Erfahrungen hat sie in Filmen und Kurzgeschichten dokumentiert.

Barbara Rogoff ist Schriftstellerin und Co-Autorin von *Beyond Survival into Triumph*, einem Seminar für erwachsene Missbrauchsopfer. Gemeinsam mit ihrer Partnerin, Dr. Patricia Bell, hat sie auf dem Weltkongress der Logopäden in

Dallas eine Fortbildung für Therapeuten geleitet, in der ihre experimentellen Techniken vorgestellt wurden. Barbara ist zurzeit dabei, ein System der Gefängnisseelsorge zu entwickeln, das Häftlingen hilft, neue Hoffnung zu schöpfen und persönliche Freiheit zu entfalten. Mit ihrem Mann – der seit neunzehn Jahren gleichzeitig auch ihr allerbester Freund ist – lebt Barbara in Stilwell, Kansas. Sie können sie unter folgender Anschrift erreichen: The Unity Church of Overland Park, Kansas, USA.

David Roth ist Sänger, Texter, Platteninterpret (fünf Alben), Conférencier, Moderator, Ehemann, Basketballfan, Bühnenschriftsteller (*The Gripes of Toth*) und Seminarorganisator (Singen für Schüchterne). Die Geschichte von Manuel Garcia geht auf einen Bericht von William Janz im Milwaukee Sentinel zurück und das Lied ist auf Davids erster Platte Rising in Love zu finden. Sie können ihn unter folgender Anschrift erreichen: 18952 40th Place NE, Seattle, WA 98155-2810, USA.

Richard Ryan ist Pastor, Platteninterpret, Schauspieler und Autor von Inspirationstexten. Als preisgekrönter Vokalist und Dirigent des auf regionaler Ebene renommierten Vokalensembles *ONE VOICE* ist er häufig zu Solo- und Gruppenauftritten in Kirchen unterwegs. Er lebt mit seiner Frau Cathy und seinen drei Kindern in New Albany, Indiana. Wenn Sie mehr über seine Platten oder Konzerte erfahren möchten, wenden Sie sich an: Old Capitol United Methodist Church, 141 Heidelberg Road West, Corydon, IN 47112, USA.

Dan Schaeffer ist der Papa von Andrew, Christi und Kathie. Seit dreizehn Jahren – »den besten meines Lebens« – ist er mit deren Mutter Annette verheiratet. Darüber hinaus ist er Pastor der Toothills Evangelical Free Church in Rancho Santa Margarita, Kalifornien. Er ist auch als Buchautor tätig.

Kathleen Louise Smiley ist für ihren ansteckenden Lebensmut und Enthusiasmus bekannt. Am Stetson College of Law hat sie mit Phi Delta Phi graduiert. Sie ist Vortragsrednerin und Autorin sowie zertifizierte MIT-Mediatorin und -Trainerin. Nachdem sie zunächst eine eigene Kanzlei hatte, arbeitet sie heute als stellvertretende Bezirksanwältin in der Abteilung Kapitalverbrechen in Gulport, Mississippi. Ihre Schwester Kristine Johnson ist ebenfalls Stetson-Absolventin und arbeitet derzeit als Beraterin in der Suntrus-Bank in West Palm Beach, Florida.

Peter Spelke ist Abenteurer, Wahrheitssucher und Prediger. Neben seinen geschäftlichen Engagements widmet sich Peter ehrenamtlich der Speisung von Obdachlosen und der Arbeit mit Häftlingen in Staatsgefängnissen. Sie können ihn unter folgender Anschrift erreichen: 115 Deep Valley Drive, Stamford, CT 06903, USA.

Jana Stanfields Musik wird von manchen als »Klangsuppe für die Seele« bezeichnet. Mit ihren »Heavy-Mental-Alben« vermittelt sie eine positive Weltsicht. Ihre Texte werden von Interpreten wie Reba McEntire, Andy Williams und anderen gesungen. Sie stand gemeinsam mit Deepak Chopra, Wayne Dyer, Bernie Siegel und Les Brown auf der Bühne. Ob im Konzertsaal, im Kindergarten oder im Tagungshaus – die Lieder, die sie auf ihren Konzerten singt, sprechen Bände über das Abenteuer, das man gemeinhin »Leben« nennt. Sie können Jana Stanfield unter folgender Anschrift erreichen: P. O. Box 60146, Nashville, TN 37206, USA.

Dr. Roger William Thomas ist seit Herbst 1993 als Prediger und Pfarrer bei der First Christina Church tätig. Seine

Heimat ist McLean County in Illinois. Nach seinem Studium am Lincoln Christian College & Seminary promovierte er am Northern Baptist Theological Seminary. Roger hat in Illinois, Missouri und Oklahoma als Prediger, Campusgeistlicher und Bibellehrer gearbeitet. Er ist Autor von sechs Büchern und Hunderten von Zeitschriftenartikeln über eine Vielzahl von Themen im Zusammenhang mit dem christlichen Glauben und der Heiligen Schrift.

Renee R. Vroman lebt mit ihrem Mann, mit dem sie seit sechsundzwanzig Jahren verheiratet ist, in Vancouver, Washington. Sie ist stolze Mutter dreier Söhne – Jay, Trent und Trevor. Nachdem sie ihren Mann und ihre Söhne durchs College geschleust hat, entschloss sie sich zu einem Psychologiestudium. Sie ist zurzeit im letzten Studienjahr an der Washington State Universiy in Vancouver. »Das Geschenk« ist ihre erste Veröffentlichung. Sie können sie unter folgender Anschrift erreichen: 13901 NE 7th Circle, Vancouver, WA 98684, USA.

Angie K. Ward-Kucer ist Betriebsleiterin im E-911-Center von Sarpy County und lebt mit ihrem Mann John Andrew in Papillion, Nebraska. »Der coolste Vater der Welt« ist ihre erste Geschichte. Sie ist ihrem verstorbenen Vater Thomas Wesley Ward Sr. gewidmet und soll anderen Vätern zeigen, was eine kleine, liebevolle Geste bewirken kann und dass ihre Kinder, auch wenn sie längst erwachsen sind, immer noch ihren Papa brauchen. Sie können Angie unter folgender Anschrift erreichen: 514 S. Monroe Street, Papillion, NE 68046, USA.

Kelly J. Watkins, MBA, hat ein Ziel: das Publikum, vor dem sie gerade spricht, zu erreichen. Sie ist eine Motivationstrainerin, die beim Motivieren lehrt und beim Lehren motiviert. In ihren Workshops nimmt Kelly für jeden ihrer

Teilnehmer eine Bewertung des persönlichen Bedarfs an Kommunikationstraining vor und stellt daraufhin ein individuelles Kursprogramm zusammen. Ihre Bücher können Sie bestellen bei: Expressive Concepts, 309 S. Hubbards Lane, Louisville, KY 40207, USA.

Bettie B. Youngs, Ph. D., Ed. D., ist eine international gefragte Referentin und Beraterin. Sie lebt im kalifornischen Del Mar und ist Autorin von vierzehn Büchern, die in achtundzwanzig Sprachen veröffentlicht wurden. Sie können sie unter folgender Anschrift erreichen: Bettie B. Youngs & Associates, 3060 Racetrack View Dr., Del Mar, CA 92014, USA.

Abdruckgenehmigungen

Wir danken den im Folgenden genannten Verlagen und Einzelpersonen für die Genehmigung zum Abdruck der in diesem Buch zusammengetragenen Texte. (Hinweis: Anonym verfasste Geschichten, Beiträge aus dem Volksgut und Texte von Jack Canfield oder Mark Victor Hansen sind in dieser Aufstellung nicht enthalten.)

Selbst nach umfangreicher Recherche konnten wir die Autoren oder Copyright-Inhaber folgender der in diesem Buch abgedruckten Geschichten nicht ausfindig machen:
Es kommt darauf an, wie du das Spiel spielst
    von Danny Warick
Wünsch dir was   von LeAnne Reaves
Rollen – und wie wir sie spielen   von Marie Curling
Was Gott so alles macht   von Dan Sutton

Wenn Sie der Autor oder Copyright-Inhaber sind bzw. diesen kennen, setzen Sie sich bitte mit uns in Verbindung. Wir werden für die korrekte Quellenangabe sorgen und Ihren Beitrag honorieren.
Ein heimliches Versprechen.   Nachdruck mit Genehmigung von *The Middlesex News.* ©1993 Brian Keefe.
Zwei Nickel und fünf Pennys.   Nachdruck aus *The Best of Bits & Pieces* mit Genehmigung von *The Economics Press*, Inc. ©1994 The Economics Press, Inc.
Das Mädchen mit dem Eis.   Nachdruck mit Genehmi-

Fußspuren in meinem Herzen. Nachdruck mit Genehmigung von Laura D. Norton. © 1995 Laura D. Norton.

Der goldene Kranich. Nachdruck aus *Mature Outlook* mit Genehmigung von Patricia Lorenz. © 1994 Patricia Lorenz.

Abschiedsbrief eines Truckers. Nachdruck mit Genehmigung von Rud Kendall. © 1983 Rud Kendall.

Einem Kind zuliebe. Nachdruck mit Genehmigung von Thea Alexander. © 1995 Thea Alexander.

Der letzte Tanz. Nachdruck mit Genehmigung von Rick Nelles. © 1995 Rick Nelles.

Mein Papa. Nachdruck mit Genehmigung von Kelly J. Watkins. © 1995 Kelly J. Watkins.

Wo gehen die Spatzen hin, wenn sie sterben? Nachdruck mit Genehmigung von Casey Kokoska. © 1995 Casey Kokoska.

Bitte zieh mir etwas Rotes an. Nachdruck mit Genehmigung von Cindy Dee Holms. © 1995 Cindy Dee Holms.

Mach dir keine Sorgen, alles wird gut. Nachdruck mit Genehmigung von Janice Hunt. © 1995 Janice Hunt.

Der unverbesserliche Optimist. Nachdruck mit Genehmigung von Beth Dalton. © 1995 Beth Dalton.

Damit ihr euch an mich erinnert. Nachdruck mit Genehmigung von Andre Test. © Robert N. Test.

Gib die Gabel nicht ab. Nachdruck mit Genehmigung von Roger William Thomas. © 1994 Roger William Thomas.

Im Himmel gibt es keine Rollstühle. Nachdruck mit Genehmigung von Dr. Trinidad Hunt. © 1995 D. Trinidad Hunt.

Der Plätzchendieb. Nachdruck mit Genehmigung von Valerie Cox. © 1993 Valerie Cox.

Die wahre Geschichte von Arbutus und Seemöwe. Nachdruck aus *The Boston Globe.*

Sind Sie reich? Nachdruck aus *The Bigness of the Fellow*

ARKAN**A**

GOLDMANN

Hühnersuppe für die Seele

Canfield/Hansen, Hühnersuppe
für die Seele – Für Frauen   21546

Canfield/Hansen, Hühnersuppe
für die Seele – Für Mütter   21564

Canfield/Hansen, Hühnersuppe
für die Seele – Für Partner   21565

Canfield/Hansen, Hühnersuppe
für die Seele – Für Tierfreunde 21563

Goldmann • Der Taschenbuch-Verlag

ARKANA
GOLDMANN

Geschichten, die das Herz erwärmen

Canfield/Hansen,
Hühnersuppe für die Seele 13209

Canfield/Hansen, Noch mehr
Hühnersuppe für die Seele 13239

Canfield/Hansen, Hühnersuppe
für die Seele – Für Frauen 21546

Canfield/Hansen, Hühnersuppe
für die Seele – Für Partner 21565

Goldmann • Der Taschenbuch-Verlag